판타스틱
한국사
2

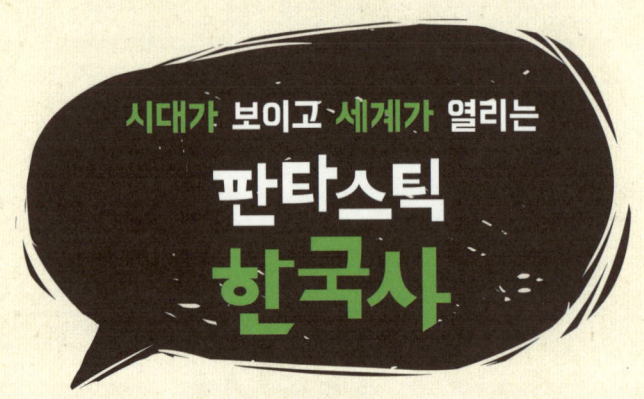

1. 조각난 정보 읽기에 지친 우리 아이를 위한 **통 한국사**

각종 별면과 팁, 각주 등 흩어져 있는 역사 정보를 하나의 이야기로 읽는다.

2. 오른쪽 왼쪽에 치우치지 않고 생각의 길을 열어 주는 **균형 잡힌 한국사**

역사적 사실을 사실 그 자체로 전하여 편향된 역사관을 심어 주지 않고 스스로 생각할 수 있는 힘을 길러 준다.

3. 한·중·일을 아우르며 하나로 읽는 **세계 속 한국사**

우물 안 개구리가 아니라, 동아시아와 세계사 속 한국을 함께 알아보는 〈생생 한중일 역사 토론〉이 진지하게 펼쳐진다.

음악, 영화, 미술, 건축, 문학, 시조 등
역사 읽기의 즐거움이 있는 **융합 한국사**

융합과 통합 교육의 시대에 역사 또한 그 흐름에 따라 분야를 넘나들며
생동감 넘치는 서술로 다각적이고 입체적인 역사 교육을 추구한다.

따로 또 같이 하루에 한 단원씩
읽어 가는 **매일매일 한국사**

방대하고 양이 많은 한국사 어떻게 읽어야 할까?
매일매일 시대별로 일주일씩 30일간 이어지는 한국사 이야기를 따라
옛이야기를 읽듯 차근차근 한 편씩 읽다 보면, 구슬을 꿰듯
하나로 이어지는 한국사와 만나게 된다.

전쟁사, 정치사, 경제사, 생활사,
현장 답사까지 **두루두루 한국사**

전쟁과 정치에 국한된 딱딱한 한국사가 아니라 귀족과 서민들의 생활사,
대중문화, 역사의 현장을 돌아보는 현장 답사 길잡이까지
생생한 한국사와 만난다.

판타스틱 한국사 2

초판 1쇄 발행 2017년 5월 25일 ＼**초판 2쇄 발행** 2018년 11월 10일
지은이 이광희 ＼**감수자** 정태윤 우현주 ＼**그린이** 백대승 ＼**펴낸이** 이영선 ＼**편집 이사** 강영선 김선정
주간 김문정 ＼**편집장** 임경훈 ＼**편집** 김종훈 이현정 ＼**디자인** 정경아
독자본부 김일신 김진규 김연수 정혜영 박정래 손미경 김동욱

펴낸곳 파란자전거 ＼**출판등록** 1999년 9월 17일(제406-2005-000048호)
주소 경기도 파주시 광인사길 217(파주출판도시) ＼**전화** (031)955-7470 ＼**팩스** (031)955-7469
홈페이지 www.paja.co.kr ＼**이메일** booksea21@hanmail.net

ⓒ 2017, 이광희 · 파란자전거
ISBN 979-11-86075-92-0 74910
　　　979-11-86075-90-6 (세트)
값 15,000원

※ 사진을 제공해 주시고 게재를 허락해 주신 분들께 감사드립니다. 일부 저작권자를 찾지 못한 사진에 대해서는
　확인되는 대로 정해진 절차에 따라 사용료를 지불하겠습니다.

이 도서의 국립중앙도서관 출판예정도서목록(CIP)은 서지정보유통지원시스템 홈페이지(http://seoji.nl.go.kr)와
국가자료공동목록시스템(http://www.nl.go.kr/kolisnet)에서 이용하실 수 있습니다.(CIP제어번호: CIP2017009612)

파란자전거는 도서출판 서해문집의 어린이 책 브랜드입니다. 페달을 밟아야 똑바로 나아가는 자전거처럼 파란자전거는
어린이와 청소년이 혼자 힘으로도 바르게 설 수 있도록 도와줍니다.

어린이제품안전특별법에 의한 제품 표시
제조자명 파란자전거 ＼**제조년월** 2018년 11월 ＼**제조국** 대한민국 ＼**사용연령** 만 10세 이상 어린이 제품

시대가 보이고
세계가 열리는

판타스틱 한국사 ②

후삼국 시대부터 고려 시대까지

이광희 지음 정태윤 우현주 감수 백대승 그림

파란자전거

감수의 말

나의 삶으로 연결되는 역사를 배우다

　이 책의 감수를 맡은 저는 지금 다섯 살 딸아이를 둔 아빠입니다. 요즘 아이가 '캐리와 장난감 친구들'이라는 영상을 즐겨 봅니다. 그 영상은 '캐리'라는 이름을 가진 어른이 장난감을 가지고 노는 법을 알려 줍니다. 단순히 어떻게 사용하는가를 설명하는 것이 아니라 장난감에 생명을 불어넣어 서로 대화를 합니다. 영상을 다 본 후 아이는 꼭 비슷한 장난감을 가지고 와 놀아 달라고 합니다. 여기에서 새로운 것을 깨달았습니다.
　'아이들은 장난감을 원한 것이 아니라 이야기에 흥미를 갖은 것이구나!'
　아이들은 이야기에 빠져듭니다. 나뭇가지에도 역할을 부여하고 말을 시작하면 아이들은 재미있어합니다. 역사를 배우는 방법도 마찬가지입니다. 딱딱한 역사에 사람이 들어가고 대화를 하기 시작하면 아이들은 흥미를 갖게 됩니다. 이러한 점에서 외계에서 온 토리가 역사 분야 작가인 이 작가에게 한국사 수업을 받는다는 설정의 《판타스틱 한국사》는 아이들이 역사를 재미있게 배울 수 있는 조건을 갖추고 있습니다. 아이들은 마치 주인공 토리가 된 것으로 생각해 책에 푹 빠져들 수 있습니다. 게다가 우주라는 미지의 공간에 대한 호기심은 상상력을 더욱 자극합니다. 토리는 자신의 과거를 숨기려고 하는데, 이 작가에 의해 비밀이 하나씩 드러납니다. 토리가 어떤 외계인인지 알고 싶어서라도 아이들은 책을 놓지 못할 것입니다. 책을 끝까지 읽지 않는 습관을 가진 아이를 둔 부모님은 아이가 끝까지 역사책을 읽는 놀라운 광경을 기대하셔도 좋습니다.

역사를 학습하는 방법은 여러 가지가 있습니다. 연표를 통해 시간의 흐름을 파악하고, 영웅들을 통해 교훈을 얻고, 과거의 삶과 지금을 비교하기도 합니다. 저는 중학교, 고등학교에서 10년간 역사 교사로 생활을 하면서 수업에 대한 고민을 놓지 못했습니다. 초임 때는 교과서 내용을 요약하고 구조화하여 효율적으로 전달하려고 노력했습니다. 이 방법은 시험을 잘 보게 하는 데는 유리하지만 역사를 자신의 삶과 연결시키기는 힘듭니다. 어차피 역사란 과거 사람들이 어떻게 살았는가에 대한 이야기이기 때문에 현재 나의 삶과 관련이 있어야 도움이 됩니다. 지금은 이러한 생각을 수업에 반영하기 위해 학생들에게 질문을 받고 서로 대화하는 시간을 많이 갖습니다.

토리와 이 작가는 단순히 교사-학생의 수직적인 형태가 아니라 서로 대화하는 관계입니다. 토리는 단순히 학습자의 역할에서 벗어나 중국, 일본에서 수업을 받고 온 것을 토대로 이 작가에게 도발적인 질문을 던집니다. 외계에서 살아온 것과 지구 사람들이 살아온 것을 비교하고, 지구인의 행동에 의

문을 제기합니다. 이 작가는 토리가 흥미를 느낄 수 있게 대답을 재미있게 풀어냅니다. 장난과 칭찬을 적절히 섞어서 학습자와 친근한 관계를 유지합니다. 게다가 토리는 신비한 능력으로 이 작가를 도와주기도 합니다. 수업할 때와는 역할이 바뀌어 토리가 위험에 빠진 이 작가를 구해 줍니다. 교사와 학생이 구분되지 않는 수업이 가장 이상적인 배움입니다. 이 책을 읽은 아이들은 교사에게 질문하는 것을 망설이지 않고, 나아가 자신의 이야기를 선생님에게 설명하는 것을 두려워하지 않을 것입니다.

　이외에도 이 책은 많은 장점을 가지고 있습니다. 교과서에 나오지 않는 재미있는 이야기가 많이 실려 있습니다. 단편적인 사실만을 제시한 교과서와 달리 흥미를 자극하는 역사가 많이 담겨 있습니다. 또한 서로 묻고 답하고 이야기를 주고받으면서 끊임없이 진행되기 때문에 리듬과 호흡이 좋습니다. 아이들이 《판타스틱 한국사》를 통해 역사란 사람 사는 이야기이고, 재미있는 학문이라는 것을 깨닫게 되기를 바랍니다. 첫인상이 좋으면 끝까지 좋은 느낌을 가지고 갈 수 있듯이, '역사'라는 과목에 대해 좋은 인상을 줄 수 있을 것입니다.

정태윤
수원칠보고등학교 역사 교사

추천의 말

다양하고 다각적이며
모두가 하나로 뭉쳐 재미와 신뢰를 더한다!

    우리 역사를 다루는 책에서 외계인이 등장하다니 처음에는 많이 생경했고, 조금은 호기심이 발동했습니다. 자기가 살고 있는 별의 문제를 해결하기 위해 과거의 모습을 하고 있는 지구를 방문해 탐사 중이라는 토리는 중국과 일본을 방문해 역사를 배우고 이제는 한국사를 배우기 위해 이 작가를 찾아옵니다. 어린이 역사책을 15여 년간 써 온 이 작가는 외계인과의 첫 만남에 두려움이 앞섰지만, 결국 자신만의 노하우를 십분 발휘해 외계 소년 토리의 한국사 공부를 돕게 됩니다. 이렇게 《판타스틱 한국사》는 내 마음을 강렬하게 두드렸습니다.

    무엇보다 지구가 토리네 별의 과거 모습이고, 토리네 별이 지구의 미래 모습이라는 상상이 참신합니다. 또한 다양하고 입체적인 설명 방식은 독자로 하여금 역사뿐만 아니라 나, 우리, 사회, 국가, 세계를 전반적으로 아우르며 생각할 수 있게끔 이끌어 나갑니다. 이 지구 절반의 사람, 여성을 제대로 대우해 주지 않던 역사를 반성하면서 고려 시대 여성이 조선 시대보다 훨씬 평등한 삶을 살았다고 알려 주는 이 작가, 지구의 미래에 살고 있는 토리는 남자와 여자가 평등하지 않은 삶을 이해하지 못합니다. 작은 땅덩이에서 시대를 거듭해 오며 개발한 각종 살상 무기를 이용해 그 땅에 터 잡고 살고 있는 사람들의 삶을 송두리째 앗아 가는 전쟁의 역사를 이해하지 못합니다. 급진이니 온건이니, 진보니 보수니 하면서 가치관이나 이해관계가 다르다는 이유로 죽고 죽이는 역사를 토리는 이해하지 못합니다. 과거를 딛고 일어선 지구의 미래는 평등과 평화의 세상입니다!

또한 토리는 우리에게 역사란 무엇인가, 역사는 왜 배우는가를 묻습니다. 지구별에 처음 왔고 한국의 역사가 생소하지만 역사를 진지하고도 재미나게 배워 가는 모습은 마치 한국사를 처음 접하는 우리의 아이들과 별반 다르지 않습니다. 토리와 함께 만나는 수많은 역사 속 인물들. 순간순간 그들이 선택한 길이 옳은지, 나라면 어땠을지 등을 상상하고, 비록 다른 시대를 살고 있지만 역사 속 인물들의 마음속을 들여다보면 그때의 상황과 심경을 가슴으로 이해하게 됩니다. 그 시대를 온전히 이해하고 싶어집니다. 그리고 나는 어떻게 살 것인가를 질문하게 됩니다. 역사 이야기의 마무리는 때론 4구절 시로, 때론 영화로, 때론 역사동화와 접목시키는 센스를 발휘하기도 합니다. 이미 중국과 일본에 다녀온 토리는 해석이 달라서 혼돈되는 문제를 이해하기 위해 한·중·일 3자 대면 동시통역 역사 토론도 진행합니다.

다양하고, 다각적입니다. 그러나 이 모두가 흩어지지 않고 하나로 똘똘 뭉쳐 재미와 신뢰를 더합니다. 역사는 현재와 과거의 대화이면서 서로 다른 세계에 대한 진심 어린 이해이고 성찰임을 알려 줍니다. 토리와 이 작가를 만날 아이들의 모습을 기대하며, 서로를 이해하고 여럿이 함께라면 더 큰 지혜를 나누는 세상을 만들 수 있다는 내공을 길러 주기를 바랍니다.

우현주
경기북과학고등학교 역사 교사, 의정부역사교사모임 회장

차 례

감수의 말 • 8
추천의 말 • 11

낯선 자들의 방문 • 16

첫째 날 ---- 후삼국 통일 이야기

첫 번째 이야기	후백제 깃발을 든 견훤 • 30
두 번째 이야기	슬픈 궁예, 후고구려를 세우다 • 42
세 번째 이야기	궁예 몰아내고 고려 건국한 왕건 • 54
네 번째 이야기	후삼국 통일을 향한 최후 결전 • 66
판타스틱 생활사 3분 특강	고려 귀족의 사생활 • 78

둘째 날 ---- 고려의 개혁과 시련

첫 번째 이야기	광종, 500년 고려의 기틀을 세우다 • 88
두 번째 이야기	문벌귀족 이자겸의 난 • 100
세 번째 이야기	1천 년 역사상 제1대 사건, 서경 천도 운동 • 110
네 번째 이야기	고려의 물줄기를 바꾼 무신 정변 • 124
판타스틱 생활사 3분 특강	고려 시대 여성의 결혼과 삶 • 135

셋째 날 ---- 고려의 시련

첫 번째 이야기	거란 침입 물리친 서희와 강감찬 • 144
두 번째 이야기	여진 정벌의 두 영웅 윤관과 척준경 • 156
세 번째 이야기	고려의 대몽 항쟁 30년 • 168
네 번째 이야기	삼별초는 이렇게 싸웠다 • 180
판타스틱 생활사 3분 특강	고려의 국제 무역항 벽란도 • 189

넷째 날 ···· 저무는 고려

첫 번째 이야기 원 지배 100년과 공민왕의 개혁 • 198
두 번째 이야기 고려의 운명을 결정지은 위화도 회군 • 212
세 번째 이야기 고려 개혁이냐 새 나라 창업이냐 • 224
판타스틱 생활사 3분 특강 고려의 국가 의식 팔관회와 연등회 • 236

다섯째 날 ···· 고려인 이야기

첫 번째 이야기 팔만대장경을 새긴 사람들 • 244
두 번째 이야기 화약 무기 개발해 왜구 물리친 최무선 • 256
세 번째 이야기 목화씨를 전한 문익점 • 276
네 번째 이야기 왕후장상의 씨가 따로 있더냐! • 286
판타스틱 생활사 3분 특강 향소부곡 사람들 • 293

여섯째 날 ···· 비행접시 타고 유적 답사

우리 역사의 보물 창고 강화도 • 300
가장 오래된 목조 건축물 부석사 무량수전 • 308
고려 예술의 걸작 상감 청자 • 314

부록
고려 시대 왕계표 • 324
동아시아의 역사 변천 • 326
연표로 보는 한국사와 세계사 • 328

찾아보기   • 332

낯선 자들의 방문

삼국 시대 강의를 마치고 잠자리에 들었던 나는 청룡과 백호와 현무와 주작이 날아다니는 환상적인 꿈을 꾸다가 큰 바위 하우스 밖에서 들려오는 이상한 소리에 잠을 깼다. 나는 소리에 귀를 기울이며 거실로 뛰어 나갔다. 토리도 놀랐는지 거실로 나왔다. 토리와 나는 서로 아무 말 못 하고 쳐다만 보았다. 그때 노크 소리가 들렸다.

똑, 똑, 똑!

어쩌면 쾅쾅쾅, 이었는지도 모르겠다. 지구상에서 이곳을 아는 사람이 아무도 없을 거라 믿었기에 문 두드리는 소리가 필요 이상으로 크게 들린 것 같다. 심장이 콩닥콩닥 뛰었다. 토리의 큰 눈이 두 배로 커졌다.

누굴까. 조선 팔도 안 다니는 곳이 없다는 야쿠르트 아줌마? 아니면 택배 아저씨? 일단 토리에게 손으로 방에 들어가 있으라는 신호를 보냈다. 토리는 자기 방으로 가다가 잠깐 멈칫하더니 '지구 역사 탐사대 상황실' 다락방으로 올라갔다.

쾅쾅쾅! 다시 문 두드리는 소리가 들렸다. 나는 조심스레 문 앞으로 다가가 물었다.

"누구세요?"

문밖에서 굵직한 남자 목소리가 들려왔다.

"야간 산행을 하다가 길을 잃었습니다. 괜찮으시다면 하룻밤 신세를 질 수 있을까요?"

내가 얼른, 짧게 대답했다.

"안 괜찮은데요."

순간 정적이 흘렀다. 이번엔 여자 목소리가 들려왔다.

"열 시간 동안 산속을 헤매다가 불빛을 보고 찾아왔어요. 하룻밤만 쉬어 가게 해 주세요."

이건 뭐 전설의 고향도 아니고. 여인의 애절한 목소리를 들으니 측은한 마음이 든 데다 문을 안 열어 주면 외려 간첩으로 오해받을 것 같아서 조심스레 문을 열었다.

스르르. 문이 열리자 건장한 사내들과 중무장한 군인들이 밀물처럼 큰 바위 하우스로 밀어닥쳤다. 오 마이 갓!

나는 며칠 전 토리를 처음 만났을 때보다 더 놀랐다. 이들은 누굴까? 뭘 알고 온 것일까? 짧은 순간 머릿속에서 별별 생각이 다 들었다. 하지만 나는 짐짓 태연한 척하며 대장처럼 보이는 남자에게 정중히 항의했다.

"지금 뭐 하는 겁니까?"

"잠깐 앉으시죠."

대장인 듯한 사내는 내 말은 들은 체도 안 하고 턱으로 의자를 가리켰다.

너는 턱이 손이냐? 어디 와서 주인더러 앉아라 마라야. 불쾌한 생각이 들었지만 앉지 않을 수 없었다. 총을 든 사내들이 내 주위를 둘러쌌기 때문에.

대장이 말했다.

"지금 굉장히 중차대한 문제가 발생했습니다. 최대한 협조해 주셔야겠습니다."

"얼마나 중차대한 문젠지 모르겠지만 남의 집에 쳐들어와서 이게 무슨 행팹니까? 당장 나가지 않으면 경찰을 부르겠소."

경찰이란 말에 사내의 똘마니들이 큭큭거렸다.

"경찰을 부르든 검찰을 부르든 그건 마음대로 하시고. 몇 가지 묻겠습니다. 지금 여기서 뭘 하고 계셨죠?"

"나는 어린이 책을 쓰는 작가요. 중차대한 작업이 있어서 조용히 글을 쓰고 있던 중입니다. 보세요, 여기 책들."

나는 주민등록증과 내 책에 적혀 있는 이름을 같이 보여 주었다. 대장은 주민등록증과 책 표지에 적힌 내 이름을 확인하더니 다시 물었다.

"한 가지만 더 묻겠습니다. 여기에 혼자 계셨습니까?"

순간 나는 갈등했다. 토리를 보호할 것인가, 아니면 다 털어놓고 토리로부터 벗어날 것인가. 어쩌면 지금이 토리로부터 벗어날 수 있는 기회인지 모른다. 나는 결단을 내렸다.

"보면 몰라요? 지금 여기 나 말고 또 누가 있단 말입니까?"

"그래요? 그럼 저희가 잠깐 집 안을 둘러보겠습니다."

대장이 턱으로 방을 가리켰다. 테러 진압 특공대 복장을 한 군인들이 방 쪽으로 다가갔다.

"아니, 이 사람들이……."

내가 자리에서 일어서려 하자 사내들이 내 어깨를 찍어 눌렀다. 군인들이 내 방문을 열어젖혔다. 당연히 그 방 안엔 아무도 없었다. 실망한 군인들이 이번엔 토리 방 쪽으로 다가갔다. 그러고는 방문을 홱 열어젖혔다. 그 방 역시 아무도 없었다.

대장은 제비뽑기에서 두 번이나 꽝을 뽑은 아이처럼 실망과 원망이 가득 찬 눈으로 나를 바라보았다. 그러고는 물었다.

"저긴 뭡니까?"

대장이 가리킨 곳은 다락방이었다. '지구 역사 탐사대 상황실'이라는 글귀가 적혀 있는 다락방. 나는 아무 대답도 하지 않았다. 아니, 하지 못했다. 사실 나도 다락방에 뭐가 있는지 몰랐으니까. 그렇다고 저기는 나도 진짜 몰라요, 토리가 들어가지 말랬어요, 하고 말할 수는 없었다. 그래서 되는대로 둘러댔다.

"아, 저기요? 내가 지금 공상 과학 동화를 쓰고 있는데 거기에 나오는 공간 배경입니다. 말만 저렇게 써 놨지 별거 없습니다."

"그래요? 수색해!"

대장의 턱이 돌아가기 무섭게 군인들이 다락방으로 다가갔다. 군인들 발자국 소리를 따라 내 심장이 쿵쿵거렸다. 이윽고 군인 한 명이 다락방 방문

손잡이를 잡고 열어젖히려 할 때였다. 밖에 있던 대원이 급하게 안으로 뛰어 들어오며 외쳤다.

"국장님! 방금 숲 뒤에서 미확인비행물체가 날아가는 게 목격됐습니다!"

"뭐야? 빨리 본부에 지원 요청하고 지피에스(GPS)로 비행 물체 추적해. 여기는 철수한다. 실시!"

거실에 있던 사내들과 군인들이 우당탕탕 큰 바위 하우스를 빠져나갔다. 그제야 나는 안도의 숨을 내쉬었다. 휴우, 살았다. 하지만 착각이었다. 거실을 나가던 대장이 내게 말했다.

"같이 좀 가 주셔야겠습니다."

끌려간 곳은 어느 건물 지하실이었다. 그곳이 어디인지 무엇을 하는 곳인지 알지 못한 채 나는 탁자 하나 달랑 놓인 방 안에 갇혔다. 얼마나 시간이 지났을까. 큰 바위 하우스에서 봤던, 턱을 손처럼 자유자재로 사용하던 국장이라는 자가 방에 들어왔다.

"이 선생님, 안심하십시오. 저희는 선생님을 해칠 의도가 전혀 없습니다."

"아니, 해칠 의도가 없는 사람이 어딘지도 모르는 곳으로 납치를 합니까?"

내가 항의했지만 국장은 내 말은 아예 듣지 않겠다는 듯 말했다.

"지금부터 묻겠습니다. 저희 조사에 협조해 주시리라 믿습니다. 만약 협조를 안 하시면 저희도 선생님 신변을 보호해 드릴 수 없습니다. 아시겠습니까?"

국장은 존댓말을 하고 있었지만 그 태도는 사뭇 고압적이었다.

"뭘 협조해 달라는 겁니까?"

"저희는 지금 미국 항공우주국(NASA) 외계 생명체 대응 센터와 유럽연합 외계 고등 생명체 대응 본부와 합동으로 외계인을 추적하고 있습니다. 정보에 따르면 몇 달 전 십여 명의 외계인들이 지구에 침투해 대륙별로 퍼져서 은밀하게 첩보 활동을 벌이고 있습니다. 우리는 그들이 지구에 온 이유가 무엇인지 알아야 합니다. 외계인을 만나셨죠?"

"외계인이요? 그런 게 있다고 믿으시오?"

"협조를 안 해 주시면 반지구 행위자로 국제사법재판소에 기소될 수도 있습니다. 만나셨죠?"

나는 더 이상 대답하지 않았다. 토리에 대한 의리 때문은 아니었다. 나는 누군지도 모르는 자들의 불법적이고 무례한 행태에 굴복하기 싫었다. 내가 말하나 봐라.

내가 입을 다물자 턱이 손인 국장이 손바닥으로 탁자를 탁, 하고 내리쳤다. 그 바람에 나는 억, 하고 탁자에 쓰러질 뻔했다. 턱이 손인 국장이 나를 노려보며 물었다.

"이 선생, 지금 당신이 얼마나 치명적인 실수를 하고 있는지 알아? 언제 어디서 어떻게 외계인을 만나서 무얼 했는지 육하원칙대로 말하란 말야!"

턱손이(방금 내가 지은 국장의 별명)는 이제 대놓고 반말이었다. 질 수 없다!

"난 몰라. 만난 적 없어. 도대체 당신 누군데 사람을 이렇게 불법적으로 납치한 거야?"

"국가걱정원입니다."

턱손이가 다시 존댓말 모드로 돌아왔다.

"국가걱정원이라면 미국의 시아이에이(CIA) 같은 정보기관 아닙니까? 간첩 잡느라 바쁘실 텐데 일개 어린이 책 작가인 저를 무슨 일로 초대하셨을까요?"

내 말에 기분이 나빴는지 턱손이의 턱에 진도 0.03의 진동이 일었다.

"이자가 진짜!"

턱손이가 주먹으로 다시 한 번 탁자를 세게 내리쳤다.

"당신 정말 이렇게 나오면 곤란해. 아침 햇살에 저도 몰래 남도 몰래 사라지는 아침 이슬이 될 수 있어!"

"좋을 대로."

말은 그렇게 했지만 실은 엄청 떨고 있었다. 이자들이 그동안 죄 없는 사람을 잡아다 간첩으로 조작해 낸 일을 생각하면 턱손이의 협박이 전혀 빈말이 아닐 테니까. 그래도 나는 토리에 대해 일절 입을 열지 않았다. 내가 묵비권을 행사하자 그들은 나를 재우지 않았다. 글 쓰느라 밤새는 걸 밥 먹듯 해 왔지만 누군가의 강요로 잠을 못 자는 고통이 이렇게 큰 줄 예전엔 미처 몰랐다. 그래도 거꾸로 매달아 놓고 콧구멍에 고춧물 들이붓는 고문을 당하지 않아 다행이란 생각이 들었다.

턱손이는 내 고통은 아랑곳 않고 똑같은 질문을 반복했다. 그러면서 종이

와 볼펜 한 자루를 주고는 자기가 한 질문에 답을 쓰라고 강요했다. 하지만 나는 아무것도 쓰지 않았다. 방 안에는 시계도 달력도 창문도 없어서 해가 지는지 달이 뜨는지 알 길이 없었다. 그곳은 시간의 무중력 공간이었다.

얼마나 시간이 흘렀을까. 턱손이는 비몽사몽인 내가 화들짝 놀랄 만한 질문을 던졌다.

"흥. 협조를 안 하겠다 이거지? 당신 유적 답사 갔다 왔지? 평양 근처 고구려 고분 벽화 보러."

턱손이, 이 인간이 그걸 어떻게 알았지?

"당국의 허가 없이 북한 지역을 방문하면 나라지킴이법에 따라 구속된다는 거 알고 있나?"

내 자식 우주 미아 안 만들려고 한국사 강의 맡았나가 쓸사에 없는 삼방 구경하게 생긴 건가. 그래도 버텼다. 이유는 모르겠다. 그래야만 할 것 같았다. 하지만 시간이 지날수록 불안감이 커졌다. 말하지 않고는 이곳을 빠져 나갈 수 없을 것 같았다. 불어? 말아? 갈등이 소용돌이쳤다. 불안과 갈등 속에서도 밀려오는 졸음은 참을 수 없었다. 결국 나는 볼펜을 꼭 쥔 채 탁자에 엎드려 잠이 들었다.

첫째 날

후삼국 통일 이야기

첫 번째 이야기	후백제 깃발을 든 견훤
두 번째 이야기	슬픈 궁예, 후고구려를 세우다
세 번째 이야기	궁예 몰아내고 고려 건국한 왕건
네 번째 이야기	후삼국 통일을 향한 최후 결전
판타스틱 생활사 3분 특강	고려 귀족의 사생활

한눈에 보는 한국·중국·일본

794	900	901	907	916
일 헤이안 시대 (~1185)	한 견훤, 후백제 건국(~936)	한 궁예, 후고구려 건국(~918)	중 당 멸망, 5대 10국 시대 (~979)	중 거란(→요) 건국 (~1125)

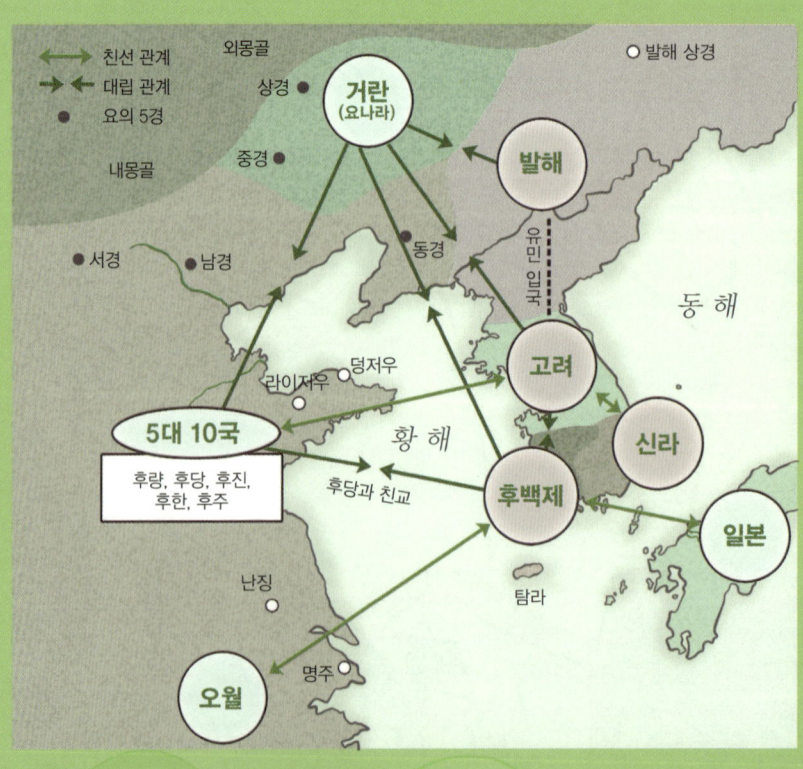

- 10세기 초 한반도의 국제 정세

첫 번째 이야기
후백제 깃발을 든 견훤

똑똑똑.

노크 소리에 놀라 눈을 떴다. 주위를 둘러보았다. 방 안이었다. 방문을 열자 토리가 문 앞에 서 있었다.

"토리야!"

나는 껴안기라도 할 기세로 토리에게 달려들었다.

"웬일이셔? 나를 이토록 반겨 주시다니? 아주 그냥 동지섣달 꽃 본 듯이 반가워하시네. 큭큭."

"어디서 또 그 노랜 들어 가지고."

"우리 속담에 너를 알고 나를 알면 쉽게 친해진다, 이런 말이 있거든. 그래서 한국 오기 전에 대한민국 최신 유행가 조사 좀 했지. 아저씨랑 친해질

라구. 날 좀 보소, 날 좀 보소, 날 좀 보소오오오······."

"〈밀양아리랑〉이 무슨 최신 가요야? 최신 가요라면 음, 김광석의 〈이등병의 편지〉 정돈 돼야지. 아저씨 군대 갈 때 울면서 이 노래 엄청 불렀다. 한번 불러 볼게. 흠흠. 집 떠나와 열차 타고 훈련소로 가는 날······. 아, 그때 아저씨 군대 가서 엄청 고생했다."

"집에서 부대로 출퇴근한 거 아니었나?"

"넌 무슨 남의 뒷조사까지 하고 그러냐. 군대 얘긴 그만하고 어젯밤 얘기 좀 해 봐라. 어제 낯선 사람들 왔을 때 어떻게 여길 빠져나갔는지."

"낯선 사람들? 여기 누가 왔었어? 아이고, 우리 작가님이 유적 답사 다녀오느라 피곤해서 악몽을 꾸셨나 보네."

악몽이라고? 그렇지, 악몽은 악몽이지. 하지만 꿈이 아니라 현실이었는데.

"농담 그만하고 어제 어떻게 된 건지 얘기 좀 해 보니까."

"이 작가님, 개꿈 이야기 그만하시고 이번 주 강의 시작하시죠. 아자씨 혹시 강의하기 싫어서 꼼수 부리는 건 아니지?"

하긴 그들이 왔었다는 증거도 없고 지금 토리가 멀쩡히 내 앞에 있는 상황에서 더 이상 어제 일을 믿어 달라고 할 순 없었다.

"이상하네. 분명히 왔었는데."

"아자씨 드라마 좋아하지? 드라마를 너무 많이 보신 것 같아. 어쨌거나 고마워. 우리 별 속담에 의리는 천금보다 귀하다는 말이 있거든. 으리!"

이건 또 뭔 소린가. 의리라면 내가 조사실에서 저에 대해 다 말하지 않은 것을 말하는 건가? 그게 아니라면 내 꿈속을 들여다봤다는 말? 도무지 뭐가 뭔지 헷갈려서 참. 거실을 둘러봐도 그대로였다. 새로운 게 있다면 한쪽 벽면을 모두 가릴 만한 칠판이 설치돼 있다는 점.

"웬 칠판?"

"선물. 아저씨가 강의를 너무 열심히 해 줘서. 지도나 그림 설명 필요할 때 저 칠판에 맘껏 그리시라고."

여전히 나는 어젯밤 일에 대한 의문이 풀리지 않았지만 빨리 강의를 끝내고 집으로 돌아가야 한다는 마음에 이야기를 시작했다.

좋아. 이왕 시작한 거니까 한번 끝까지 가 보자. 토리야, 오늘부턴 고려 시대 이야기를 할 거야. 너 혹시 지구 역사 탐구하러 올 때 한국을 어떻게 알고 왔니? 그렇지, 코리아. 코리아라는 나라 이름이 바로 고려에서 나온 거야. 고려가 왜 코리아로 불리게 됐냐면 무역항 벽란도에 드나들던 아라비아 상인들 때문이었어. 그들이 고려를 코리아로 발음하면서 고려가 코리아로 불리게 됐지.

고려는 지난주에 살펴봤던 통일 신라 시대 다음에 나오는 나라야. 고려 다음은 조선으로 이어지지. 그래서 흔히들 고려를 삼국 시대와 조선 시대를 잇는 징검다리쯤으로 여기기도 하는데, 실은 나름의 독특한 문화를 발전시키며 500년 가까이 역사를 이어 온 전통 있는 왕조야.

자, 시대 흐름은 이 정도로 정리하고 고려가 존재하던 시기에 주변에 어떤 나라들이 있었는지 간단하게 살펴볼게. 그래야 고려의 참모습을 더 잘 들여다볼 수 있으니까. 칠판에 지도를 그려서 설명해 줄게.

여기 한반도에서 고려가 왕조를 이어 가던 시절에 황해 건너 중국 대륙에서는 송나라, 원나라, 명나라가 차례로 일어났어. 줄여서 송원명이라고 해 두자. 송나라 이전엔 당나라가 있었는데 당나라는 지난주에 통일 신라와 비슷한 시기에 망했어.

다음은 현해탄 건너 일본을 볼까? 일본은 통일 신라 말부터 고려 초기까지 헤이안 시대라고 부르는 고대 왕국이었다가 고려 중엽에 막부 시대로 접어들었어. 막부 시대가 뭐냐고? 천황이라는 상징적 존재를 두고 무시무시한 무사들이 실질적으로 통치를 하던 시대야. 참, 중국 대륙 위 초원 지대에 거란이 있었다는 것도 기억해 둘 것.

지금까지 고려 주변의 대륙과 섬나라 상황을 살펴봤으니까 본격적으로 고려 이야기를 해 볼까? 이번 주 닷새 동안 '후삼국 통일과 고려의 건국 → 개혁과 좌절 → 외세 침략 → 개혁 실패 → 멸망' 순으로 강의를 할 예정이다. 굳이 말하자면 고려 왕조의 발단 전개 위기 절정 결말이라고 할 수 있지.

그럼 오늘은 후삼국 통일과 고려의 건국에 대해 알아볼까?

시대가 바뀌어서 그런지 토리가 알 듯 말 듯한 표정을 지었다. 그래서 한 번 확인하고 넘어가기로 했다.

"이번 주 강의 내용이 뭐라고?"

"고려 시대!"

"그렇지. 그럼 오늘 강의 주제는?"

"후삼국 통일과 고려 건국!"

"옳거니. 그럼 첫 시간 이야기는?"

"고건 얘기 안 해 줬는데."

"그렇구나. 토리, 정말 똑똑한데. 조금 헷갈릴 거라 생각했는데 아저씨 말을 잘 이해하고 있구나. 우리 속담에 서당 개 삼 년이면 풍월을 읊는다는 말이 있다. 나랑 일주일 동안 역사 공부하더니 농서고금을 통틀어 가장 위대한 역사가로 불리는 사마천 뺨 때릴 수준에 이른 것 같군."

"고마워. 이게 다 아자씨 덕분이야. 왕 선생님하고 나카무라 상한테 강의 들을 때는 그 나라 이야기만 들었거든. 그런데 아자씨는 고려 얘기하면서 시대 흐름과 주변 나라와의 관계까지 시공간을 아우르며 맥락을 잡아 주니까 이해가 팍팍 돼. 역시 아자씨는 역사 강의의 달인이셔. 크크."

"참 나, 누가 들으면 그런 칭찬 들으려고 서당 개 얘기 꺼낸 줄 알겠다. 암튼 오늘은 개꿈 이야기부터 서당 개까지 개 이야기 많이 하네. 이제 개 이야기 그만하고 호랑이 얘기해야겠다."

"후삼국 통일 이야기하는데 웬 호랑이?"

"들어 보면 알아."

곧이어 나는 견훤 이야기를 시작했다.

❦

 오늘은 후삼국 시대를 이끌었던 세 영웅 이야기를 할 거야. 후삼국 시대란 보통 견훤(867~936)이 후백제를 세운 900년부터 왕건이 후삼국을 통일한 936년까지의 시기를 말해.

 무릇 어느 나라 어느 시대나 다 그렇지만 통일 신라 말기는 무척 혼란스러웠어. 또 늘 그렇지만 그런 혼란의 시기에는 시대를 이끌 난세의 영웅이 나타나지. 엊그제 본 김춘추와 김유신, 또 나중에 이야기하겠지만 고려 말 혼란을 수습하고 조선을 연 이성계와 정도전 같은 인물이 그런 사람들이야. 격동의 후삼국 시대에도 그런 영웅들이 나타났는데 견훤과 궁예와 왕건, 후삼국 3총사가 그 주인공이란다.

 견훤은 신라 말기 지방에 파견된 장수였어. 그랬던 견훤이 어느 날 지금의 전주인 완산주에 도읍을 정하고 후백제를 세우지. 견훤이 후백제 깃발을 든 이후 통일 신라는 후삼국 시대로 접어들게 돼.

 신라의 일개 장수였던 견훤이 나라를 세우고 왕이 될 수 있었던 이유는 통일 신라 말기의 혼란과 관련이 깊어. 통일 신라 말 수도 금성에서는 중앙 귀족들 간에 허구한 날 왕권 다툼이 벌어졌어. 장보고 기억나니? 그때가 바로 그 시기였어. 장보고도 결국 중앙 귀족들의 왕위 쟁탈전에 휘말려 목숨을 잃고 청해진이 폐쇄되는 비극을 맞았잖아. 견훤은 장보고보다 조금 뒤에 나타난 인물이야.

 중앙 귀족들이 왕위 쟁탈전을 벌이느라 백성들 삶을 나 몰라라 하니까 지방에 대한 통제가 잘 이뤄지지 않았어. 그러다 보니 지방에서 경제력과 군사력을 갖춘 이른바 지방 호족들이 자기 영역을 구축하기 시작했지. 먹고살기 어려워진 농민들은 토지를 잃고 노비가 되거나 떠돌이 유랑민이 되어 도적 떼에 가담하거나 반란을 일으키기도 했고. 바로 이런 상황에서 군인이었던 견훤은 농민들의 반란을 진압하며 아예 그들을 모아 나라를 세워야겠다는 뜻을 품기 시작한 거야.

 뜻을 품었다고 해서 누구나 그런 큰일을 할 수 있는 건 아니겠지. 견훤은 그런 일을 한 만한 지혜와 용맹을 갖춘 인물이야. 견훤이 어릴 적 어떤 일이 있었는지 아니? 견훤이 갓난아기 때 있었던 일이야. 아버지와 어머니가 밭일을 하느라 견훤을 포대기에 싸서 숲 속에 뉘어 놨는데 글쎄 호랑이가 나타났지 뭐야. 그런데 그 호랑이가 견훤을 해치지 않고 외려 젖을 먹여 주었다는구나. 이 소식을 들은 마을 사람들은 저 아이가 장차 크게 될 인물이라고 입을 모았지.

 사람들의 기대대로 견훤은 뜻이 크고 기개가 남다른 청년으로 성장했어. 군인이 되어 반란을 진압하러 나섰을 때는 잠을 잘 때도 창을 베고 누워 적을 기다렸다고 해. 이렇게 용맹함을 떨치자 그를 따르는 자가 많았어.

어때? 견훤한테 난세를 이끌 영웅의 기운이 느껴져? 견훤의 남다른 신화는 또 있어. 견훤의 출생과 관련한 이야기야. 광주 어느 고을에 한 처녀가 살았는데 밤마다 어떤 사내가 처녀를 찾아와 정을 통하고 가더래. 그래서 처녀가 아버지에게 사실을 털어놨대. 그랬더니 아버지가 이르기를 "그 청년이 또 오거든 옷깃에 실을 꿴 바늘을 꽂아 두거라." 했대.

이윽고 청년이 처녀를 찾아오자 처녀는 아버지가 시킨 대로 했어. 그러고 나서 그 청년을 따라가 보니 글쎄 큰 지렁이였다지 뭐야. 그 후 처녀가 임신을 해서 사내아이를 낳았는데 그 아이가 바로 견훤이었대.

물론 견훤이 지렁이와 사람 사이에서 태어났다거나 갓난아기 때 호랑이 젖을 빨고 자랐단 이야기는 전설일 거야. 알에서 태어나고 어릴 때부터 백발백중 활쏘기의 명수였던 주몽이나 알에서 태어난 박혁거세처럼 신비스런 탄생 설화에 비하면 신성함이 떨어지고 이야기의 재미도 떨어지는 편이지.

삼국 시대로부터 시간이 1천 년 가까이 지나서 이제 그런 거짓말 같은 이야기가 먹히지 않아서 그랬는지, 아니면 삼국 시대 건국자들보다 후삼국 건국자들을 낮게 봐서 그랬는지 모르지만 아무튼 견훤 이야기는 주몽에 비해 신성함이나 극적인 재미가 덜한 거 같아. 하지만 나라를 세우고 왕이 된 인물답게 견훤도 나름 탄생의 전설을 지니고 있다는 점은 인정해 줘야 할 것 같구나.

출생의 전설부터 어린 시절 남다른 경험, 그리고 장수로서 보여 준 용맹함은 견훤이 신라에 반기를 들고 사람들을 모으는 데 적잖은 역할을 했을 거야. 견훤은 도처에서 농민들의 반란이 일어나자 이들을 진압하며 힘을 쌓아 나갔어. 그리고 따르는 무리가 5천쯤 되자 892년 지금의 광주인 무진주를 차지해 스스로 왕이 되었지. 8년 뒤인 900년에는 완산주를 도읍으로 삼고 후백제를 세웠단다.

견훤은 옛 백제 땅이었던 그곳에 나라를 세우면서 사람들에게 말했어.

"그 옛날 신라가 당나라와 더불어 백제를 멸망시켰다. 이제 나는 신라를 쳐서 백제의 원수를 갚겠다."

백제 출신도 아니면서 백제 땅에서 백제 향수를 자극했어. 그래도 이 발언은 상당히 효과가 있었나 봐. 백제가 망한 지 250년이 더 지났는데도 그 지방 사람들은 견훤을 크게 호응해 주었대.

견훤 이야기는 여기까지 할까?

이야기를 마치자 토리가 대뜸 질문을 던졌다.

"후삼국 통일 이야기한다더니 후백제 세운 이야기에서 끝내면 어떻게 해?"

"이 아저씨가 다 생각이 있어서 그래. 본격적인 후삼국 통일 전쟁 이야기를 하려면 궁예와 왕건이 출현해야 하거든. 그러니 첫 시간은 견훤 등장까지 하고 다음 시간에 두 사람을 역사 무대에 등장시켜서 이야기 계속하려고."

"난 또, 그렇게 깊은 뜻이 있는지도 모르고. 아저씨 이야기가 너무 재밌어서 빨리 듣고 싶은 마음에 내가 좀 오버했네."

"오버는 지금 네가 한 말이 오버다. 이야기가 너무 재밌다느니, 뒤로 자빠질 만큼 감동적이라느니 그런 말 좀 하지 마라. 오글거려."

"아니 왜? 언젠 4차원 입체 강의라느니 남들과 비교를 불허하는 명강의라고 허세를 떠시더니."

"그건 사실이지만 너무 자주 그러니까 식상하잖아. 지구에선 식상하면 지는 거다. 너 혹시 클리셰란 말 아냐?"

"으이씨, 내가 그걸 어떻게 알아. 아무튼 알았어. 이제부터 내가 감동하나 봐라."

"발끈하지 말고 들어 봐. 클리셰(Cliché)란 문학이나 영화에서 진부한 표현을 말하는데……."

"그만 좀 하셔. 한국사 강의하다 말고 또 무슨 문학 얘기?"

"얘 좀 봐라. 너 요즘 한국에서 융합이 대센 거 모르는구나. 짜빠구리가 괜히 나온 게 아니야. 문화사적인 거대한 흐름이라고. 공부도 마찬가지다. 문학 속에서 역사를 배우고 역사 시간에 과학 공부하고 그러는 게 심심해서 그런 게 아니라니까. 나처럼 융합적인 작가나 되니까 너한테 이런 얘기도 해 주는 거야. 아무튼 클리셰는 진부한 표현을 일컫는데, 영화에서 보면 마지막 순간에 악당이 말이 많아져서 주인공을 죽일 수도 있는데 꼭 자기가 죽게 된다든가, 또 주인공이 데리고 다니는 여자나 어린아이는 주인공을 곤란에 빠뜨린다거나 이런 판에 박힌 표현들을 말해. 최근엔 막장 드라마에서 써먹는 클리셰로 출생의 비밀과 기억상실증이 큰 인기지."

"알았어. 알았으니까 그만해. 그거 알아서 아이들한테 뭔 도움이 된다고."

"왜 도움이 안 돼. 가령, 엄마 아빠랑 드라마 보다가 주인공이 기억상실증 걸린 장면이 나올 때 한번 이래 봐. '엄마, 저 드라마 작가가 너무 클리셰한 거 아닌가요?' 그러면 아마 너무 놀란 엄마는 커피 잔을 입에 대다가 커피를 주르르 쏟으시고, 아빠는 사과 찍던 포크로 입술을 찍으실 거다. 너무 감동해서 말이야. 그러면 그날 저녁은 바로 패밀리레스토랑으로 가는 거야. 알겠냐?"

"아유, 알았어. 첫 시간부터 말 진짜 많네. 어젯밤 개꿈 꿔서 그런가 보다. 그래도 아자씨 허세는 밉지가 않아."

"고맙구나. 근데 왜냐?"

"왜긴, 진짜 잘난 사람이 잘난 척하면 엄청 재수 없을 텐데 아자씨처럼 조금 모자란 듯한 분이 허세 떠니까 귀여워서. 헤헤."

"뭐야? 모자란? 너 지금 나잘난 작가한테 모자라다고 했냐?"

토리와 나는 농담을 주고받으며 낄낄댔다. 그러다가 찬바람을 쐬기 위해 혼자 밖으로 나갔다.

한눈에 보는 한국·중국·일본

900	901	907	916
한 견훤, 후백제 건국(~936)	한 궁예, 후고구려 건국(~918)	중 당 멸망, 5대 10국 시대 (~979)	중 거란(→요) 건국 (~1125)

• 901년 당시 후삼국

두 번째 이야기
슬픈 궁예, 후고구려를 세우다

큰 바위 하우스 문을 열고 나왔을 때 나는 내 눈을 의심하지 않을 수 없었다. 어제와는 전혀 다른 풍경이 눈앞에 펼쳐져 있었다. 어제까지 큰 바위 하우스는 숲 속 계곡에 있었는데 지금 내 눈앞에는 사방이 바다고 큰 바위 하우스가 있는 곳은 작은 섬이었다. 나는 곧바로 큰 바위 하우스로 뛰어 들어갔다.

"어떻게 된 거야?"

"뭐가?"

토리가 되물었다.

"아, 바다? 아저씨가 강의 열심히 해 주는 게 고마워서 기분 전환 좀 시켜 주려고 강의실 옮겼어. 어때, 바다 맘에 들어?"

"맘에 들고 안 들고, 어떻게 이런 일이……."

"나 토리야. 안드로메다 토리, 안 되는 게 없는 된다 토리? 큭큭."

"까불지 말고 솔직하게 말해 봐. 어젯밤에……."

"아, 그 개꿈 얘기 그만하시라니깐요. 그리고 아무 걱정할 거 없어. 여긴 무인도라 누가 볼 사람도 없다고."

허걱! 갈수록 태산이라더니 갈수록 무인도다. 이러다 혹시 로빈슨 크루소 되는 건 아닌지.

"별걱정을 다 하셔. 나만 믿어. 내가 강의 끝날 때까지 여기서 아저씨랑 재미나게 놀아 줄게."

나는 다시 문을 열고 밖으로 나가 사방을 둘러보았다. 눈부시게 푸른 바다. 그 바다 위에 떠 있는 외로운 섬 하나. 그래도 국가걱정원 지하실보다는 낫겠단 생각이 들었다. 어차피 한 달은 토리와 단둘이 지내야 하니 그곳이 숲 속이든 무인도든 우주든 무슨 의미가 있을까. 나는 마음을 비우고 큰 바위 하우스로 들어갔다. 그리고 탁자 앞에 앉아 이야기를 시작했다.

"좋다. 무인도 얘긴 일단 접고 이번 시간엔 후삼국 인물 가운데 한 사람인 궁예 이야기를 하겠다. 궁예라고 못 들어 봤지? 못 들어 봤을 거야. 어쩌면 모르는 게 나을지도 모른다."

"이왕 한국사 탐구 시작했는데 다 알아야지 모르는 게 낫다니! 알려 주면 안 되는 이유라도 있어?"

"그런 건 아니고. 지금까지 알려진 궁예 모습이 너무 일그러져 있어서 그렇다. 하긴 그렇더라도 알려 줄 건 알려 줘야겠지? 들어 봐라. 지구촌 폭군 선발 대회 나가면 일등을 하고도 남을 로마의 네로 황제처럼 우리 역사에도 둘째가라면 서러울 폭군이 있었다. 그 인물이 바로 조선 임금 연산군인데, 연산군은 신하들을 하도 많이 죽여서 결국 왕위에서 쫓겨나고 지금까지 왕으로 불리지도 못한다. 그런 연산군 못지않게 폭군으로 불리는 왕이 있었는데 그 인물이 바로 궁예다. 궁예는 후고구려를 세워 후삼국 시대의 한 축을 담당했던 인물이지만 필요 이상으로 비난을 받고 있지. 물론 말년에 처자식 죽이고 수많은 부하들을 처형한 폭군이긴 하지만."

"그럼 폭군 맞네. 뭐가 일그러져 있다는 거야?"

"누가 폭군 아니래? 필요 이상으로 그렇다는 말이지."

"아이 답답하게 왜 이래. 궁예가 왜 필요 이상으로 폭군 취급을 받는지 어서 말해 줘."

"녀석, 성질도 급하긴. 알았다. 왜 그런지는 왕건 시간에 얘기해 주기로 하고 먼저 궁예의 슬픈 과거사부터 알아보도록 하겠다. 토리야, 앞에서 후백제를 세운 견훤 이야기 했잖아. 견훤이 완산주에서 후백제를 세울 무렵 지금의 개성인 송악에서 후고구려 깃발을 든 사내가 있었어. 그 사람이 궁예란다. 궁예가 어떻게 후고구려 왕이 되었는지 그 이야기를 들려줄게."

통일 신라 말기 어느 고을에 한 모자가 살았어. 아들은 장난기가 많고 무척 짓궂은 아이였어. 그래서 어미는 늘 마음을 졸였지. 아이가 열 살이 되도록 장난하는 버릇을 그치지 않자 어미가 아들을 불러 놓고 말했어.

"궁예야, 네가 이미 이렇게 장성하였는데도 정신을 못 차리고 장난만 치니 그동안 숨겨 왔던 과거 이야기를 해야겠다. 지금부터 이 어미의 말을 잘 듣거라. 나는 네 어미가 아니란다. 나는 네가 갓난아기 때 너를 키운 유모다. 놀랐느냐? 왜 안 그렇겠느냐. 그래도 이 어미 말을 끝까지 듣거라.

10년 전 네가 태어나던 날 좀 이상한 일이 있었단다. 신라 왕의 후궁이었던 네 친어머니가 너를 낳던 날, 지붕 위로 무지개와 같은 흰빛이 생기더니 그 빛이 하늘로 뻗치고, 갓 태어난 너에게는 이가 나 있었지. 그 소문이 왕에게 알려지자 왕은 점을 쳐서 길흉화복을 알아보는 신하에게 그 뜻을 풀어 보라고 명했단다. 그러자 그 신하가 말하길, 그 빛은 상서롭지 못하고, 갓 태어난 아기에게 이가 있는 건 불길한 징조로 장차 나라에 해가 될 아이니 죽여야 한다고 말했다. 왕은 신하의 말을 듣고 갓난아기인 너를 죽이라고 명했단다.

끝까지 듣거라. 그로부터 며칠 후 한 신하가 친어머니의 집으로 찾아왔단다. 그 신하는 네 어머니에게서 너를 빼앗아 다락 밑으로 던졌지. 그때 내가 다락 밑에 있다가 떨어지는 너를 받았단다. 그 와중에 내 손가락이 네 눈을 찔러 그때부터 네 한쪽 눈이 멀게 되었다. 네 눈을 다치게 한 걸 생각하면 지금도 너에게 미안하다. 너를 받아 든 나는 부리나케 도망쳐 아무도 모르는 고을로 숨어들었단다. 혹시 네가 살아 있다는 걸 알면 신라 조정에서 너를 가만두지 않을 거란 우려 때문이었지.

 그 후로 너와 나는 모자 행세하며 10년을 살아왔단다. 행여 네 신분이 드러날까 봐 조마조마하며 말이다. 그런데 궁예야, 이제 네가 성장하여 점차 사람들의 이목을 받게 되었는데, 아직도 장난만 치고 있으니 그러다가 남들에게 네 신분이 드러나면 어쩌려는 것이냐. 그리되면 너와 나는 목숨을 부지하기 어려울 게다. 그러니 궁예야, 너는 이제라도 매사에 삼가고 조심하여 남의 눈에 띄지 않게 행동해야 한다. 알겠느냐?"

 어미의 말을 듣고 있던 궁예의 한쪽 눈에서 눈물이 흘러내렸어. 상상해 봐. 한쪽 눈을 다쳐 동무들로부터 놀림을 받고 자란 것도 서러웠을 텐데 자기가 신라 왕으로부터 버림받은 존재라는 걸 알았으니 얼마나 슬펐겠어. 어미의 이야기를 들은 궁예가 눈물을 흘리며 말했지.

"어머니, 그렇다면 제가 멀리 떠나 어머니의 근심이 되지 않게 하겠습니다."

 그날로 궁예는 자기를 키워 준 유모 곁을 떠나 세달사라는 절에 들어가 중이 되었어. 세달사에서 도를 닦으며 청년으로 성장한 궁예는 계율에 얽매이지 않고 담대하며 기상이 당당했대. 어쩌면 자기가 한낱 애꾸눈 장난꾸러기가 아니라 신라 왕족의 후예라는 사실을 알고 있어서 그랬는지 몰라.

 나중에 궁예가 한 얘기지만 어느 날 공양을 올리러 가는데 새 한 마리가 궁예 머리 위로 날아오더니 궁예의 바릿대에 상아 조각을 떨어뜨리고 가더래. 바릿대는 승려들이 사용하는 밥그릇이야. 궁예가 상아 조각을 살펴보니 거기에 임금 왕(王) 자가 새겨져 있었다는 거야. 그걸 보고 궁예는 남다른 큰 뜻을 품게 되었다고 해.

청년 궁예의 가슴속에는 왕족의 후예라는 자부심과 자기를 죽이려 한 신라에 대한 복수심이 동시에 똬리를 틀고 있었지. 궁예는 그런 복잡한 마음을 품은 채 세상 밖으로 나갔어. 앞서 말한 대로 그때는 통일 신라 말이어서 농민들 반란이 끊이질 않았어. 궁예는 그런 혼란을 보고 생각했어.

'이 어지러운 때를 타서 무리를 끌어모으면 내 뜻을 이룰 수 있으리라.'

궁예의 뜻이 뭐였겠니. 왕이 되어 신라를 부숴 버리거나 신라를 부숴 버리고 왕이 되는 것이었겠지. 엎어치나 메치나 순서가 바뀌었을 뿐 똑같은 말이란다.

그런 뜻을 가슴에 숨긴 채 궁예는 북원에서 왕처럼 군림하던 양길이란 자의 부하로 들어갔어. 북원은 지금의 강원도 원주야. 궁예는 양길 밑에서 청년 장수로서 이름을 떨치기 시작했지. 양길은 늠름한 기상을 지닌 궁예에게 군사를 내주어 강원도 일대의 땅을 차지하도록 했어. 궁예는 멋졌어. 부하 병사들과 한군데서 자고 먹으며 어려움도 즐거움도 함께했어. 그리고 빼앗은 땅에서 일을 공정하게 처리해 궁예가 지나는 곳마다 사람들이 크게 호응했지.

그즈음 궁예는 자신의 생애에서 가장 중요한 한때를 맞게 돼. 궁예가 강원도를 중심으로 동서남북으로 세력을 넓혀 가던 때였어. 그때 이미 궁예는 더 이상 양길의 부하 장수가 아니었어. 궁예를 품기에 양길의 품은 너무 좁았지. 양길은 궁예의 세력이 자신을 위협할 만한 지경에 이르자 궁예를 제거하기로 마음먹었단다. 하지만 이를 먼저 안 궁예가 양길 군대를 격파해 외려 더 큰 세력을 얻게 되었어.

궁예를 거두어 주고 키워 준 양길 입장에서 보면 궁예는 은혜를 원수로 갚은 나쁜 부하였지만, 어느 시대나 대세란 게 있는 법이어서 그 흐름을 막기가 어려워. 하지만 궁예는 나중에 자신이 양길에게 했던 것처럼 똑같은 꼴을 당하게 돼. 그 이야기는 다음 시간에 해 줄게. 참, 한 가지 빼먹은 이야기가 있다. 아주 중요한 얘긴데 깜빡했네.

궁예가 강원도를 중심으로 사방에 이름을 떨치자 주변의 호족들이 자진해서 궁예 밑으로 들어왔어. 마치 자석에 쇠붙이가 들러붙듯 궁예를 지지하는 세력들이 궁예 밑으로 쭉쭉 빨려 들어왔지. 그들 가운데 왕건 집안이 있었어. 왕건 집안은 송악에 터를 잡고 뱃길을 이용해 중국과 무역을 하며 부를 쌓은 집안이었어. 궁예는 왕건을 얻은 걸 천군만마를 얻은 듯 기뻐했어. 왜냐하면 지지 세력이 미약한 궁예가 송악의 유력한 왕건 집안을 얻음으로써 비로소 나라를 세울 근거지를 마련할 수 있었기 때문이야.

실제로 왕건은 궁예의 충실한 부하 장수가 되어 궁예가 세력을 넓혀 가는 과정에서 혁혁한 공을 세웠단다. 궁예는 왕건을 보면서 마치 젊은 날의 자신을 보는 듯 흐뭇해했지.

 궁예는 왕건 집안의 도움으로 드디어 송악에 도읍을 정하고 후고구려를 세웠어. 견훤이 후백제를 세운 다음 해인 901년의 일이었지. 자, 이쯤에서 한반도의 세력 분포를 한번 확인하고 갈까?

 한반도 동남쪽 구석에 있는 경주에는 1천 년 역사를 이어 온 신라가 겨우겨우 명맥을 유지하고 있고, 전라도 전주에서는 후백제를 세운 견훤이, 북쪽 송악에서는 후고구려를 세운 궁예가 자리를 잡은 후삼국 시대 혹은 신 삼국 시대가 펼쳐져. 앞으로 들려줄 이야기는 요 세 나라가 반도의 패권을 차지하기 위해 각축을 벌이는 이야기가 될 거다. 어때, 흥미로울 거 같지 않니?

토리가 고개를 갸우뚱하며 나를 바라보았다.

"흥미로울 거 같긴 한데……. 아자씨 나한테 얘기 안 해 준 거 있지 않아?"

"안 해 준 이야기라니?"

"아자씨가 그랬잖아. 궁예가 양길에게 한 것처럼 똑같이 당했다고. 그리고 궁예가 왜 필요 이상으로 폭군 취급을 받았는지 그 이유는 아직 말 안 해 줬잖아."

"어이 토리, 아주 예리한데. 잘 키운 토리 하나 열 초딩 안 부럽구나. 그럼 지금부터 그 얘길 들려줄게. 궁예가 어떻게 양길에게 했던 것과 똑같이 자기도 당했는지 말이다. 고려 건국으로의 전환점이 되는 사건이니까 잘 들어. 참, 그 전에 우리 잠깐만 쉬었다 하자. 어젯밤에 꿈을 하도 리얼하게 꿔서 아직도 꿈인지 생신지 헷갈리거든. 지금부터 십 분간 휴식!"

"개꿈 핑계 대지 마. 강의하기 싫으니까 아주 별의별 작전을 다 짜시네."

"넌 어떻게 말하는 게 점점 날 닮아 가냐? 누가 보면 네 색깔이 점점 사라진다고 아쉬워하겠어. 작전 짜는 게 아니고 대한민국 초등학교에서도 사십 분 수업 끝나면 십 분간 쉬니까 그렇게 알아. 한국에 왔으면 한국 법을 따라야지. 안 그래?"

나는 문을 열고 밖으로 나갔다. 하늘은 푸르고 태양은 눈부셨다. 한겨울 공기가 여전히 칼칼했지만 해가 중천에 떠 있어서 그런지 그런대로 따스하게 느껴졌다. 나는 섬 둘레로 난 길을 따라 천천히 걸었다. 한 바퀴 도는 데 채 삼십 분이 걸리지 않을 만큼 섬은 작았다. 섬을 한 바퀴 돌고 나니 마음이 한결 편안해졌다.

한눈에 보는 한국·중국·일본

901	904	905	907	916	918
한 궁예, 후고구려 건국	한 궁예, 국호 마진으로 바꿈	한 궁예, 국호 태봉으로 바꿈	중 당 멸망, 5대 10국 시대 (~979)	중 거란(→요) 건국 (~1125)	한 고려, 왕건 즉위

926
한 발해 멸망

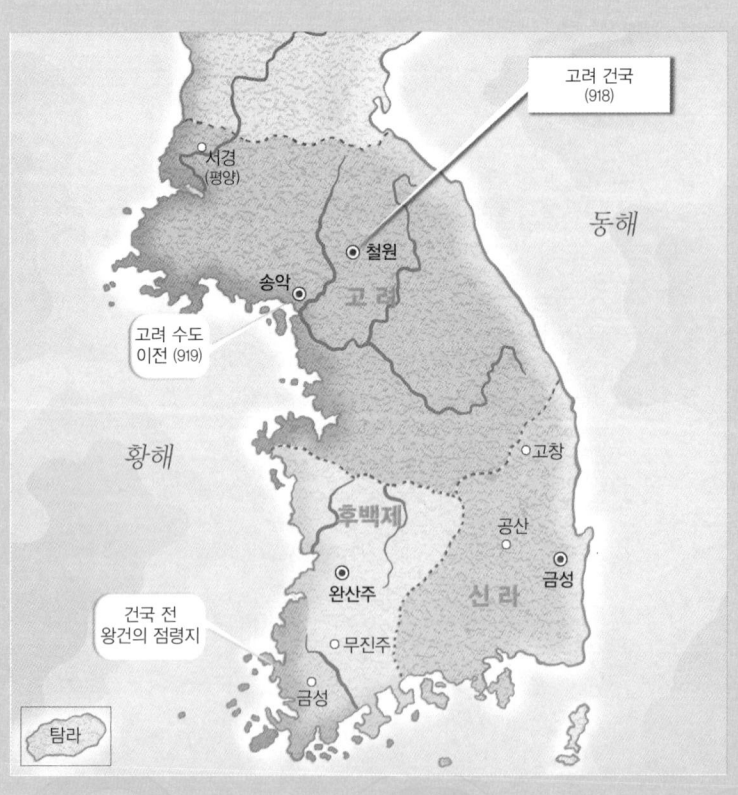

• 고려의 건국

세 번째 이야기

궁예 몰아내고 고려 건국한 왕건

시원한 바닷바람을 쐬고 큰 바위 히우스로 들어갔을 때, 토리는 누가 봐도 착한 어린이처럼 탁자 앞에 다소곳이 앉아 있었다. 이럴 땐 강의고 뭐고 어서 여기를 빠져나가야지 하는 생각이 사라지곤 한다. 처음 만났을 때의 두려움은 어디론가 사라지고 아들처럼, 친구처럼 느껴진다. 나는 토리의 볼을 살짝 꼬집었다.

"어구, 우리 토리. 강의 들을 자세가 잘 돼 있네. 착한 외계인 표 줘야겠어."

"아야. 왜 꼬집어? 아프게."

"오리엔트 특급 칭찬이다. 하하."

토리가 알아듣든 말든 나는 요즘 뜨는 농담을 하며 크게 한 번 웃었다.

"자, 그럼 궁예 부하였던 왕건이 어떻게 궁예를 몰아내고 고려 왕이 되었는지 그 이야기를 시작할까? 그러다 보면 자연스레 궁예의 몰락에 대해서도 얘기하게 될 거야."

나는 지는 별 궁예와 뜨는 별 왕건 이야기를 시작했다.

❀

궁예는 901년 송악에 도읍을 정하고 후고구려를 세우면서 이런 연설을 했어.

"그 옛날 고구려와 신라가 다툴 때 신라가 당나라에 구원병을 요청해 고구려를 무너뜨렸다. 그 후 고구려 수도 평양은 풀이 자라는 폐허가 되었고 고구려는 자취를 잃었다. 내가 오늘 후고구려를 세워 그 원수를 갚겠노라."

궁예가 그렇게 말한 건 고구려 향수를 자극해 지지를 이끌어 내려는 의도도 있었겠지만, 실은 궁예 자신의 원한을 풀겠다는 뜻이 더 강했어. 알다시피 궁예는 신라로부터 버림받아 죽을 뻔했다가 유모의 도움으로 겨우 살아났잖아. 그 과정에서 한쪽 눈도 잃고. 그랬으니 신라에 대한 원한이 엄청나게 컸겠지.

궁예가 신라에 얼마나 큰 원한을 가졌는지 보여 주는 일화가 있어. 궁예가 신라 쪽으로 한참 세력을 넓혀 가던 시절 부석사라는 절을 지나게 되었어. 그곳에 신라 왕의 얼굴이 그려진 벽화가 있었는데 궁예가 그 벽화를 보고 어떻게 했는지 아니? 글쎄, 칼을 뽑아 그림을 내리쳤다지 뭐야.

궁예의 원한이 깊이 밴 그 칼자국이 고려 시대까지 남아 있었다고 해.

이처럼 궁예는 신라에 대한 복수심을 여과 없이 드러냈어. 왕이 된 뒤에는 신라를 집어삼키려는 뜻을 품고 신하들에게 신라를 멸도(滅都)라 부르게 했어. 멸도는 망한 수도란 뜻이야. 그리고 신라에서 귀순해 오는 사람을 마구 죽여 버렸지.

이러한 궁예의 비뚤어진 자신감과 복수심이 궁예를 이상한 사람으로 만들었단다. 후고구려를 세운 지 몇 년 뒤 국호를 마진으로 바꾸고 도읍을 철원으로 옮기더니 국호를 태봉으로 또 바꿨어. 궁예는 나라 이름 바꾸기 놀이라도 하듯 하는 행동도 점점 이상해졌지.

나라를 세우기 전 한창 세력을 넓혀 갈 때는 병사들과 함께 먹고 자며 고생을 함께해서 사람들로부터 미륵이리 불리기도 했는데, 이젠 자기 스스로 미륵을 자처했어. 미륵이 뭐냐고? 석가모니를 뒤이어 세상에 와서 중생을 구제한다는 미래의 부처를 말해. 미륵을 자처한 궁예는 머리에는 금 고깔을 쓰고, 아들 이름 뒤에도 보살을 갖다 붙이고, 불경도 지었어. 한마디로 나 잘난 맛에 살았지. 거기까지 했으면 좋은데 자기한테 싫은 소리 하는 사람은 신분 고하를 막론하고 죽여 버렸어. 당시 석총이라는 승려가 있었어. 석총이 궁예가 지은 불경이 괴이하고 요사스럽다고 비판하자 석총을 철퇴로 때려죽였어.

생각해 봐. 자기를 비판했다고 쇠몽둥이로 때려죽이는 왕. 그렇다고 누가 나서서 궁예를 비판하지도 못했어. 왜냐고? 바른 소릴 했다간 석총처럼 쇠몽둥이에 맞아 죽을 것 같으니까. 토리 너, 브레이크 없는 자동차가 얼마나 무서운 무긴지 아니? 궁예가 꼭 그랬어. 그래서 누구도 감히 궁예의 살인 주행을 말리지 못했지.

그러자 보다 못한 왕비가 궁예를 말리고 나섰어. 제발 사람을 함부로 죽이지 말라고. 그러자 궁예가 이렇게 받아쳤어.

"부인, 부인은 어찌 외간 남자와 간통을 하셨소?"

왕비는 기가 막혔어. 무슨 말도 안 되는 말씀을 하시냐며 부인했지. 그러자 궁예가 말했어.

"내가 관심법으로 들여다보았소. 부인해도 소용없소."

관심법이 뭐냐고? 마음을 들여다보는 신통력이란 뜻이야. 토리 네가 가끔 내 생각을 읽어 내는 것과 비슷해. 진짜냐고? 그거야 모르지. 궁예가 진짜 관심법을 쓸 수 있는 능력이 있었는지는 아무도 몰라. 중요한 건 궁예가 관심법을 이용해 수많은 사람을 죽였다는 점이야. 관심법 운운하던 궁예는 쇠꼬챙이를 불에 달궈 자기 부인을 찔러 죽였어. 두 아들도.

자기 부인과 자식을 죽이고 난 이후 궁예는 의심이 더욱 많아지고 화를 잘 냈어. 신하고 일반 백성이고 사람을 더 많이 더 쉽게 죽였지. 후고구려 백성들은 불안해서 살기 힘들 정도였어. 그리고 마침내 관심법의 마수가 오늘의 주인공인 왕건에게 뻗쳤단다.

나는 잠깐 강의를 멈췄다.

"아, 뭐야? 지금부터 중요한 얘기 나올 것 같은데 왜 끊어?"

토리가 미간을 찌푸리며 말했다.

"내가 왜 그랬는지 맞혀 봐. 관심법으로. 하하."

"아자씨 날 놀려? 자꾸 놀리면 관심법이 아니라 심장을 관통하는 레이저를 쏘겠어!"

토리가 두 눈에 힘을 주는 시늉을 했다.

"어이구, 무서워라. 네 레이저에 심장 관통 당하기 전에 빨리 강의 시작해야겠다. 그런데 진짜 궁금해서 그러는데, 네가 아저씨 생각과 마음을 읽을 수 있으면 이렇게 힘들이지 말고 내 머릿속에 든 생각을 통째로 옮겨 가면 되는 거 아니냐? 인터넷에 있는 정보를 컴퓨터에 다운 받듯이."

"아자씬 아자씨 머릿속에 든 생각이 쓸 만한 가치가 있다고 생각해?"

"그건 또 뭔 소리야?"

"우리 별 속담에 구슬이 서 말이라도 꿰어야 보배라는 말이 있어. 아자씨 머릿속에 든 생각은 나한테는 꿰지 않은 구슬일 뿐이야. 그걸 논리적으로 조합하고 체계적으로 정리해서 이야기를 해 줘야 쓸모 있는 정보가 되는 거라고."

"괜히 관심법 얘기 꺼냈다가 본전도 못 찾았네. 알았다. 이야기 시작하마. 근데 오늘 너 좀 낯설다. 갑자기 논리적이고 똑똑해진 것 같아서."

"내가 원래 캐러멜처럼 다양해서 그래. 귀요미였다가 똑똑이였다가. 헤헤."

"졌다. 그만하고 강의 시작하자. 참, 캐러멜이 아니라 카멜레온이겠지."
지적받아 약 오른 토리를 뒤로하고 궁예와 왕건 이야기를 이어 갔다.

　　　　　　　　　　🍀

　자기 부인을 죽인 이후 궁예가 점점 더 의심이 많아지고 성격이 포악해졌다고 했지? 그런 궁예가 어느 날 왕건을 불렀어.
"왕 시중, 그대가 사람을 모아 내게 반역을 꾀하려 하다니 웬일인가?"
　왕건은 순간 당황했어. 관심법의 마수가 나에게도 뻗쳤구나, 생각했지. 어떻게 이 위기에서 벗어날 것인가. 왕건은 침착하게 대답했어.
"대왕 폐하, 어찌 제가 폐하를 배반하고 모반을 꾀하겠습니까?"
"그래? 내가 관심법으로 보면 알 수 있지. 흐흠."
　그러더니 궁예가 눈을 감고 생각에 잠겼어. 왕건은 난감했지. 궁예의 관심법에 걸려 죽지 않은 사람이 없었으니까. 왕건이 이러지도 저러지도 못하고 있자, 최응이라는 젊은 신하가 왕건 앞에 붓을 떨어뜨리더니 그 붓을 줍는 척하며 작게 속삭였어.
"그렇다고 하십시오."
　말뜻을 알아들은 왕건이 궁예에게 머리를 조아리며 말했어.
"제가 모반을 꾀하였사옵니다. 죽여 주십시오."
　그러자 궁예가 만족한 듯 껄껄 웃더니 왕건을 용서해 주겠다고 했어. 게다가 왕건에게 상까지 내렸지. 아마 자기의 관심법이 적중했다고 생각해 기분이 좋아서 그랬는지 몰라.

이 사건을 지켜본 신하들은 큰 충격에 빠졌어. 궁예가 왕건까지 죽일 거라는 생각을 못 했거든. 왜냐하면 왕건은 궁예 부하가 된 이후 후백제와의 수많은 전투에서 승리해 궁예의 영토를 늘려 준 인물이니까. 궁예는 그런 왕건을 무척 신임했고 왕건이 전투에서 공을 세울 때마다 관직을 높여 주었어. 그렇게 해서 왕건이 후고구려 최고의 관직인 시중 자리에까지 오르게 되었는데, 그런 왕건을 죽일 수도 있다는 건 궁예의 마수로부터 벗어날 사람이 더 이상 없다는 것을 의미했지.

어떤 역사학자들은 왕건이 자진해서 도성 밖을 돌며 여러 전투에 참여한 건 혹시 도성에 머물러 있다가 변덕스런 궁예에게 언제 해를 당할지 모른다는 염려 때문이었을 거라고 말하기도 해.

그 일이 있고 나서 얼마 뒤 왕건과 생사고락을 함께했던 부하 네 명이 늦은 밤 은밀히 왕건을 찾아왔단다. 그중 한 사람이 왕건에게 말했어.

"지금 임금이 제 마음대로 형벌을 남용하여 아내와 아들을 죽이고 신하들을 살육하니 백성들이 도탄에 빠져 도저히 살아갈 수가 없습니다. 예로부터 어질지 못한 임금을 폐하고 어진 임금을 세우는 것은 천하의 도리이니 왕 공께서 그 일을 실행하시길 바랍니다."

그 말을 듣고 왕건은 얼굴빛이 변하면서 거절했어.

"나는 스스로 충성스런 신하로 자처하는데 지금 임금이 포악하다고 하나 감히 딴마음을 먹을 수 없소. 무릇 신하가 임금의 자리에 앉는 것이 반역인데 나는 그럴 수 없소."

그러자 다른 사람이 목소리를 높였어.

"기회는 두 번 오지 않는 법입니다. 또한 만나기는 어렵고 놓치기는 쉬운 게 기회입니다. 만약 하늘이 준 기회를 받지 않으면 도리어 왕 공께서 화를 입게 될 것입니다."

부하들의 거듭된 요청에도 왕건은 결단을 내리지 못했어. 그러자 왕건의 부인 유씨가 나타나더니 "대장부가 어찌 그리 결단력이 없습니까." 하며 갑옷을 챙겨 주었지.

그제야 왕건은 갑옷을 입고 부하들과 함께 집을 나섰어. 왕건을 따르는 장수들이 "왕 공께서 의로운 깃발을 들었다."고 외쳤어. 그러자 사람들이 앞다퉈 왕건에게로 몰려들었지. 그들이 성문 앞에 도착했을 땐 이미 1만 명이나 되는 지지자들이 왕건을 맞이하기 위해 기다리고 있었어.

그 시각 궁궐에 있던 궁예는 누추한 옷으로 갈아입고 성을 빠져나갔어. 도망가는 궁예 마음은 참으로 착잡했을 거야. 친동생처럼 아끼던 왕건에게 배반당했으니 배신감이 극에 달했을 테고, 몇 년 전 관심법으로 왕건의 마음을 읽었을 때 제거하지 못한 걸 땅을 치며 후회했겠지. 그 당시 정말 왕건이 모반을 꾀할 마음을 품고 있었는지는 아무도 모르지만 결과적으로 왕건이 반란을 일으켰으니 궁예의 관심법이 아주 엉터리는 아닌 것 같아.

《삼국사기》에 따르면 도망치던 궁예는 백성들에게 붙잡혀 맞아 죽었어.

우리 역사에서 백성들에게 맞아 죽은 왕은 궁예가 유일할 거야. 그만큼 궁예의 최후는 비참했단다.

 궁예가 백성들에게 맞아 죽었다는 이야기는 훗날 왕건 입장에서 쓴 역사책에 나오는 이야기야. 궁예의 흔적이 많이 남아 있는 철원 지역에 내려오는 전설은 좀 달라. 왕건의 군대에 쫓겨 도망가던 궁예는 군사들과 끝까지 맞서 싸웠는데 결국 어느 산에서 왕건 군대에 의해 최후를 맞았다고 해. 궁예가 최후를 맞을 때 병사들이 울었다고 해서 그 산이 울음산이라 불렸다는구나. 한자로는 명성산(鳴聲山)이야. 지금도 철원에는 궁예와 관련된 유적지가 많이 남아 있어. 이런 걸 봐도 궁예가 도망치다가 백성들에 맞아 죽었다는 이야기는 어쩐지 궁예를 깔아뭉개고 왕건이 일으킨 정변을 합리화하려는 의도가 느껴져.

 궁예를 몰아내고 왕위에 오른 왕건은 나라 이름을 고려라 고쳤어. 이때가 918년이야. 이때부터 후삼국은 후백제 견훤과 고려의 왕건, 그리고 신라가 공존하는 후삼국 2.0버전 시대로 접어들어. 다음 시간에는 왕건과 견훤의 후삼국 통일 전쟁 마지막 이야기를 해 줄게.

토리가 마치 큰일을 마친 듯이 휴우, 하고 숨을 내쉬었다. 그러더니 내게 물었다.

"궁예 왕 이야기 흥미진진했어. 자기 부인과 아들들 죽이고 신하들도 마

• 경기도 포천~강원도 철원에 이르는 명성산은 왕건의 군대를 맞아 궁예가 최후를 맞은 곳이다. 최후를 맞은 궁예의 병사들이 울었다 하여 명성산(鳴聲山)이라는 이름으로 불린다.

구 죽인 왕이니까 궁예는 진짜 폭군 맞는 거 같은데."

"누가 폭군 아니랬냐? 필요 이상으로 폭군 취급을 받는다고 했지. 동서고금을 막론하고 자기 가족을 죽인 왕이나 황제는 한둘이 아니다. 조선 시대만 해도 태종 이방원이 형제들 죽이고 권력을 잡은 거나 영조가 자기 아들을 뒤주 속에 가둬 죽인 일이나 인조가 맏아들 소현세자를 죽게 만든 일이나 그런 비정상적인 경우들이 아주 많아. 그렇다고 그들을 모두 폭군이라 부르진 않지."

"그럼 왜 궁예만 억울하게 폭군 대마왕 취급을 당하는 거야?"

"궁예와 왕건 이야기를 기록한 역사책들은 모두 왕건 입장에서, 즉 승자 입장에서 쓰인 거야. 그러니 어땠겠어. 궁예는 폭정을 일삼는 폭군으로, 왕건은 그런 폭군을 몰아내고 도탄에 빠진 백성을 구한 의인으로 그렸던 거지. 왕건이 궁예 정부를 뒤엎은 걸 정당화하기 위해서라도 궁예를 극악무도한 폭군으로 만들 필요가 있었어. 그러다 보니 오늘날 궁예가 연산군에 이어 폭군 넘버 투 취급을 받게 된 거다. 이제 알겠냐?"

"네, 잘 알겠습니다!"

토리가 두 팔을 위로 쭉 뻗으며 말했다.

한눈에 보는 한국·중국·일본

907	916	927	930	935	936
중 당 멸망, 5대 10국 시대 (~979)	중 거란(→요) 건국 (~1125)	한 후백제, 신라 정벌(포석정 습격 사건) | 후백제와 고려 팔공산 전투	한 후백제와 고려 고창 전투	한 견훤, 고려로 망명 | 신라 경순왕, 고려에 항복	한 고려, 후삼국 통일

• 후삼국 통일 과정

네 번째 이야기

후삼국 통일을 향한 최후 결전

궁에 이야기를 마친 뒤 잠시 쉬고 나서 내가 입을 열었다.

"어느새 후삼국 통일 전쟁 마지막 이야기를 해야 할 시간이다. 앞의 내용 잠깐 되짚어 볼까? 통일 신라 말의 혼란을 틈타 견훤이 후백제를 세우고 궁예가 후고구려를 세웠다가 왕건에 의해 쫓겨나고 왕건이 고려로 나라 이름을 고쳐 왕이 된 이야기까지 했지? 오케이?"

"오케이!"

"이번 시간엔 왕건과 견훤이 후삼국 통일을 위해 마지막 결투를 벌이는 이야기를 할 거다."

"후삼국 시대라며 왜 후백제하고 고려 두 나라만 싸우는 거야? 신라는 안 싸워?"

"응. 왕건과 견훤이 대결을 벌일 때 신라는 이미 운이 다했거든. 그래서 왕건과 견훤은 상대를 쓰러뜨리기만 하면 신라는 자동으로 얻게 될 거라 생각했지. 원 플러스 원처럼. 그럼 신라는 뭐 하고 있었냐. 이기는 편이 우리 편, 이렇게 양쪽을 응원하다가 왕건이 최후 승자가 되는 듯하자 왕건에게 귀부했단다."

"귀부가 뭔데?"

"스스로 복종하는 거. 하지만 이렇게 힘이 없어 보이는 신라였지만 후삼국 통일 과정에서 중요한 변수로 작용했는데 그 이야기는 조금 뒤에 해 줄게. 자, 그럼 후삼국 통일 전쟁에서 누가 어떻게 최후의 승자가 되는지 그 이야기를 시작해 볼까?"

나는 왕건과 견훤이 벌인 최후의 대결 이야기를 시작했다.

토리야, 기억나니? 후백제를 세운 견훤은 지렁이와 처녀 사이에서 태어났다는 전설을 가지고 있었고, 궁예는 날아가던 새가 임금 왕(王) 자가 새겨진 상아 조각을 물어다 주었다는 전설이 있다는 거. 아무리 후삼국이라지만 그래도 명색이 건국자들이니 그런 전설 하나쯤은 가지고 있는 게 당연하겠지.

왕건도 마찬가지란다. 단군이나 주몽처럼 하늘에서 내려왔다든가 알에서 태어났다든가 하는 신화는 아니지만 왕이 될 운명을 타고났다는 예시를 받았어. 당대 최고 승려였던 도선으로부터. 어느 날 도선이 왕건의 집 앞을 지나면서 그랬대. "이곳에서 성인이 날 것이며 그 아이가 왕이 될 것이다." 물론 이 예언은 궁예를 몰아내고 왕이 된 왕건 측에서 만들어낸 이야기일 가능성이 커. 하지만 왕건은 그런 예언이 없었다고 해도 왕이 될 만한 필요충분조건을 갖춘 인물이었어.

기록에 보면 왕건은 몸집이 크고 얼굴도 잘생기고 목소리도 좋고 포용력을 갖춘 인물이었어. 게다가 왕건 집안은 개성, 즉 송악을 기반으로 배를 이용해 황해를 건너다니며 당나라와 무역을 해서 돈을 많이 번 부자였지. 어때, 집안 좋고 돈 많고 잘생기고 포용력까지 갖췄으면 난세를 구할 영웅 자격으로 충분하지 않니?

왕건이 역사의 무대 전면에 나서게 된 건 918년 궁예 축출 사건 이후야. 그 전까지 궁예의 부하였던 왕건은 918년 이후 일약 후삼국을 통일할 가장 유력한 인물로 떠올랐어.

왕건이 궁예를 몰아냈을 때 견훤은 어땠을까? 견훤은 왕건에게 왕이 된 걸 축하한다는 편지를 보낼 만큼 우호적이었어. 당시 견훤 세력이 왕건보다 약하지 않았기 때문에 여유가 있었지. 견훤의 편지를 받은 왕건은 견훤을 아버지로 모시겠다며 머리를 숙였단다. 하지만 그런 관계가 그리 오래가지는 않았어.

왜냐고? 하늘 아래 두 영웅이 있을 수 없고 한 울타리 안에 호랑이와 사자가 같이 살 수 없는 이치지. 그래서 후백제와 고려는 이런저런 크고 작은 전투를 벌였는데, 국가의 운명을 결정지을 결전을 벌이게 된 건 신라 때문이었어. 신라가 명을 다한 나라지만 후삼국 통일 과정에서 중요한 변수로 작용한다고 말했지? 어떻게 그럴 수 있었는지 들어 봐.

견훤은 고려와 신라 가운데 힘이 약한 신라부터 차지하고 그다음 고려를 정복한다는 생각을 가지고 있었어. 그래서 무력으로 신라를 정복하려고 했지. 하지만 왕건은 달랐어. 신라를 굳이 무력으로 정복하려 하지 않았어. 내 편으로 만들면 자연히 넘어오게 돼 있다, 이렇게 생각했거든.

네가 신라 왕이라면 어떻겠니? 당연히 견훤보다 왕건에게 마음이 쏠렸겠지. 이런 거 보면 견훤이 군사력은 왕건보다 우위에 있었는지 몰라도 정치력은 왕건보다 하수였던 것 같아. 견훤은 신라가 왕건에게 호의적인 모습을 보이자 신라를 왕건에게 빼앗기지 않기 위해 무리수를 두게 돼. 그 사건이 바로 927년 포석정 습격 사건이란다.

"포석정 습격 사건?"
토리가 귀를 쫑긋 세우며 물었다.
"견훤 군대가 포석정을 습격한 사건이란 말이다."
"그러니까 포석정이 뭐냐고?"
"신라 왕과 귀족들의 놀이터. 너른 바위에 물이 흘러가도록 홈을 파 놓고 거기에 술잔을 띄워서 게임하며 놀다가 어이쿠, 걸리셨습니다, 벌주 한 잔

하시죠, 뭐 이러고 놀았다는 놀이터다. 그날 견훤이 쳐들어왔을 때도 신라 왕과 귀족들이 거기서 그러고 놀았다는구나."

"그거 재밌겠는데. 우리도 한번 가 보자."

"왜, 술잔 띄워 놓고 귀족 놀이하려고? 쯧쯧, 이마에 혈액도 안 마른 꼬마가."

"누가 그런대. 신라 유적지라니까 보고 싶어서 그러지."

"알았다. 그런데 포석정이 놀이터가 아니라고 주장하는 역사학자들도 있어. 설마 아무리 생각 없는 왕이라도 적군이 쳐들어오는 상황에서 술잔 돌리고 놀았겠냐는 거지. 그래서 포석정을 국가 행사나 제사를 지내던 곳으로 보기도 해."

나는 마지막 이야기를 시작했다.

927년 가을 견훤이 신라 정벌에 나서자 신라 왕은 왕건에게 도움을 청했단다. 하지만 견훤은 왕건 군대가 도착하기 전에 이미 신라 왕과 귀족들이 있던 포석정에 다다랐지. 포석정을 습격한 견훤은 경애왕을 잡아 죽이고 왕비를 겁탈했어. 그리고 귀한 보물을 약탈하고 왕의 자녀들과 기술자들을 잡아서 후백제로 돌아갔어. 포석정 습격 사건 이후 신라는 포악한 견훤에게서 완전히 마음이 떠났고, 지방의 호족들도 견훤에게 등을 돌렸어.

그 시각 왕건은 기병 5천 명을 이끌고 대구 팔공산 아래서 견훤을 기다

- 경상북도 경주시 배동에 있는 포석정은 사적 제1호로 지정되어 있다. 건물은 없어지고 석조 구조물만 남아 있다. 927년 후백제 견훤이 신라 정벌을 위해 공격했던 장소다. 이를 계기로 견훤의 포악함에 신라 백성과 지방 호족의 마음이 고려의 왕건에게로 돌아서게 된다.

리고 있었어. 그곳은 후백제로 가는 길목이었어. 후백제 군사들이 나타나자 왕건이 이끄는 기병대가 후백제군을 습격했지. 하지만 궁예 밑에서 패배를 모르던 왕건이 팔공산 전투에서는 견훤 군대에 무참히 무너졌어. 급기야 왕건 목숨이 위태로운 지경에 이르자 부하 신숭겸이 기지를 발휘했지. 왕건과 옷을 바꿔 입고 후백제 군사들과 싸운 거야. 옷을 바꿔 입은 왕건은 신숭겸이 후백제군과 싸우는 동안 필사적으로 전쟁터를 빠져나왔어. 그렇게 왕건은 살았고, 왕건 행세를 하며 목숨 걸고 싸우던 신숭겸은 전사했어.

팔공산 전투 패배 이후 왕건은 군사들을 훈련시키며 재기를 모색했어. 그리고 3년 뒤 왕건과 견훤 군대가 오늘날 안동인 고창에서 다시 부딪쳤지. 이 전투에서는 왕건 군대가 후백제를 크게 이겼어. 이후 두 나라 사이에 크고 작은 전투가 이어졌는데 운명을 결정지을 만한 전투는 없었어. 한 가지 눈여겨볼 만한 현상은 시간이 지남에 따라 신라는 말할 것도 없고 견훤 부하들이 왕건에게 항복해 오는 일이 늘어났다는 거야. 왕건의 포용 정책이 빛을 발했기 때문이야.

그러던 935년 후백제에서 돌발 상황이 발생했어. 견훤의 장남 신검이 아버지를 왕위에서 쫓아내고 왕이 된 거야. 어떻게 아들이 아버지를 몰아내느냐고? 불효막심한 짓인데 그럴 만한 사정이 있었어. 견훤은 아내가 많아서 아들을 십여 명이나 두었는데 넷째 아들 금강이 키가 크고 지혜가 남달라 금강에게 왕위를 잇게 할 생각이었어. 그러자 장남 신검을 따르는 신하들이 신검을 부추겨 견훤을 금산사라는 절에 가두고 배다른 동생 금강을 죽였지.

금산사에 갇혀 있던 견훤은 몰래 빠져나가 고려 땅으로 도망쳤어. 아들에 대한 복수를 위해 불과 몇 달 전까지 원수처럼 지내던 적에게 망명한 거지. 왕건은 이런 견훤을 형님, 형님 하며 극진히 모셨어. 역시 포용력 끝판왕의 면모를 유감없이 발휘하는 우리의 왕건이야. 그리고 그해 겨울 신라 경순왕도 천년 왕국 신라를 왕건에게 바쳤어.

마침내 때가 왔다고 판단한 왕건은 936년 9월 고려 군대에 총동원령을 내렸단다. 기록에 따르면 견훤이 왕건에게 어서 빨리 패악무도한 아들 신검을 무찔러 달라고 부탁했대. 고려군 10만여 명이 남쪽으로 진격해 천안 근방 일리천을 사이에 두고 신검 군대와 대치했어. 왕건은 싸움에 앞서 견훤을 앞세워 대대적인 사열식을 벌였어. 사열식은 병사들을 정렬시키고 그 앞을 지휘관이 지나면서 점검하는 의식이야. 사열식을 마친 왕건은 좌우와 중앙에 각각 3만 병사를 앞세워 북을 울리며 진격했어.

고려 10만 대군이 진격하자 후백제 진영에 동요가 일어났어. 싸우기도 전에 왕건 앞에 나와 항복하는 장수가 많았지. 왕건은 항복한 장수들에게 신검 있는 곳을 물어 총공격 명령을 내렸어. 그리고 마침내 신검을 잡아 항복을 받아 냈지. 이로써 후백제가 망하고 44년 이어 온 후삼국 통일 전쟁이 끝났단다.

이야기를 마치자 토리가 말했다.

"궁금한 게 있는데 그 후에 견훤은 어떻게 됐어?"

"그게 좀 웃긴데 화가 나서 죽었댄다."

"아니 왜? 후백제 망했다고 속상해서?"

"아니. 왕건이 신검을 살려 준 게 분해서. 견훤은 왕건이 신검을 죽여 주길 바랐어. 왜냐하면 사랑하는 아들을 죽이고 자기 왕위를 빼앗은 맏아들 신검을 용서할 수 없었거든. 그런데 왕건이 신검을 살려 주자 화가 나서 며칠 있다 죽었대."

"신검이 자기 맏아들이라며 어떻게 그럴 수가 있어?"

"그만큼 신검에 대한 원한이 컸나 보지. 실은 나도 잘 이해가 안 가. 견훤 이야기는 이만하고 왕건이 후삼국을 통일할 수 있었던 요인이 뭔지 얘기하고 마무리하자. 그 부분이 오늘 강의의 하이라이트니까. 토리 너는 뭐라고 생각하냐?"

"나야 모르지. 그걸 알면 내가 이렇게 먼 지구까지 왔겠어?"

"넌 맨날 나야 모르지냐? 하긴 나도 우리나라 초등학생들한테는 얘기 안 해 준 거니까. 왕건이 후삼국을 통일할 수 있었던 요인이 뭐였냐면 한마디로 왕건의 포용력 덕분이었다. 인간적인 포용력일 수도 있고 포용 정책일 수도 있는데, 왕건은 첫째 신라를 포용했어. 견훤처럼 신라를 힘으로 정복하려 하지 않고 마음으로 복종해 오도록 기다렸지. 일종의 햇볕 정책이라고나 할까? 그렇게 해서 왕건은 신라 사람들의 마음을 얻었고 그것이 후삼국을 통일하는 데 큰 도움이 됐단다.

두 번째로 왕건은 지방 호족들을 포용했어. 후삼국 시대에는 경제력과 군사력을 가진 지방 호족들이 막강한 힘을 발휘하고 있었어. 이 호족들이 견훤 편에 붙을까, 왕건 편에 붙을까 머리를 굴렸기 때문에 그들을 내 편으로 만들지 않으면 후삼국 통일이고 뭐고 힘들었지.

왕건은 특유의 포용력을 발휘해 호족들을 자기편으로 만들었어. 왕건이 호족들을 자기편으로 만들기 위해 사용한 정책이 뭔지 아니? 호족의 딸과 결혼하는 거였어. 그래서 왕건은 부인을 스물아홉 명이나 두었지. 왕건의 문어발식 혼인 정책은 후삼국을 통일하는 과정에서뿐만 아니라 통일하고 나서 고려를 이끌어 갈 때도 큰 힘이 됐어. 물론 서른 명이 넘는 자식들 때문에 왕건이 죽고 난 뒤 극심한 왕위 쟁탈전이 벌어지긴 했지만. 어쨌거나 왕건은 호족들의 지지를 이끌어 내 견훤에 승리하고 후삼국을 통일할 수 있었다."

"우왕, 왕건은 정말 대단한 지구인 같아."

"대단하지. 후삼국 통일하고 5백여 년을 이어 갈 새 왕조를 세웠으니까. 그래서 어떤 학자들은 왕건의 통일이야말로 우리 민족의 진정한 통일이라고 얘기해. 외세를 끌어들인 신라의 삼국 통일은 반쪽짜리 통일이었다고 말이다. 왕건이 또 대단한 건 나라 이름에서도 알 수 있듯이 고구려를 계승한다는 점을 분명히 했다는 사실이야. 왕건은 실제로 고구려 수도였던 평양을 제2의 수도로 삼고 그곳을 거점으로 북진 정책을 펼쳤어. 왕건 자랑은 여기서 끝내야겠다."

후삼국 통일 이야기를 마무리한 뒤 토리에게 말했다.

"본 강의를 마쳤으니 원 플러스 원 생활사 3분 특강 해 줘야겠지?"

"아, 맞다. 삼국 시대 때도 3분 특강 했지? 2프로 부족한 본 강의를 채워 주는 속이 꽉 찬 생활사 강의."

"너는 말을 해도…… 2프로 부족한 게 뭐냐. 비단처럼 유려한 강의에 꽃처럼 아름다운 생활사를 더한다, 금상첨화(錦上添花). 이렇게 얘기하면 어디 덧나냐?"

"헤헤, 쏘리. 알잖아. 나 아부 잘 못하는 거. 마음 풀고 3분 특강 시작하시죠, 나잘난 작가님."

"이양 실력이 일취월장하는구나. 알았나. 내가 안 해서 그렇지, 맘먹고 하면 아주 그냥 확실하게 하지."

토리가 어이없단 표정으로 나를 바라봤다. 내가 좀 심했나?

고려 귀족의 사생활

"예고한 대로 고려를 이해하는 데 굉장히 중요한 생활사 3분 특강을 시작하겠다."

내가 입을 떼자 토리가 물었다.

"굉장히 중요한 거? 그게 뭔데?"

"고려에는 어떤 사람들이 살고 있었을까. 그리고 고려 지배층이던 귀족들은 어떤 생활을 했을까 하는 거. 지난주에 삼국 시대와 통일 신라 시대 때 귀족, 농민, 노비 얘기했잖아. 이번에는 고려 편이다."

"그 시대에 어떤 사람들이 살았는지가 그렇게 중요한 문제야?"

"그럼. 역사가 뭐냐, 옛날 사람들 살아온 이야기다. 그러니까 시대를 이끌었던 주체 세력이 누군지 아는 건 그 시대의 정치와 경제, 문화를 이해하는 데 아주 중요한 요소지. 고려 이전엔 귀족과 농민, 노비, 그리고 조선 시대 때는 양반, 상민, 천민 이렇게 크게 신분이 나뉘어 있었다. 지금은 고려 시대 강의하고 있으니까 고려 이야기를 할게."

나는 고려 시대 신분과 귀족의 생활 이야기를 시작했다.

❀

고려에는 크게 다섯 부류의 사람들이 살았어. 귀족, 중류층, 양민, 노비 이렇게. 다섯이라면서 왜 넷이냐고? 양민과 노비 사이에 특수한 신분의 사람들이 있었거든. 그 사람들 이야기는 잠시 뒤에.

먼저 귀족 얘기를 해 볼까? 귀족은 왕족과 고위 관료들이었어. 다시 말해 왕과 왕족, 그리고 벼슬이 높은 공무원들이지. 이들이 소위 고려를 이끌어 가던 지배층이었어. 여기까진 삼국 시대나 통일 신라 시대와 크게 다르지 않아. 하지만 고려는 시대 흐름에 따라 귀족들 성격이 달라지는 특징이 있어.

고려 건국 당시 지배층은 호족 세력이었어. 호족은 신라 말부터 지방에서 경제력과 군사력을 키워 온 사람들로 왕건이 고려를 건국할 때 힘을 보탠 세력이야. 왕건이 삼국을 통일할 수 있었던 것도 이 호족 세력을 포용했기 때문이지. 그래서 왕건이 세운 고려를 호족 연합 정권이라고 얘기한단다. 시간이 흘러 호족들은 중앙 귀족이 되기도 하고 일부는 지방 공무원으로 바뀌기도 해.

시간이 흘러 고려 지배층은 문벌 귀족으로 바뀌었어. 이들은 주로 왕의 외갓집이나 처갓집 세력, 과거 제도가 시행되면서 중앙 정계에 진출한 학자들, 그리고 귀족 집안 자식들 중에 음서 제도 덕에 중앙 관료가 된 사람들이었어. 음서란 나라에 공을 세운 신하의 자제나 고관의 자제들을 과거를 보지 않고 관리로 채용하는 제도야. 이들이 고려 전기 지배층을 이루다가 무신 정변과 함께 몰락했지. 무신 정변이 뭐냐고? 고려 무신들이 문벌 귀족들 횡포와 차별에 분개해 일으킨 군사 정변이야. 무신 정변 이후 고려 지배층은 무신들로 바뀌었어. 칼 찬 군인 출신 공무원들이 고려를 이끌었다는 말이야.

　무신 집권 세력은 한 100년쯤 뒤에 원나라 침입과 함께 사라져. 그 이후 원나라 지배기에는 원나라를 등에 업은 권문세족이 고려를 이끌었어. 이 사람들은 강과 산을 경계로 할 만큼 너른 농장을 소유하고 권력을 장악했지. 그러다 고려 말이 되면 성리학을 수용한 신진 사대부라는 사람들이 고려 지배층으로 떠올라. 이 사람들 일부가 이성계와 결합해 고려를 뒤엎고 조선을 세워. 지금까지 고려의 지배층 이야기를 했는데 시대 흐름에 따라 호족에서 문벌 귀족, 무신, 권문세족, 신진 사대부의 흐름으로 변해 왔다고 이해하면 돼.

고려 시대 지배층의 변화와 정치 전개

건국 당시(10세기 초)
호족 연합 정권
- 중앙 집권 체제 강화
- 숭불 정책
- 북진 정책

전기(10세기)
문벌 귀족 체제
- 유교 정치 시행
- 과거제 시행
- 전시과 실시

중기(12세기)
무신 정권 체제
- 무신, 최씨 정권 득세
- 중방, 교정도감 체제
- 신분 해방 운동 빈발

후기(13·14세기)
권문세족 정권
- 친원파 관료 득세
- 귀족 연합 정치
- 농민층 몰락

말기(14세기)
신진 사대부 등장
- 친명파 관료 득세
- 성리학 수용
- 반체제화 가속

한 가지 더. 고려 시대에는 조선 시대와 다른 용어가 있어. 내시라는 벼슬이야. 고려 시대 내시는 우리가 흔히 알고 있는 왕의 수발을 드는 고자가 아니라 왕의 최측근 신하야. 조선 시대 내시와는 전혀 다르지. 그럼 고려에서는 왕의 수발드는 고자를 뭐라고 했냐, 그 역할을 한 사람들을 환관이라 불렀어. 고려 시대 내시는 왕의 최측근 신하, 조선 시대 내시는 고려 시대의 환관.

다음은 중류층. 이들은 중앙과 지방의 말단 공무원이나 하급 군인들이었어. 지금으로 치면 9급 공무원 정도. 그 밑에는 양민이 있었지. 양민들은 주로 농민이나 상공업자들이었어. 수로 봐도 가장 많고, 하는 일도 농사나 장사, 제조업이어서 고려 경제의 핵심 역할을 한 신분이라고 보면 돼. 고려 시대 양민에 대해서 꼭 알아 둬야 할 게 있어. 바로 고려 시대에는 일반 양민을 '백정(白丁)'이라고 불렀다는 점이야. 조선 시대 때 백정은 소 돼지 잡는 천민을 일컫지.

양민 밑에는 특수 신분에 속한 사람들이 있었어. 이른바 향, 소, 부곡 같은 특수 지역에 사는 사람들이야. 이들이 하는 일은 양민과 같지만 천민 취급을 받았어. 이들은 국가 토지에 농사를 짓거나 소금, 종이, 도자기, 철 등을 만들어 국가나 관청에서 바쳐야 했어. 그리고 신분 계층 맨 끝에는 천민이라 부르는 노비가 있었는데 이들의 삶은 고려 이전과 크게 다르지 않아. 자유가 없는 귀족의 재산이었지.

자, 고려의 신분 구조 얘기를 했으니 마지막으로 화려한 고려 귀족의 사생활을 살짝 엿보도록 할까? 고려 귀족은 화려함의 대명사였어. 특히 고려 문화의 절정기라 할 수 있는 11세기에서 12세기에 살던 문벌 귀족들은 어느 시대 귀족들보다 화려한 문화를 누렸어. 중국 송나라에서 수입한 화려한 비단옷을 입고 화려한 꽃무늬로 장식한 높은 담장에 둘러싸인 수백 칸의 기와집에서 살았지. 특히 이때 고려청자라는 고려 최고의 생활 예술품이 개발돼 고려 귀족의 생활을 더욱더 화려하게 만들어 주었어. 고려청자는 자기의 일종이야. 자기는 1300도나 되는 높은 온도에서 구운 도자기인데 송나라에서 기술이 전해진 뒤로 고려에서 고려청자로 재탄생했지.

고려청자 중에 세계적으로 유명한 게 상감 청자야. 상감 기법으로 만든 청자라는 뜻인데, 도자기 표면을 긁어 무늬를 새긴 뒤 그 홈에 흰색이나 검은색 물질을 바르고 유약을 발라 구워 낸 도자기야. 당시 이 상감 청자가 도자기의 본고장인 중국으로부터 세계 최고라는 찬사를 받기도 했어.

고려 귀족들은 상감 청자로 찻잔이나 밥그릇, 국그릇, 주전자 등 생활용품을 만들어 사용했어. 오늘날 최고 비싼 값에 팔리는 상감 청자로 밥 먹고 차 마시고 했던 거야. 주방 용품 세트뿐만 아니라 베개, 벽에 붙이는 타일, 기와도 상감 청자로 만들어 사용했어. 이들이 이렇게 화려한 귀족 생활을 맘껏 누릴 수 있었던 건 향, 소, 부곡 같은 특수 지역 주민들이 봄여름가을겨울 할 것 없이 부지런히 그 물품을 만들어 댄 덕분이지.

화려한 고려 귀족의 생활을 엿볼 수 있는 상감 청자로 만들어진 생활용품들. ⓒ 국립중앙박물관 소장

언제 시간이 되면 고려 문화를 대표하는 상감 청자 보여 줄게. 오늘 3분 특강은 이 정도로 할까? 내일은 본격적으로 고려의 심장 속으로 들어갈 테니까 기대해.

❁

토리가 고개를 갸우뚱했다.

"고려 지배층이 너무 복잡해. 호족, 문벌 귀족, 권문세족 등등."

"걱정할 거 없어. 내일부터 그 신분에 해당하는 사람들이 주르르 나오니까. 그 사람들 얘기 듣다 보면 자연스럽게 이해하게 될 거야. 오늘 강의는 여기까지. 참, 오늘이 이번 주 강의 첫날이니까 아저씨가 재미난 영화 한 편 보여 줘야겠다."

"무슨 영환데?"

"〈시네마 천국〉이라고, 숨이 붙어 있는 지구인이라면 꼭 한 번 봐야 할 영화다."

"그래? 그렇게 대단한 영화야? 무슨 이야긴데?"

"이탈리아의 시칠리아 섬에 있는 작은 시골 마을에서 벌어지는 이야기다. 마을 광장에 있는 시네마 파라디소라는 극장의 영사 기사 알프레도 할아버지와 영화를 좋아하는 꼬마 토토의 브로맨스 영화라고나 할까?"

"브로맨스가 뭔데?"

"브라더와 로맨스를 합친 말인데 남자들 사이의 우정과 애정을 그린 영화나 드라마를 말해."

나는 노트북을 열어 영화를 클릭했다. 엔니오 모리꼬네의 감미로운 음악과 함께 영화가 시작되자 토리가 잠깐만, 하더니 일어났다.

"화면이 너무 작잖아. 내가 재밌는 거 보여 줄게."

토리는 손가락을 영화 파일에 대더니 조용히 말했다.

"나갈까?"

나는 영문도 모른 채 토리에게 이끌려 밖으로 나갔다. 바다와 하늘이 구분이 안 될 만큼 어두운 밤. 그 캄캄한 밤하늘을 향해 토리가 손가락을 뻗자 밤하늘에 대형 스크린이 펼쳐졌다. 그 스크린 위에 영화 화면이 나타났다!

영화가 상영되는 동안 나는 알프레도와 토토 이야기보다 밤하늘에 펼쳐진 영화 화면에 더 감동했다. 어떻게 이런 수 있단 말인가. 허공에 영화가 펼쳐지다니. 꿈이라고 생각하기엔 너무나도 생생했다. 영화는 토토가 고향을 떠난 지 30년 만에 유명한 영화감독이 되어 알프레도의 사망 소식을 듣고 고향을 찾아오는 것으로 시작해 알프레도의 옛 추억을 되새기는 것으로 끝이 났다.

두 시간 가까이 영화가 상영되는 동안 토리는 어린애답지 않게 끝까지 자리에 앉아 있었다. 밤하늘의 스크린에 펼쳐지는 화면들, 파도 소리, 그리고 우주에서 쏟아져 내리는 듯한 영화 음악까지, 그 풍경들이 실제 영화보다 더 영화처럼 느껴졌다. 꼬마와 할아버지의 진한 우정을 다룬 영화여서 그런지 오늘따라 토리가 더 친근하게 느껴졌다.

둘째 날

고려의 개혁과 시련

첫 번째 이야기	광종, 500년 고려의 기틀을 세우다
두 번째 이야기	문벌 귀족 이자겸의 난
세 번째 이야기	1천 년 역사상 제1대 사건, 서경 천도 운동
네 번째 이야기	고려의 물줄기를 바꾼 무신 정변
판타스틱 생활사 3분 특강	고려 시대 여성의 결혼과 삶

한눈에 보는 한국·중국·일본

907	916	949	956	958	960
중 5대 10국 시대 (~979)	중 거란(→요) 건국 (~1125)	한 광종 즉위 (~975)	한 중국 후주의 쌍기 등용, 노비안검법 제정	한 과거 제도 실시	중 송(북송) 건국 (~1127)

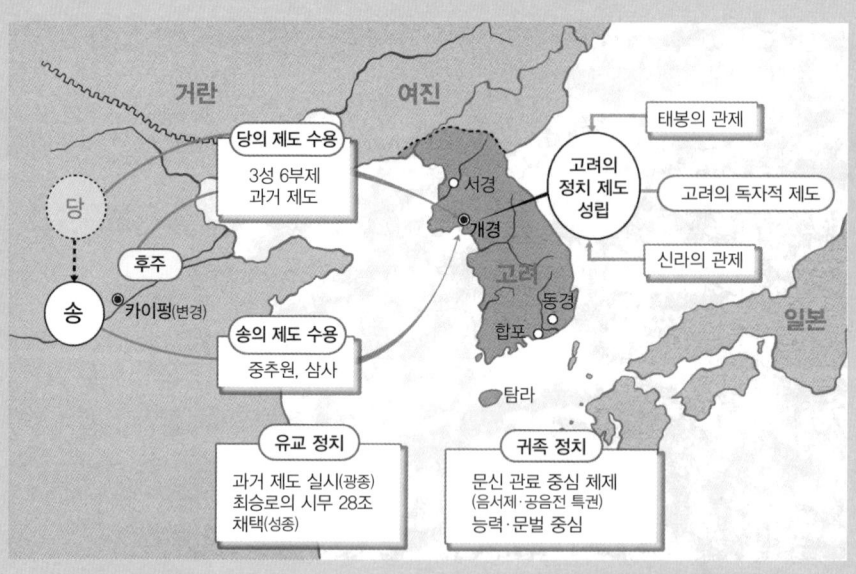

• 고려 정치 체제의 발전

첫 번째 이야기

광종, 500년 고려의 기틀을 세우다

　다음 날 아침, 새소리에 눈을 떴다. 간밤에는 다행히 악몽 따위는 꾸지 않았다. 머리가 맑았고 기분이 상쾌했다. 문을 열고 거실로 나갔을 때, 토리는 탁자 앞에 앉아 나를 기다리고 있었다. 학구열에 불타는 범생이 스타일로. 그런 토리를 보자 갑자기 엉뚱한 생각이 들었다.
　만약에 토리가 자기네 별로 돌아가지 않는다면 어떤 일이 벌어질까? 나는 토리를 데리고 다니며 우주와 외계 생명체에 관한 강연을 하겠지. 토리와 함께 텔레비전 토크쇼에 나가 토리네 별에 관해 별별 이야기를 나누겠지. 토리의 매니저가 돼서 토리를 영화에 출연시켜 돈을 벌 수도 있겠지. 그런 상상을 하자 토리에게 지구에 귀화할 뜻이 없는지 물어보고 싶은 마음이 생겼다.

"토리야, 너 혹시 지구 역사 탐사 끝나고 여기에 눌러살 생각 없냐? 아저씨가 집도 사 주고 친구도 소개시켜 줄게."

"아침부터 무슨 비행접시 타이어 바람 빠지는 소리야?"

"아니 왜? 어제 영화 볼 때 보니까 네가 가진 능력이면 지구의 과학 기술 발전에 아주 큰 이바지를 할 수 있을 거 같던데. 허공에 대고 영화 화면 쏘고, 천지 사방에서 영화 음악 소리 들리고. 아, 좋아."

"아저씨! 그런 식으로 돈 벌 생각 말고 열심히 좋은 책 써서 아이들에게 올바른 역사 들려줄 생각이나 하셔."

"읽었냐? 싫음 말고."

나는 멋쩍어서 서둘러 책을 펼쳤다.

"오늘은 고려사 강의 둘째 날로 후삼국을 통일한 고려가 국가의 기틀을 다지고 발전하다가 큰 위기를 맞는 이야기까지 할 거다. 발단 전개 위기 절정 결말 가운데 전개쯤에 해당된다. 오늘 강의는 고려사에서 아주아주 중요한 내용이니까 두 눈 동그랗게 뜨고 들어야 한다. 알겠냐?"

"우리 별에선 두 눈 동그랗게 뜨고 봐야 한다, 이렇게 말하는데."

"아유 참, 말장난 그만하고 집중해. 누가 보면 역사 강의는 안 하고 외계소년 데리고 농담만 하는 줄 알겠다. 집중하고 내 말 들어라."

나는 목소리를 가다듬고 고려 이야기를 시작했다.

"국가는 말이다, 통상적으로다가 큰 뜻을 지닌 영웅이 나타나서 나라를 세우고 훌륭한 왕이 국가를 발전시키다가 멍청한 자가 나라를 말아먹는 과정을 거친단다. 이 법칙은 동서고금에 예외가 없다. 로마가 그랬고 중국 한나라도 그랬고 당나라도 그랬고 고구려, 백제, 신라 다 그랬지. 오늘 이야기할 고려도 마찬가지다. 후삼국의 영웅 왕건이 큰 뜻으로 나라를 세우고, 지금 이야기할 광종이 국가의 기틀을 다지지. 그래서 말인데 고려 시대 전기 때는 후삼국을 통일한 태조 왕건과 광종을 꼭 기억해야 한다. 또 한 사람 공민왕을 알아 둬야 하는데, 그분은 고려 후기 때 왕이니까 다음에 하기로 하자."

"아하! 그러니까 고려 왕 중에 태조 왕건과 광종과 공민왕을 꼭 기억해야 하는데, 태조 왕건은 지난 시간에 얘기해 줬고 공민왕은 다음에 할 거니까 오늘은 광종 이야기를 하겠다, 이거네."

"우왕, 투리 너 진짜 대단하다. 간단한 얘기를 어떻게 그렇게 길게 할 수 있냐?"

"욕인지 칭찬인지 원. 근데 광종이 그렇게 중요해?"

"그럼, 중요하지. 태조 왕건이 고려라는 집의 터를 닦고 기둥을 세웠다면 광종은 벽 만들고 지붕과 서까래를 얹어 고려의 기틀을 다진 왕이니까. 조선 시대와 비교하면 왕권을 크게 강화했던 태종 이방원과 비슷하다고 볼 수 있지. 그럼 지금부터 광종이 어떻게 고려의 기틀을 마련했는지 숨겨진 이야기를 들려주도록 하겠다."

태조 왕건이 죽자 고려는 한동안 혼란을 겪었단다. 자식들이 많다 보니 그다음에 누가 왕이 될 것인가 하는 문제로 시끄러웠기 때문이지. 다툼의 중심에는 호족 세력이 있었어. 왕건에게 딸을 시집보낸 호족들은 자기 딸이 낳은 자식을 왕으로 만들기 위해 치열한 다툼을 벌였어.

이런 다툼 속에서 왕건의 아들인 2대와 3대 왕은 길어야 3년, 4년 왕 노릇 하다가 죽었어. 2대 왕 혜종은 잠을 자다 여러 차례 자객의 습격을 받았는데 결국 정종 세력에 밀려났지. 3대 왕 정종은 친위대를 조직하고 서경으로 수도를 옮기는 계획을 밀어붙이는 등 왕권을 강화하기 위해 노력했어. 하지만 반대 세력에 밀려 마음고생을 많이 하다가 어느 날 벼락이 내리치는 걸 보고 시름시름 앓다 죽었다고 해.

그다음 왕이 고려 제4대 임금 광종이야. 광종은 형들이 어떻게 호족들의 힘에 휘둘려 고생하다 죽었는지 잘 알고 있었어. 그래서 왕이 되고 나서 한동안은 호족들과 우호적인 관계를 유지하려 애썼지. 하지만 그건 도약을 위한 웅크림, 혹은 2보 전진을 위한 1보 후퇴 같은 처세술이었어.

즉위 초기 광종은 《정관정요》 따위의 책을 읽으며 조용히 때를 기다렸어. 《정관정요》는 당나라 최고의 황제로 평가받는 당 태종의 치세에 관한 책이야. 당 태종이 어떻게 왕권을 강화하고 백성을 잘 다스렸는지 일러 주는 책이지. 광종은 그 책을 읽으며 아마 이런 생각을 하지 않았을까 싶어.

'호족 세력을 누르고 왕권을 강화해야 한다. 그것만이 고려가 살고 내가 사는 길이다!'

광종이 진짜 그런 생각을 했는지는 나도 몰라. 다만 이후 광종이 보여준 개혁 작업과 그 후에 변화된 고려의 모습을 보면 아주 터무니없는 상상은 아닌 것 같구나.

문제는 개혁 방법이었어. 왕권을 강화해야겠다는 뜻은 있었지만 그 뜻을 이룰 방법을 몰랐어. 물론 왕이 되자마자 칭제건원을 통해 호족들이 자기에게 도전하려는 의지를 꺾으려 한 적은 있지만 그런다고 호락호락할 호족이 아니지.

칭제건원(稱帝建元)이 뭐냐고? 왕을 황제라 부르고 연호를 사용한다는 뜻이야. 연호는 왕이나 황제가 자신이 통치하던 시기를 부르는 이름인데, 이를테면 광종이 연호를 광덕이라고 했다면 그가 즉위한 첫해가 광덕1년이 되는 거야. 우리 역사에서 왕들이 중국 연호를 쓰지 않고 독자적인 연호를 쓴 경우는 많지 않아. 그런데 독자적인 연호를 썼다는 건 내가 한번 자주적인 나라를 만들어 보겠노라, 이런 의미라고 보면 돼.

그렇게 조용히 호족들과 평화적인 관계를 유지하며 내일을 준비하던 광종에게 드디어 기회가 찾아왔어. 956년 광종이 왕이 된 지 7년째 되던 해였어. 중국 후주로부터 사신이 왔는데 그 사신을 따라왔던 사람들 중에 쌍기라는 사람이 있었어. 후주는 당이 망하고 송이 중국을 통일하기 전에 있던 다섯 개의 나라 가운데 하나야. 후주 사신이 볼일 다 마치고 자기 나라로 돌아갔는데 쌍기는 병이 들어 그만 그들과 함께 돌아가지 못했어.

쌍기가 자기 나라로 돌아갈 날만 기다리고 있던 어느 날, 광종이 쌍기를 찾았어. 광종이 보기에 쌍기가 좀 똘똘해 보였나 봐. 그러니까 쌍기에게 이런저런 걸 물었겠지. 쌍기는 광종이 묻는 말에 막힘없이 쫠쫠쫠 대답했어. 그러자 광종은 자신이 생각하는 속내를 이야기했어. 그 속내란 왕권을 강화하고 백성들을 잘 다스리는 방법이었겠지.

쌍기는 광종에게 자기 나라 왕이 어떻게 왕권을 강화하고 나라를 잘 다스려 나갔는지 이야기해 주었단다. 그러자 광종은 쌍기에게 고려에 귀화할 것을 요청했어. 그러면서 쌍기에게 벼슬을 주고 개혁 작업의 파트너로 삼았어.

왕권 강화를 위해 광종이 꺼내 든 첫 번째 카드는 노비안검법. 노비안검법(奴婢按檢法)이 어떤 검법이냐고? 칼을 쓰는 검법이 아니라 노비들을 검사해서 양민으로 되돌려 놓는 정책이야. 당시 호족들이 소유한 노비 중에는 전쟁 중에 포로로 잡혀 온 사람이나 원래 양민이었는데 빚을 갚지 못해 노비로 전락한 백성들이 많았어. 광종은 노비안검법을 시행해 그 노비들을 원래의 양민으로 해방시켜 주었어.

노비안검법이 시행되자 노비에서 풀려난 양민들은 광종 만세를 부르고, 노비를 빼앗긴 호족들은 광종 죽일 놈 살릴 놈 하며 반발이 이만저만 아니었어. 그럼에도 광종은 노비안검법을 강력하게 밀어붙였어. 왜 그랬을까? 노비들이 불쌍해서? 아니면 노비들을 특별히 사랑해서? 아니야. 그래야만 하는 이유가 있었어.

 호족들에게 노비는 경제력과 군사력의 바탕이었어. 평소에 허드렛일하고 농사짓던 노비들에게 갑옷 입히고 무기 쥐어 주면 훌륭한 병사가 됐거든. 호족들은 여차하면 노비를 사병으로 전환해서 왕권을 위협하는 군대로 사용할 수 있었지. 그래서 광종은 호족들의 힘을 약화시키기 위해 그들이 거느리고 있는 노비를 양민으로 풀어 준 거야. 광종이 왜 노비안검법을 시행했는지 알겠지? 호족들의 힘을 약화시켜 왕권을 강화하기 위해서!

 노비안검법을 밀어붙인 또 다른 이유가 있어. 나라에서 세금을 더 많이 걷기 위해서야. 고려에서 노비는 세금을 내지 않고 양민들만 세금을 냈어. 그래서 광종은 양민 수를 늘려 세금을 더 많이 걷기 위해 노비들을 선별해서 해방시켜 주었던 거야.

 노비안검법의 혼란이 채 가라앉기 전에 광종은 또 하나의 개혁 정책을 내놓았어. 과거 제도야. 혹시 왕 서방한테 과거 제도에 대해 들었는지 모르겠다만, 못 들었다고? 그럼 잘 들어 봐. 과거제는 중국 수나라 때 처음 시작된 시험 제도로 유교 경전을 해석하고 시와 글을 짓는 실력으로 관리를 선발하던 국가 고시야. 광종이 시행한 과거 제도도 호족들을 당황하게 만들긴 마찬가지였어. 생각해 봐. 과거 제도 이전에는 힘 있는 호족들의 자제들이 당연히 국가의 관리로 선발됐는데, 시 창작과 논술 시험을 봐서 인재를 뽑겠다고 하니 호족들이 얼마나 황당했겠니.

 과거 제도는 쌍기의 제안으로 시작됐다고 해. 이 제도 또한 왕권 강화와 밀접한 관련이 있어. 왜냐고? 과거에 합격한 관리들은 자연히 광종에 충성하겠지. 자기를 뽑아 준 사람이 광종이니까. 그러니 광종의 왕권이 강해질 수밖에. 과거 제도는 또한 고려가 유교 정치를 확립하는 계기가 되었어.

 광종 이전에는 전쟁에서 공을 세운 장수나 호족들이 고위 관료가 되었어. 그런데 이 사람들이 힘이나 쓸 줄 알았지 관리로서 나라를 이끌어 가는 능력은 부족했어. 하지만 유학을 공부한 유능한 인재들이 관리가 돼서 공자 왈, 여기서 이러시면 안 됩니다, 중국 역사를 보건대 그러한 예가 없는 줄 압니다, 이러면서 유교 정치를 펼치기 시작하면서 문신 정치 시대가 열린 거야.

 광종이 노비안검법과 과거 제도를 시행해 성군으로 추앙을 받았지만 비판 또한 만만치 않았어. 직접적으로 피해를 당한 호족들은 말할 것도 없고 유학자 출신의 관리들도 광종을 비난했지. 과거제 시행 다음에 펼쳐진 피의 숙청 때문이었어.

 광종은 개혁 정책을 밀어붙이는 과정에서 반발이 심한 호족들을 무자비하게 숙청했다고 해. 심지어 조카들을 죽이고 자기 아들까지 의심해 가까이하지 않았을 정도였대.

 그래서 유학자인 최승로는 훗날 아예 대놓고 광종을 깎아내렸어. 그는 성종에게 나라를 이끌어 갈 개혁안, 시무 28조를 올린 것으로 유명한데 그가 성종에게 이런 말을 했어.

"광종께서 쌍기처럼 쓸데없는 자를 등용해 임금과 신하 관계가 막혀 정치적 혼란이 컸습니다. 또한 참소와 숙청이 빈번해 광종 다음 왕이 즉위할 때 신하로 살아남은 자가 사십여 명에 지나지 않았습니다."

이런 이유로 오늘날 광종은 왕권을 강화해 고려의 기틀을 다진 왕이라는 찬사와 병적으로 숙청 작업에 몰두한 폭군이라는 비난을 동시에 받고 있어. 고려의 기틀을 다진 업적이 광종이라는 시호에 걸맞은 빛이라면 피의 숙청은 그 빛에 드리운 어두운 그림자라고 할 수 있지. 시호가 뭐냐고? 시호는 왕이나 재상이나 유명한 유학자 들이 죽고 나서 그들의 공덕을 칭송해서 붙이는 이름을 일컫는 말이야.

나는 잠시 숨을 돌리며 토리에게 물었다.
"광종의 빛과 그림자 강의 잘 들었냐?"
"응."
"뭐 대답이 그리 짧아? 강의 듣고 느낀 거 없냐고?"
"있지. 지난주에 들었던 삼국 시대 이야기는 왠지 재미있는 옛날이야기 같은 느낌이었는데 고려 시대 이야기는 진짜 인간들의 고뇌가 배어 있다고나 할까, 뭐 그런 느낌이야."

"토리 너 진짜 대단하다. 그런 걸 깨닫다니. 맞다. 아무래도 하늘에서 구름 타고 내려오고 알에서 태어나고 하는 시대를 지나서 보다 현실에 가까운 인간들의 역사 이야기가 펼쳐지다 보니 그런 느낌을 받았을 거다. 앞으로 펼쳐질 이야기는 더더욱 그럴 테니까 기대해라. 그나저나 아까 내가 말한 거 생각 좀 해 봤냐?"

"아까 뭐?"

"쌍기처럼 지구로 귀화하는 거. 아저씨랑 살면서 지구 발전에 이바지하면 좋잖아. 쌍기처럼 대우받고."

"그러지 말고 아자씨가 나랑 우리 별에 가는 건 어때? 내가 잘 해 줄게. 지구 역사 강연 기회도 만들어 주고 우리 별 TV 토크쇼에 출연도 시켜 주고 말이야."

"됐다. 내가 너한테 끌려가기 싫어서 지금 여기서 한국사 강의하고 있는 거 모르냐? 그냥 각자 살던 대로 살자. 십 분간 휴식."

2억 5천만 원을 내면 육 분 동안 우주를 구경하는 관광 상품이 나왔다는데 나도 한번 비행접시 타고 우주여행이나 가 볼까 하는 생각이 들었지만, 그러다가 영영 지구에 돌아오지 못하고 우주 미아 신세가 되는 건 아닐까 하는 걱정에 단념했다.

한눈에 보는 한국·중국·일본

981	982	1046	1115	1122	1125
한 성종 즉위 (~997)	한 최승로 시무 28조 건의	한 문종 즉위 (~1083), 문벌 귀족 지배층으로 부상	중 금(여진) 건국 (~1234)	한 인종 즉위 (~1146)	중 요, 금에 멸망

1126	1127
한 이자겸의 난	중 송(북송), 금에 멸망

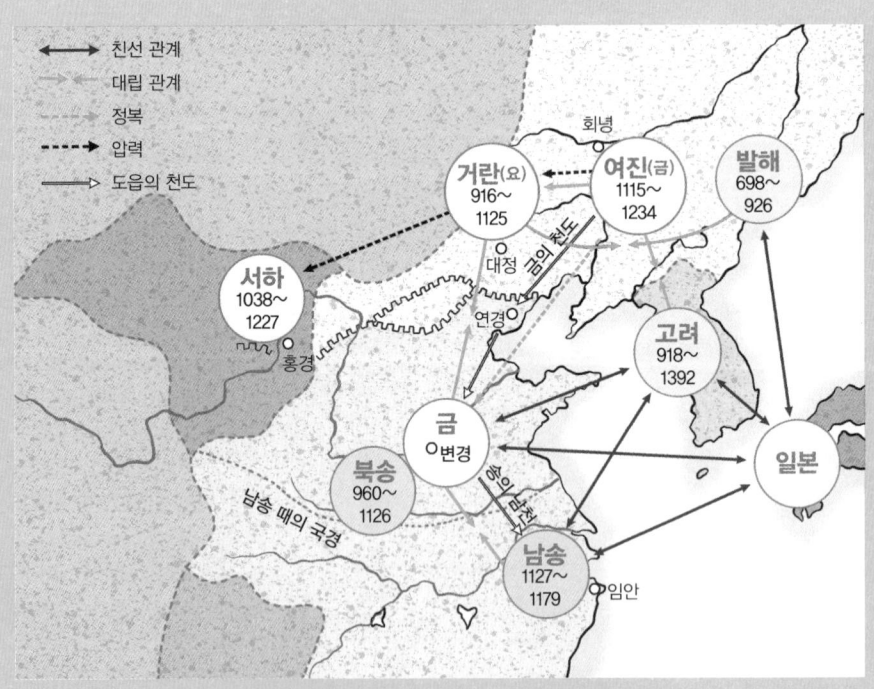

• 10~12세기 동아시아의 국제 관계

두 번째 이야기

문벌 귀족 이자겸의 난

휴식을 마친 후 나는 노트에 '고려를 발칵 뒤집은 세 가지 사건'이라고 썼다. 이어 1, 2, 3 번호를 달고 이자겸의 난, 묘청의 난, 무신 정변이라고 적었다.

메모를 보더니 토리가 물었다.

"이번 시간엔 고려를 발칵 뒤집은 세 가지 사건을 동시에 강의하시겠다는 말씀?"

"그건 아니고. 세 가지 사건을 세 시간에 나눠서 할 생각이다."

토리가 다시 물었다.

"그럼 왜 그 이야기를 한꺼번에 다 써 놓았어? 이번 시간에 다 할 것처럼."

"뭐 그럼 좀 안 되냐? 엿장수 맘이지. 실은 세 사건을 한 번에 얘기해도 되는데 각각의 사건이 너무 중요해서 따로 얘기하는 게 좋을 것 같다. 근데 왜 함께 썼냐? 세 사건이 꼬리를 물고 연결돼 있기 때문이다."

나는 간단하게 오늘 강의할 주제를 설명했다.

"고려가 세워지고 약 200년 뒤 이자겸이 왕권을 쥐고 흔들다 그마저도 성이 안 차자 아예 자기가 왕이 되겠다며 난을 일으켰단다. 이자겸의 난 와중에 궁궐이 불타고 수도 개경이 아수라장이 되자 서경에 기반을 둔 세력이 개경의 기운이 다해서 그렇다며 수도를 서경으로 옮겨야 한다고 주장했지. 서경 세력의 대표인 묘청은 개경 세력이 서경 천도를 반대하자 서경에서 난을 일으켰어. 그러자 개경 세력의 대표인 김부식이 출동해서 난을 진압했지. 이후 고려 권력은 유학자인 김부식 일파가 장악하는데 이들은 문신 귀족으로서 무신들을 발가락의 때쯤으로 여겼어. 이에 화가 난 무신들이 문신들 다 죽여 버리겠다!며 정변을 일으켰지. 이 중차대한 사건들이 50년 안에 쪼르르 일어났단다."

설명을 마치자 토리가 한마디 했다.

"섬으로 오더니 아자씨가 너무 학구파가 된 거 같아. 안 어울려."

"뭐야?"

나는 마음을 가라앉히고 조용히 말했다.

"토리야, 난 말이다 안 어울린다는 말이 제일 싫다. 가급적이면 그런 지적은 삼가 주길 바란다."

"소심하긴. 무슨 말을 못 하겠네. 그럼 어서 아자씨 특기인 나잘난 강의나 해 주시든가."

저럴 땐 정말 얄밉다. 머리를 한 대 콩 쥐어박고 싶을 만큼. 내가 눈을 가늘게 뜨고 노려보는 시늉을 하자 토리가 두 손으로 머리를 감싸 쥐었다.

"겁은 많아 가지고. 난 모든 폭력에 반대하는 사람이다. 안심해라. 자, 이번 시간엔 이자겸이 고려 사회를 어떻게 들었다 놨다 했는지, 이자겸의 난 이후 역사가 어떻게 흘러갔는지 그 이야기를 해 줄게."

나는 고려를 뒤흔든 이자겸의 난 강의를 시작했다.

태조 왕건이 나라를 세운 이후 고려는 광종 때부터 차츰 왕권이 안정되어 갔어. 그 뒤로 성종은 유학을 장려하고 중국식 국가 운영 체제를 도입해 고려를 보다 강력한 중앙 집권 국가로 만들었어. 권력을 왕에게 집중시켜 국가의 힘을 길렀다는 말이야. 시간이 흘러 문종 대에 이르자 고려는 태평성대라는 말을 들을 만큼 안정되었어. 문종은 유학을 장려하면서도 불교 중흥에도 힘썼고 밖으로는 끊어졌던 중국 송나라와의 외교 관계를 복원해 대륙으로부터 선진 문물을 받아들였어. 이런 과정에서 왕실과 외척 관계인 문벌 귀족 집안이 고려 지배층으로 부상했는데, 그 문벌 귀족 집안 중에서도 가장 두각을 나타낸 집안이 바로 이자겸 집안이었단다.

어제 생활사 3분 특강에서 호족 세력에 이어 고려 지배층으로 부상한 집단이 문벌 귀족이었다고 한 말 기억할지 모르겠구나. 이자겸은 문벌 귀족 중에서도 가장 막강한 힘을 자랑하던 사람이었어. 그가 막강한 힘을 가지게 된 이유가 있어.

이자겸(?~1126)은 고려 제17대 임금인 인종의 외할아버지였어. 그는 권력을 장악하기 위해 나이 어린 외손자 인종을 왕위에 앉혔지. 그러고는 슬슬 고려를 쥐고 흔들 계획을 실행했어. 그 첫 번째 작업은 정치적으로 대립하는 자들을 제거하는 일이었어. 그는 먼저 자기 라이벌들을 왕의 자리를 빼앗으려 한다는 누명을 씌워 없애 버렸어. 역모의 죄를 뒤집어씌운 거지. 그러고 나서 권력을 더 단단히 다지기 위해 셋째 딸과 넷째 딸을 외손자인 인종에게 시집보냈어. 이로써 인종은 어제까지 이모라 부르던 여자를 부인이라 부르게 되었지.

신하들이 이 이상한 혼인을 말렸지만 이자겸은 아랑곳하지 않았어. 이자겸은 여기에 만족하지 않고 자기 아들을 군권을 쥐고 있던 척준경(?~1144)의 딸과 혼인시켰어. 이제 고려는 이자겸 손바닥 안에 들어간 거야.

인종의 장인이자 외할아버지로서 모든 권력을 손에 쥔 이자겸은 자신의 생일을 인수절이라 하여 전국에서 축하문을 올리게 했어. 인수절은 왕의 생일을 일컫는 말인데 왕도 아니면서 자기 생일을 인수절이라 부르게 한 거지. 그는 또 관복도 입지 않고 궁궐을 드나들었으며 왕에게 감히 자기 집에 와서 자기에게 지군국사(知軍國事)라는 직책을 수여하라고 말할 정도로 위아래가 없었어. 지군국사는 군대와 나랏일을 맡아보는 직책

이야. 그는 또 백성들의 토지를 강제로 빼앗는가 하면 궁궐만큼 크고 화려한 기와집에 살면서 많은 뇌물을 받았어. 기록에 따르면 이자겸 집안에 뇌물이 쌓이고 쌓여 썩어 나가는 고기가 수만 근이었다는구나.

 이쯤 되자 이자겸을 제거해야 한다는 목소리가 고려 조정에서 터져 나왔어. 어느덧 청년으로 성장한 인종도 더 이상 외할아버지이자 장인인 이자겸의 행태를 두고 보려 하지 않았어. 그래서 인종은 믿을 만한 신하에게 이자겸과 척준경을 제거하라는 비밀 명령을 내렸지.

 인종의 명에 따라 무장한 왕의 측근들이 궁궐에 들어와 척준경의 동생과 아들을 죽이고 궁궐을 장악했어. 그러고는 이자겸 제거에 나서려고 했는데 소식을 들은 척준경이 사병들을 데리고 궁궐로 와서 궁궐을 불태우며 공격에 나섰어. 위협을 느낀 왕은 궁궐을 빠져나가 도망쳤어.

 이자겸 제거 작전에 실패한 이후 인종은 외할아버지인 이자겸에게 왕위를 물려주겠다고 말했단다. 하지만 이자겸은 신하들의 반대로 그렇게 하지는 못했어. 대신 인종을 자기 집에 가두고 나랏일을 자기 멋대로 처리했지.

 이런 와중에도 인종은 외할아버지를 제거해야겠다는 생각을 버리지 않았어. 그것이 자기가 살 수 있는 유일한 길이라는 걸 알았으니까. 왕은 고민 끝에 이자겸과 척준경 사이를 이간질하는 게 좋겠다는 생각을 해 내고 비밀리에 척준경에게 이자겸을 제거하라는 조서를 내렸어. 척준경은 당시 이자겸과 한배를 타고 있었지만 워낙 용맹하고 충성스런 장수여서 인종의 조서를 받고 마음속에 갈등이 일었지. 그때 때마침 이자겸과 척준경 사이가 벌어지는 사건이 벌어졌어.

어느 날 이자겸과 척준경의 집사들이 사소한 시비로 다퉜어. 그때 이자겸의 집사가 척준경 집사에게 "너희 주인인 척준경이 궁궐에 불을 지르고 임금을 해치려 한 죄는 죽어 마땅하다."고 말했어. 이 이야기를 들은 척준경이 이자겸을 찾아가 항의하자, 이자겸은 화해를 하려고 노력했지만 둘 사이에는 보이지 않는 틈이 생기기 시작했지.

위기감을 느낀 이자겸은 이참에 왕을 죽이고 자기가 왕이 되어야겠다고 생각했단다. 당시 이자겸은 소위 십팔자 도참설을 믿었어. 한자로 십팔자, 즉 열 십(十), 여덟 팔(八), 아들 자(子) 자 성을 가진 사람이 왕이 된다는 예언이야. 십팔자(十八子)를 합치면 이(李) 자가 되는데 이씨 성을 가진 사람이 왕이 된다는 말이지. 이자겸은 십팔자 설을 근거로 이씨 성을 가진 자기가 왕이 된다는 믿음을 가졌어.

이러한 한자와 연관된 이야기는 어제 보았던 궁예 때도 나오고, 고려편 마지막 시간에 이성계 때도 나와. 날아가던 새가 떨어뜨린 나뭇가지가 임금 왕 자였다든가, 꿈에서 임금 왕 자 모양의 서까래를 짊어졌다든가 하는 거.

아, 또 있다. 조선 중종 때 조광조라는 개혁 성향의 정치가가 있었는데, 그를 못마땅해하는 반대 세력이 그를 제거하려고 글자로 일을 꾸미기도 했어. 어떻게 했냐 하면, 나뭇잎에 꿀로 주초위왕(走肖爲王)이라는 글자를 써서 벌레가 그 글자를 파먹게 했어. 그러고는 벌레 먹은 나뭇가지를 쥐고 흔들면서, 봐라 조씨 성을 가진 자가 왕이 되려 한다! 이렇게 떠들었지. 한자 주와 초를 합하면 조(趙) 자가 되거든. 결국 중종은 그 말을 믿고 조광조를 유배 보낸 뒤 사약을 내렸어.

에고, 얘기가 길어졌네. 아무튼 이자겸은 십팔자 도참설을 명분으로 자기가 왕이 되고자 했어. 그리고 왕을 독살하려고 독이 든 떡을 인종에게 바쳤어. 하지만 이자겸의 넷째 딸인 왕비가 이를 알아차리고 인종에게 그 사실을 알렸지. 이자겸이 진짜 독이 든 떡을 왕에게 바쳤냐고? 그렇다니까. 인종이 그 떡을 까마귀에게 던져 주자 떡을 먹은 까마귀가 죽었대.

인종은 자기를 독살하려는 장인을 더 이상 내버려 둘 수 없었어. 그래서 척준경에게 이자겸을 제거하라는 조서를 다시 내렸지. 이자겸이 임금을 독살하려 했다는 사실을 안 척준경은 드디어 인종에게 충성을 맹세하고 군사를 동원해 이자겸을 제거하는 데 성공했어.

이것이 이른바 이자겸의 난인데 이자겸의 난이 실패로 돌아간 뒤 고려 대신들은 이자겸을 죽여야 한다고 상소를 올렸어. 하지만 인종은 그를 죽이지 않고 멀리 유배 보냈어. 이 일로 인종은 우유부단한 왕이라는 평가와 인정 있는 왕이라는 상반된 평가를 받아.

고려를 쥐고 흔들었던 이자겸 집안은 이 사건 이후 완전히 몰락했어. 이자겸을 제거하는 데 공을 세운 척준경은 어떻게 됐을까? 얼마 뒤 그도 유배를 당했어. 정지상이라는 신하가 "이자겸을 제거한 공은 크나 전날 궁궐을 불태우고 왕을 위태롭게 한 죄 또한 크다."며 그를 탄핵했기 때문이야.

이자겸의 난은 문벌 귀족인 이자겸이 왕권을 쥐고 흔들다가 왕이 자신의 의도대로 움직이지 않자 일으킨 반란이야. 이 사건은 사건 자체로 끝나지 않고 새로운 세력들 사이의 갈등을 일으켰어. 인종은 이자겸의 난 당시 적극적으로 자기를 돕지 않은 개경 귀족들에게 실망했고, 서경 세력들은 그 틈을 비집고 개경 땅의 기운이 다해서 이런 사태가 벌어졌다며 수도를 서경으로 옮겨야 한다고 주장했어.

인종이 그 말에 솔깃해서 서경 천도에 힘을 실어 주자 개경 귀족들이 일제히 반대하고 나섰어. 그 때문에 묘청을 중심으로 하는 서경 세력과 김부식을 중심으로 하는 개경 세력 간의 피할 수 없는 한판 승부가 펼쳐지는데, 그 사건이 바로 묘청의 난, 즉 서경 천도 운동이란다.

❀

"이자겸 이전과 이후에도 이른바 섭정이라든가 수렴청정이라 하여 어린 왕을 대신해 나랏일을 주무르는 일이 있긴 했지만, 이분처럼 모든 권력을 쥐고 나라를 뒤흔든 예는 찾아보기 어렵다. 게다가 자기 딸들을 외손자인 왕에게 시집보내는 등 권력 장악 방식도 좀 엽기적이고."

내 말에 토리가 알은체하고 나섰다.

"내가 중국사를 좀 공부해 봐서 아는데 더 엽기적인 인물도 있었어."

"중국 역사에? 그게 누군데?"

토리가 대답했다.

"측천무후. 측천무후 님은 당 태종 후궁으로 궁궐에 들어갔다가 당 태종이 죽자 그의 아들 고종의 황후가 되었대. 고종이 죽은 다음에는 아예 자기가 황제가 되어 반대 세력들을 무자비하게 탄압했대. 어때, 이쯤 되면 이자겸도 울고 갈 인물 아냐?"

"얼, 토리 대단한데. 측천무후를 다 알고."

"이거 왜 이래. 이래 봬도 중국과 일본 역사 순회 공부 마치고 온 몸이라고."

"오, 그래서? 그럼 이자겸의 난이 일어날 무렵 중국에서 어떤 일들이 벌어졌는지 알겠네?"

"내가 또 그런 국제 관계에는 약하지. 그긴 아저씨 전문이잖아. 헤헤."

"에구, 말이나 못 하면. 내가 살짝 알려 줄게. 이자겸의 난이 일어난 게 1126년이다. 그때 대륙에선 큰 정치적 변동이 일어났어. 여진족이 세운 금나라가 거란족의 요나라를 멸망시키고, 그다음에는 중국 대륙으로 남하해 송나라를 멀리 남쪽으로 밀어냈지. 다음 시간에 얘기할 서경 천도 운동에서 묘청이 북벌을 해야 한다고 주장했는데 그가 말한 북벌 대상이 바로 금나라다. 그 이야긴 지금 다 하면 재미없으니까 서경 천도 운동 강의 때 또 하기로 하자. 이번 시간 끝."

한눈에 보는 한국·중국·일본

1115	1122	1125	1126	1127	1129
중 금(여진) 건국 (~1234)	한 인종 즉위 (~1146)	중 요, 금에 멸망	한 이자겸의 난	중 송(북송), 금에 멸망	한 서경에 대화궁 건립

1135
한 서경 천도 운동 (묘청의 난)

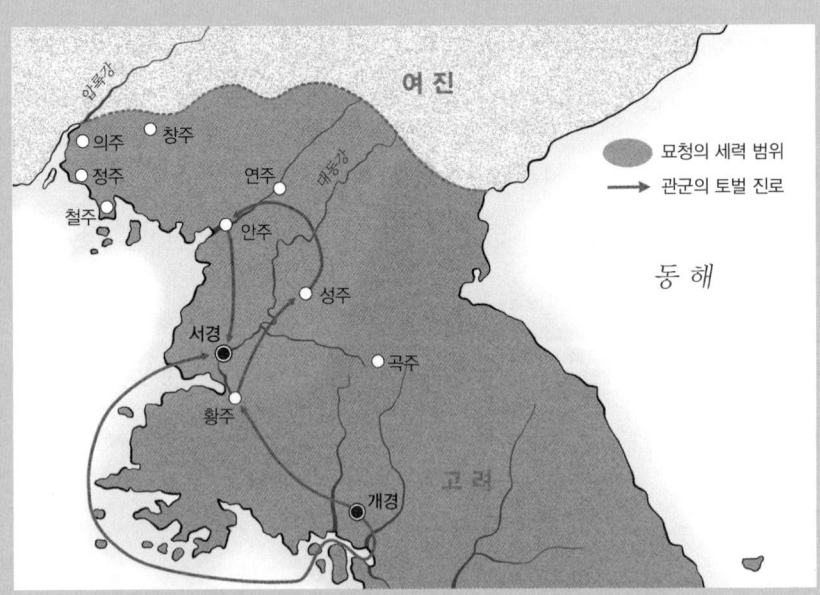

• 서경 천도 운동

세 번째 이야기

1천 년 역사상 제대 사건, 서경 천도 운동

"이번 시간엔 서경 천도 운동 이야기를 해 볼까?"

내가 운을 떼자 토리가 물었다.

"서경 천도 운동이 뭔데?"

"말 그대로 서경, 즉 평양으로 고려 수도를 옮기자는 운동. 이자겸의 난 이후 서경 세력이 주도한 운동이야."

토리가 고개를 갸우뚱했다.

"왜, 이해가 안 가? 앞 시간에 잠깐 얘기했는데. 나는 네가 측천무후니 중국사 순회 강의니 하기에 역사를 엄청 많이 알고 있다고 생각했는데 그게 아닌가 보구나."

"우씨, 내가 한국사를 어떻게 다 알아? 그럼 뭐하러 아자씨 찾아왔겠어!"

"하긴. 그럼 네 눈높이에 맞춰 얘기해 줄게."

내가 몸을 숙여 토리와 눈을 맞추려는 시늉을 하자 토리가 고개를 홱 돌렸다.

"하하, 알았다. 그만하고 강의 시작하마."

나는 **서경 천도 운동** 이야기를 시작했다.

서경 천도 운동 이야기를 하려면 먼저 이자겸의 난부터 정리를 하고 가야 할 것 같구나. 이자겸과 척준경이 난리를 치는 바람에 고려 수도 개경은 쑥대밭이 되었어. 궁궐이 불타고 민심이 흉흉해졌지. 인종은 그런 개경이 싫었고 자기를 적극적으로 돕지 않은 개경 귀족들에게 실망했어. 그런 와중에 수도를 서경으로 옮겨야 한다는 주장이 제기되었어. 소위 서경파라 불리는 사람들이 내세운 명분은 이랬어.

"개경의 궁궐이 불타고 그 난리를 치른 건 개경의 지덕이 다했기 때문이다."

이런 주장을 처음 제기한 사람은 서경에 사는 승려 묘청(?~1135)이었어. 묘청은 고려가 다시 강한 나라가 되려면 고려 수도를 개경에서 서경으로 옮겨야 한다고 주장했지. 지덕이 다했네, 어디 땅의 기운이 좋네 하는 따위를 풍수지리설이라고 하는데 묘청은 풍수지리에 밝은 승려였다고 해.

가뜩이나 개경이 맘에 안 들던 인종은 묘청이 주장하는 서경 천도 이야기에 솔깃했지. 그런 인종에게 정지상이 묘청을 소개했어. 묘청이 풍수와 도참에 밝은 성인이므로 그를 불러다 나랏일을 문의하면 이로울 거라면서.

정지상(?~1135)의 요청을 받아들인 인종이 묘청을 입궐하도록 명했어. 참, 정지상은 서경 출신 관리로 고려에서 천재 시인으로 명성이 자자한 문인이었어. 입궐한 묘청이 인종에게 자기 의견을 말했지.

"폐하, 서경 땅 임원역이란 곳은 대화세로서 이곳에 궁궐을 지으면 천하를 다스릴 수 있습니다. 금나라와 주변 나라들이 모두 고려에 조공을 바칠 것입니다."

묘청이 말한 대화세란 꽃과 잎이 피듯 기운이 활짝 피어나는 기세란 뜻이야. 그만큼 서경 땅의 기운이 좋다는 말이지. 적절한 비유인지 모르겠다만 사랑하는 연인과 헤어져 실연의 고통 속에서 헤매고 있을 때 새로운 사람이 나타나 자기에게 관심을 보이고 잘해 주면 금방 넘어가게 돼 있어. 인종이 바로 그런 경우 같아. 묘청의 말을 들은 인종이 서경에 궁궐을 지으라고 명했으니까.

묘청과 정지상, 그리고 묘청의 제자 백수한 등 서경 천도파 3인방이 수도를 서경으로 옮겨야 한다고 주장한 이유는 여러 가지야. 그 가운데 하나가 고구려의 기상이 서려 있는 서경을 근거지로 삼아 북쪽 금나라를 정벌하자는 거였어. 당시 금나라는 거란의 요나라를 멸망시키고 송을 대류 남쪽으로 밀어내며 동북아시아의 신흥 강국으로 부상하고 있었어. 이런 금나라가 고려에도 조공을 요구하고 나서자 고려 조정은 어쩔 수 없이 금나라 요구에 응하고 있던 중이었지. 서경 천도파가 천도를 주장한 이유 중 하나가 바로 서경으로 천도해서 금나라를 정벌하자는 거였어.

그들이 주장한 북벌론은 오늘날 논란이 좀 있어. 당시 동북아시아 신흥 강국인 금나라와 대결해서 만약에 전쟁이라도 나면 피해는 고스란히 고려 백성들이 입을 텐데 명분만 내세워 북벌론을 주장하는 건 위험한 발상이라는 거지. 그래서 서경 세력이 서경 천도를 주장한 진짜 이유는 북벌보다는 개경 세력이 쥐고 있는 권력을 자기들이 차지하기 위해서였다고 말하기도 해.

인종이 서경 세력 손을 들어 주자 서경 천도 계획은 순조롭게 진행되었어. 몇 달 만에 서경에 대화궁이 완성되고 인종은 서경으로 자주 행차를 했지. 김부식을 비롯한 개경 세력은 묘청이 왕을 현혹시켜 엉뚱한 짓을 하고 있다며 서경 천도를 반대했지만 대세를 뒤집지는 못했어.

이렇듯 순조롭게 진행되던 서경 천도 계획은 예기치 못한 일로 꼬이기 시작했어. 1132년 인종이 서경에 행차했을 때 갑자기 폭우가 쏟아지고 돌풍이 불어 왕이 탄 말이 엉뚱한 곳으로 가다가 진창에 처박히고, 때아닌 눈이 내려 낙타가 얼어 죽는 일이 벌어졌어. 또 인종이 대동강에 배를 띄우고 뱃놀이를 하는데 갑자기 폭풍이 불어닥쳐 장막이 찢어지고 배가 뒤집힐 뻔해 겨우 목숨을 건진 일도 있었지. 서양 속담에 불행은 세트로

용두   암기와막새

• 대화궁 터에서 발견된 암기와막새와 궁궐 위 지붕을 장식하는 용머리 모양의 잡상.

찾아온다는 말이 있는데, 서경 천도가 진행 중일 때 바로 그런 뜻하지 않은 사고가 연달아 터진 거야. 불길한 징조가 연달아 일어나자 개경 세력은 이때다 싶어 인종에게 서경 천도를 중단해야 한다고 상소를 올렸어.

"서경에 궁궐을 지으면 재난이 사라진다더니 외려 더 큰 재난이 벌어지고 있으니 묘청의 주장은 틀렸습니다."

그러면서 임금과 세상을 속이는 묘청 일파를 잡아다 처형해야 한다고 주장했어. 그럼에도 인종은 서경으로 수도를 옮기려는 뜻을 버리지 않았어. 하지만 개경 세력이 서경에서 일어난 재난을 언급하며 일치단결 집요하게 서경 천도를 반대하자 인종의 마음이 흔들리기 시작했어.

서경 천도가 뜻대로 진해되지 않자 묘청은 더 이상 참지 못하고 서경에서 군사를 일으켰어. 그러면서 국호를 '대위'라 하고 연호를 '천개'라고 정했지. 하지만 묘청은 새 임금을 세우지는 않았어. 그 이유는 군사를 일으킨 목표가 고려를 뒤엎으려는 게 아니라 왕을 서경으로 모셔 와 권력을 잡으려는 데 있었기 때문이야. 그래서 오늘날에도 이 사건을 묘청의 난이라고도 하지만 서경 천도 운동이라고도 부르는 거야.

묘청이 난을 일으켰다는 소식에 고려 조정에서 대책 회의가 열렸어. 격론 끝에 반란을 평정하기로 하고 토벌군 통솔자에 개경 세력의 대표 주자인 김부식을 임명했어. 이때 재미있는 일이 하나 벌어졌는데 그게 뭐냐 하면……

나는 긴 한숨을 쉬며 강의를 잠깐 멈췄다.

"잠깐 쉬었다 하자. 너무 열강 했더니 목이 말라서."

"아자씬 꼭 중요한 대목에서 끊더라. 취미야? 작전이야?"

"고 녀석 참. 무슨 취미고 작전이냐. 목이 말라서 물 한잔 마시려고 그래. 잠깐 기둘려."

그러고 나서 나는 방에서 시집 한 권을 가져왔다. 토리가 시집을 보더니 또 볼멘소리를 했다.

"역사 이야기하다 말고 웬 시집? 또 딴 길로 새시려고?"

"그게 아니고 역사와 문학을 아우르는 융합 수업이라서 그런 거야. 정지상과 김부식 얘기하려면 이게 필요해."

김부식(1075~1151)이 토벌대를 꾸려 서경으로 진격하기 전에 급하게 처리한 일이 뭐였는지 아니? 개경에 있던 서경 세력을 제거한 일이었어. 김부식은 사전에 왕에게 보고도 하지 않고 정지상을 신속하게 처형했어. 서경 세력과 내통할 우려가 있어서 그랬다는데 《고려사》는 좀 다른 이야기를 하고 있지. 《고려사》는 김부식이 정지상을 그토록 빨리 제거한 이유를 다음과 같이 기록하고 있어.

"김부식이 평소에 정지상과 문장을 경쟁하다가 불만이 있어 묘청의 난에 연루된 것을 구실로 살해했다."

앞에서 말했지만 정지상은 고려 최고의 시인이야. 훗날 《삼국사기》를 지은 김부식도 고려에서 문장으로 둘째가라면 서러워할 문인이었지만 시에서는 정지상을 따라가지 못했어. 그래서 이런 일화가 생겼나 봐.

어느 날 정지상이 "사찰에 범어가 그치자 하늘빛은 유리처럼 맑다."라는 시를 지었는데 김부식이 그 시를 탐내 자기 시로 만들려고 했대. 하지만 정지상이 끝내 허락하지 않자 정지상에 대한 원한을 품게 되었다는 거야.

김부식은 정지상이 죽은 다음에도 열등의식에 사로잡혀 있었다고 해. 어느 날 김부식이 시 한 수를 지었대. "버들 빛은 일 천 가닥 푸르고 복사꽃은 일 만 점이 붉다." 그러자 갑자기 어디선가 정지상의 귀신이 휙 나타나더니 김부식의 뺨을 찰싹 때리더래. 그러더니 "누가 천 가닥인지 만 점인지 세어 보았느냐?" 하고는 시를 고쳐 주더래. "버들 빛은 실실이 푸르고 복사꽃은 점점이 붉다." 요렇게. 물론 지어낸 얘기겠지만 김부식이 정지상의 시에 얼마나 열등의식이 있었는지 알려 주는 이야기지.

그럼 다시 묘청의 난으로 돌아가 볼까? 개경에 있던 서경 세력을 제거한 김부식이 드디어 서경을 향해 진격했어. 김부식은 묘청 세력을 단박에 처부수자는 부하들의 건의를 듣지 않고 천천히 작전을 펼쳤어. 항복하면 살려 준다고 반란 세력을 회유하는 작전이었지. 이 작전은 꽤 효과적이어서 반란군을 지휘하던 조광이 묘청을 죽이고 자기 사람을 보내 항복할 뜻을 비쳤어. 그런데 개경에 갔던 자기 부하가 옥에 갇히자 항복해도 죽게 된다는 생각에 목숨을 걸고 대항했어.

하지만 김부식이 1년 동안 성을 포위하고 반란군을 압박하자 반란군은 더 이상 버티지 못했어. 결국 김부식 군대가 성으로 진격하자 조광은 자결하고 말았지. 이로써 고려 사회를 발칵 뒤집은 서경 천도 운동은 묘청이 깃발을 든 지 1년여 만에 끝을 맺고 말았단다. 1135년의 일이었지.

❀

"어때, 서경 천도 운동 재미있었냐?"
내가 묻자 토리가 대답했다.
"응. 이자겸 때 난리는 난리도 아니었구만."
"너는 어디서 철 지난 드라마 대사 같은 말을 하냐. 그러나 맞는 말이긴 하다. 이자겸 난리보다 더한 난리였으니까. 서경 천도 운동이 실패한 이후 서경 출신의 문신 세력은 몰락했고, 서경은 역적의 땅이라는 오명을 쓰게 되었어. 난을 평정한 김부식은 고려 조정 제일의 권력자로 부상하고 그가 속한 개경 문벌 귀족 세력이 주도권을 장악하게 되었지. 이것이 서경 천도 운동의 결과란다. 아, 한 가지 중요한 건 개경 세력 문신들이 권력을 장악해 국정을 이끌면서 무신을 홀대하고 무시하고 차별하는 바람에 삼십여 년 뒤에 문신들 씨가 마르는 일대 변란을 겪게 된다. 이 사건이 바로 무신 정변이란다."
"그러니까 뭐야, 이자겸의 난 때문에 서경 천도 운동이 일어나게 되고 서경 천도 운동 이후에 문신이 난리쳐서 무신 정변이 일어났다, 이런 말이네. 그래서 아자씨가 세 사건을 쪼르르 써 논 거구나."

"빙고! 토리 대단하다. 더 이상 가르칠 게 없어. 하산해라."

"이게 다 아자씨 덕분이야. 중국 속담에 명장 밑에 약졸 없다는 말이 있대. 훌륭한 장수 밑에 약한 병사가 없다는 말이래. 선생님이 강의를 잘하니까 학생이 잘 알아듣는 거지 뭐. 헤헤."

토리가 모처럼 밝게 웃었다. 그 모습이 보기 좋았다. 그래서 중요한 이야기 하나를 더 해 주어야겠다고 생각했다.

"서경 천도 운동에서 한 가지 꼭 말하고 넘어갈 게 있다. 이 사건을 굉장히 중요하게 생각한 역사학자가 있었어. 일제 강점기 때 역사학자 신채호야. 그분이 서경 천도 운동을 두고 이런 평을 내렸단다. '조선 역사상 1천 년래 제1대 사건이다.' 무슨 말이냐, 고려와 조선 역사를 합쳐 1천 년 동안 일어난 사건 중에서 가장 의미가 큰 사건이다, 이런 뜻이야. 신채호가 왜 그런 말을 했을까?"

"그걸 알면 내가 여기 왜 있어."

"신채호는 서경 천도 운동을 굉장히 진취적인 운동으로 봤어. 이분 관점에선 서경 천도 운동을 벌인 묘청 세력은 진취적이고 자주적인 독립 세력, 서경 천도 운동을 진압한 김부식의 개경 세력은 보수적이고 예속적인 사대 세력이야. 그래서 서경 천도 운동이 실패해서 그때까지 가지고 있던 진취적이고 자주적인 우리 민족의 기상이 예속적인 사대주의로 전락했다고 본 거지."

토리가 박수를 치며 갑자기 벌떡 일어났다.

"우왕, 아저씨 대단해. 정연한 논리와 물 흐르는 듯한 설명이 도무지 막힘이 없네."

"오늘이 무슨 유엔이 정한 칭찬의 날이냐? 내가 너 칭찬해 줬다고 너도 칭찬하는 거야? 어쨌거나 땡큐다."

"근데 왜 아직 베스트셀러가 없는지 몰라."

"어른을 아주 들었다 놨다 하는구나. 칠판 앞에 가서 손 들고 있어."

내 말에 토리가 동정을 호소하는 고양이 표정을 지었다.

"알았다, 취소. 마지막으로 서경 천도 운동 이면에 숨어 있는 김부식과 정지상의 숨 막히는 시 대결 소개하면서 마쳐야겠다. 두 사람이 쓴 시를 보면 김부식이 왜 그토록 정지상의 시를 질투했는지 알 수도 있을 거다. 먼저 서경파 정지상의 〈대동강〉 시부터."

대동강

비 멎은 긴 둑에 풀빛 짙은데
임 보내는 남포엔 구슬픈 노래
대동강 물 어느 때 마르려는가
해마다 이별 눈물 보태는 것을.

"다음은 개경파 김부식이 지은 〈임진강〉 시."

임진강

가을바람 살랑살랑 강물은 넘실넘실
오던 길 돌아보니 임 생각이 아득해라
슬프다 우리의 임은 천리를 격했는데
강변의 꽃다운 풀 누굴 위해 향기롭나.

"나는 두 시를 보면 이런 생각이 든다. 이래서 김부식이 그토록 정지상을 시기했구나! 두 사람 다 똑같이 강을 이야기하고 풀과 임과 이별을 노래하고 있는데 정지상 시가 훨씬 아름답게 느껴지거든. 정지상의 시를 다시 한 번 읽어 봐라. 은유적인 시어와 절묘한 대구, 거기에 이별의 아픔을 은근하게 드러내는 센스까지, 한마디로 최고다. 반면에 김부식이 지은 시는 직설적인 시어로 지은이의 감정을 그대로 드러내고 있어. 언어에서 직유법을 가장 수준 낮은 은유라고 하는데, 김부식의 시어를 보면 그런 직설적인 느낌이 난다.

그래도 난 김부식에게 감사해. 김부식이 《삼국사기》를 짓지 않았다면 토리 너한테 한국사 강의도 제대로 못했을 거야. 그리고 시만 가지고 얘기해서 그런데 김부식은 중국 송나라에서도 알아주는 고려 제일의 문장가였다.

시 이야기는 이것으로 마치고 잠깐 쉬었다 오늘의 마지막 주제인 무신 정변 이야기를 하도록 하마."

한눈에 보는 한국·중국·일본

1146	1170	1173	1174	1176	1182
한 의종 즉위 (~1170)	한 무신 정변, 무신 정권 체제 시작(~1270)	한 김보당의 난	한 조위총의 난	한 망이·망소이의 난	한 전주 관노의 난

1185	1193	1198	1227
일 가마쿠라 막부 시대(~1333)	한 김사미와 효심의 난	한 만적의 난	중 남송, 몽골에 투항

• 문벌 귀족 사회의 동요

네 번째 이야기

고려의 물줄기를 바꾼 무신 정변

"이 시간엔 서경 천도 운동보다도 더 큰 정치 사건에 대해 이야기해 줄게. 서경 반란군을 진압한 이후 고려의 권력은 김부식 같은 개경 문벌 귀족이 장악하게 돼. 권력을 독점한 그들은 무신을 멸시하기 시작했어. 그 일 때문에 고려사를 뒤흔든, 아니 뒤흔든 정도가 아니라 역사의 물줄기를 확 바꿔 버린 사건이 터지는데 그것이 바로 무신 정변이란다."

내 말에 토리가 뭔가 이해가 안 간다는 표정을 지었다.

"궁금한 게 있어. 묘청의 난을 진압한 개경 문신 귀족 세력이 무신을 멸시해서 무신 정변이 일어났다고 했는데, 개경 문신 세력은 왜 무신을 멸시한 거야?"

"우아, 토리 정말 대단하다. 그렇게 날카로운 질문을 하다니. 별명을 바꿔

야겠어. 송곳 토리로. 질문 잘했다. 그 이야긴 내 아들한테도 안 해 줬는데 질문이 하도 가상하여 너한테는 해 줘야겠다."

그러면서 나는 칠판에 수학 공식 하나를 적었다.

'묘청의 난 진압 x + 문신의 무신 멸시 = 무신 정변'

내가 칠판에 적은 공식을 보더니 토리가 한숨을 쉬었다.

"아자씨, 내가 말 안 했구나. 나 수학 엄청 싫어해. 역사 강의하면서 문학이나 영화 갖다 붙이는 건 이해하겠는데 어려운 수학 공식 끌어다 붙이는 건 반댈세."

"하하. 어려워할 거 없어. 간단한 방정식이니까. 이름하여 역사 방정식, 엑스를 구하라! 자, 보자. 네가 질문한 게 바로 위 공식에서 미지수 엑스가 뭐냐 이거다. 묘청의 난 진압과 무신 멸시 사이에 뭐가 있느냐. 쉽게 말해 묘청의 난을 진압한 개경 세력이 왜 무신을 멸시해서 정변이 일어나게 됐느냐, 맞지? 그럼 논리적으로 쉽게 풀어 줄게.

무신 정변 당시 고려 권력은 크게 개경의 문반과 서경의 무반으로 양분되어 있었어. 그래서 서경에서 묘청이 반란을 일으켰을 때 서경 무반 세력들이 대거 반란에 가담했지. 이 반란을 개경 세력이 진압한 거야. 서경 반란을 진압하고 권력을 독점한 개경 문신 세력은 그때부터 고려 무신 전체를 멸시하고 홀대하기 시작했어. 왜? 서경 무신 세력이 반란에 대거 가담한 게 괘씸해서. 그러니까 미지수 엑스는 '묘청의 난에 가담한 서경 무신 세력 괘씸죄'가 되는 거다. 알겠냐?"

"아하, 그러니까 서경 무신 세력이 묘청의 난에 많이 가담했다는 이유로 무신 전체가 미운털이 박힌 거구나. 그래서 무신 멸시하다 된통 당했고."

"그렇지. 그럼 지금부터 문신들이 어떻게 무신을 홀대했기에 정변이 일어났는지 1170년 한여름 밤의 열기 속으로 들어가서 확인해 보자. 흠흠."

나는 목을 가다듬은 뒤 무신 정변 이야기를 시작했다.

❧

때는 1170년 어느 여름밤이었어. 그날도 고려 제18대 임금 의종은 측근인 문신들을 데리고 궁궐 밖에서 신나게 연회를 벌이고 있었지. 궐 밖에서 측근들을 데리고 연회를 벌여 술 마시며 시 짓고 노는 게 그즈음 의종의 일상시였거든. 그럴 때미다 무신들은 연회가 끝닐 때까지 보초를 서고 연회가 끝나면 왕을 호위하는 임무를 맡았어.

의종이 벌이는 연회는 여름 겨울을 가리지 않았고 때론 밤부터 아침까지 이어지는 경우가 허다했어. 그러다 보니 왕을 호위하는 장교들은 추운 데서 밤늦도록 보초를 서고 밥도 제때 먹지 못해 불만이 엄청 쌓였지. 무엇보다 참을 수 없는 건 문신들의 무시였어.

묘청의 난이 실패하기 전까지만 해도 이 정도는 아니었어. 물론 고려가 워낙 문신 위주 사회여서 큰 전쟁이 나면 총사령관직을 문신이 맡곤 했지. 외교 담판으로 거란을 물리치고 강동 6주를 획득한 서희나, 귀주대첩의 영웅 강감찬, 여진을 정벌한 윤관 모두 문신 출신이었거든. 그렇다고 문신들이 무신 장수들을 대놓고 무시하지는 않았는데 묘청의 난 이후 분위기가 완전히 바뀌었어. 아예 대놓고 무신을 멸시한 거야. 그런 이유는 앞에서 역사 방정식 풀이 때 얘기했지?

무신 정변이 벌어지기 전날 밤, 불만이 쌓일 대로 쌓인 하급 장교 이의방(?~1174)과 이고가 상장군인 정중부에게 "지금 당장 거사를 일으키자."고 씩씩거렸단다. 정중부도 문신들에 대한 불만이 있었지만 아직 때가 아니라고 판단해 그들을 만류했지.

"내일 왕이 궁궐로 환궁하면 다음 기회로 미루고, 만일 보현원으로 가면 거사를 단행하기로 하자."

다음 날 의종은 궁궐로 가려다 말고 한판 더 놀고 가자며 왕의 놀이터인 보현원으로 방향을 잡았단다. 그런데 보현원으로 향하던 의종이 갑자기 오문이란 곳에 이르러 행차를 멈췄어. 의종은 그곳에서 다시 술판을 벌인 뒤 무신들에게 수박희를 하라고 명했어. 수박희는 택견 같은 무술이야. 의종이 수박희를 하라고 한 건 호위 장교들의 불만이 크다는 걸 알고 수박희 대련에서 이긴 무신들에게 상을 내려 불만을 무마하려는 생각이었지.

수박희 대련자로 늙은 장수 이소응과 젊은 장수 한 사람이 나섰어. 한참 대련을 펼치는데 힘에 부쳤는지 이소응이 뒤돌아 도망을 쳤어. 그때 문신인 한뢰라는 자가 이소응을 쫓아가 뺨을 후려갈겼어. 어처구니없는 상황이었지. 그런데 더 황당한 건 왕과 문신들이 그 모습을 보고 껄껄 웃으며 "무신이 아니라 등신"이라며 비아냥댄 거야.

이를 지켜보던 무신들 심정이 어땠을지 한번 상상해 봐. 아니나 다를까, 이의방과 이고는 말할 것도 없고 신중한 편이었던 상장군 정중부(1106~1179)도 분노 게이지가 99까지 끓어올랐어. 보다 못한 정중부가 한뢰를 꾸짖었지.

"한뢰 이놈! 이소응이 비록 무신이긴 하나 3품 장군인데 어찌 5품인 네가 뺨을 때리느냐!"

정중부가 그리 나온 이유가 있어. 정중부에게는 문신에 대한 뼛속 깊은 원한이 있었거든. 정중부가 젊은 장교였을 때 당한 일 때문이야. 어느 날 김부식의 둘째 아들 김돈중이 제 아비의 힘을 믿고 촛불로 정중부의 수염을 태운 일이 있었어. 그때 화가 난 정중부가 김돈중을 악 소리 나게 패 주었지. 그러자 김부식이 "정중부를 묶어서 매질을 해 달라."고 왕에게 요청했어. 다행히 정중부를 아낀 왕이 정중부를 풀어 주어 매를 맞진 않았지만 그 사건 이후 정중부는 문신이라면 이를 갈았어.

정중부가 한뢰를 꾸짖자 연회장 분위기가 싸늘해졌어. 일촉즉발 상황. 멀리 있던 이고가 칼집에서 칼을 빼며 정중부의 눈치를 살폈어. 그러자 정중부는 아직은 때가 아니라며 이고를 만류했어.

분위기가 심상치 않자 의종이 정중부에게 사과하며 수습에 나섰어. 하지만 무신들의 끓어오르는 분노는 이미 제어할 수 없는 한계에 다다른 뒤였지.

소란을 겨우 수습한 왕이 보현원에 도착했을 때였어. 이의방과 이고, 정중부가 문을 걸어 잠그고 칼을 빼 들었어. 그러고는 외쳤지.

"한뢰, 이놈. 어서 나오거라!"

그러자 왕 곁에 있던 문신들이 "어디 왕 앞에서 칼을 빼 드느냐?"고 그들을 꾸짖었어. 그 순간 이의방과 이고가 문신들을 단칼에 베어 버렸어. 겁에 질린 한뢰가 왕 뒤로 숨자 정중부가 왕에게 한뢰를 내놓으라고 소리쳤어. 한뢰가 더 이상 버티지 못하고 그들 앞에 나오자 이고가 한뢰를 베었지.

보현원을 피바다로 만든 무신들이 궁궐로 쳐들어갔어. 궁궐을 장악해야 정변을 성공시킬 수 있다는 판단에. 궁궐로 들어간 정중부가 외쳤어.

"문관의 관을 쓴 자는 서리라도 씨를 남기지 말고 다 죽여라!"

정중부가 말한 서리란 말단 공무원인데 하급 관리라도 문신이란 문신은 다 없애라는 말이야. 정중부의 명대로 무신들은 문신과 왕의 측근인 내시들과 환관까지 처참히 살육했어. 문신뿐만 아니라 왕의 수발을 드는 환관과 왕의 최측근 신하인 내시들까지 죽인 건 그들이 왕을 제대로 보필하지 않고 향락에 빠뜨린 장본인이라고 봤기 때문이야.

1170년 보현원에서 시작된 무신의 난은 결국 문신 귀족을 대거 참살하는 것으로 끝이 났어. 무신 정변 이후 고려는 이른바 무신 시대로 접어들었어. 무신 시대 100년 동안 왕은 단지 허수아비였고 모든 권력은 무신 집권자가 장악했지.

마지막으로 무신 시대를 이끈 무신 5인방을 소개할게. 《고려사》는 무신 정변을 정중부의 난이라고 기록했어. 계급이 높은 정중부를 정변 주도자로 본 건데 실은 하급 장교였던 이의방과 이고가 쿠데타의 실세였어. 그들이 정중부를 업고 정변을 일으킨 거지. 그래서 실제로 무신 정변 직후 권력은 이의방과 이고가 쥐었어. 이때부터 무신 집권자들 사이에 생존을 건 권력 투쟁이 전개되는데 핵심만 소개할게.

이의방보다 얻은 게 적다고 생각한 이고가 이의방을 제거하려 하자 이의방이 먼저 손을 써서 이고를 제거했어. 그다음엔 정중부가 이의방을 제거하고 권력을 장악했지. 하지만 정중부는 청년 장수 경대승(1154~1183)에 제거되고, 경대승이 병으로 일찍 죽은 다음엔 이의민(?~1196)이 권력을 장악했어. 하지만 이의민도 얼마 뒤 최충헌(1149~1219)에 의해 제거돼. 최충헌 등장 이후 무신 정권은 안정을 찾았어. 하지만 몽골 침입으로 무신 정권이 붕괴되고 말지. 이로써 1170년 보현원에서 무신 정변이 일어난 이후 이의방 - 정중부 - 경대승 - 이의민 - 최충헌과 그의 아들들로 이어지던 무신 정권이 100년 만에 막을 내리고 말았어.

무신 집권 체제가 이어지는 100년 동안 고려는 비정상적인 사회로 변했어. 무신 집권자들이 권력과 부를 독점해 국가 기강이 무너지고, 수탈당한 백성들은 여기저기서 봉기를 일으켰지. 공주의 명학소에 살던 망이와 망소이가 봉기한 것을 시작으로, 농민인 효심과 김사미, 그리고 최충헌의 노비 만적이 세상을 갈아엎어 버리자며 들고일어났어. 한마디로 무신 집권기는 민심 흉흉 경제 파탄 나라 망조 시대였는데, 한편으론 이의민처럼 천민 출신이라도 힘이 있으면 지배자가 되는 역동적인 사회이기도 했어. 이것으로 오늘의 마지막 주제인 무신 정변 이야기도 막을 내려야겠다.

❀

이야기를 마치자 토리가 뭔가 생각하는 척 눈을 가늘게 뜨며 말했다.
"고려의 무신 시대 이야기를 들으니까 일본의 바쿠후 시대가 떠오르는데."
헐! 토리 입에서 바쿠후라는 단어가 나오다니.
"토리 네가 바쿠후를 알아?"
"잊었어? 나 동아시아사 순회 수업 마치고 온 토리야. 니가무라 샘한테 바쿠후 시대 얘기 들었지. 일본에서 무사들이 집권한 바쿠후 시대가 있었다고."
"그랬구나. 우리는 바쿠후를 막부라고 부르는데. 삼 분 줄 테니까 어디 일본 막부 얘기 좀 해 봐."
"오케이. 고려의 무신 시대 때 일본에서도 무사 정권이 성립됐대. 막부 체제는 천황은 상징적인 존재고 쇼군이라 불리는 최고 장군이 실질적으로 통치하는 시스템이었대. 그러고 보니까 막부 체제는 고려의 무신 정권이랑 비슷한 거 같아. 끝."
"간단명료하군. 네 말이 맞다. 한반도와 일본 열도에서 거의 비슷한 시기에 비슷한 군사 정권이 들어선 거. 차이가 있다면 고려 무신 시대는 100년 만에 막을 내렸지만 일본 막부 체제는 700년 가까이 이어졌다는 점이지. 막부 얘기 하나만 더 하자면 막부는 군사 독재자인 쇼군 아래 다이묘라 불리는 영주가 있고, 그 영주 밑에 직업 군인인 사무라이들이 있는 체제였어. 임진왜란을 일으킨 도요토미 히데요시, 그 뒤를 이은 도쿠가와 이에야스가 우리가 잘 아는 쇼군이야. 막부 얘기는 여기까지 하자."

토리가 고개를 갸우뚱하며 물었다.

"근데 사무라이랑 닌자랑 어떻게 달라?"

"헐, 역사 얘기하다 말고 엉뚱하게 무슨 닌자 타령이야?"

"일본사 강의 들을 때 궁금했는데 나카무라 상한테 못 물어봤거든."

"참 나, 별걸 다……. 간단하게 정리해 줄게. 사무라이는 영주의 호위 무사이자 직업 군인, 닌자는 암살 전문 해결사. 사무라이가 사는 곳은 영주네 집, 닌자가 사는 곳은 의뢰인 집 천장. 에구, 그만하자."

나는 노트를 소리나게 접으며 말했다.

"이자겸의 난부터 묘청의 난, 정중부의 난까지 고려를 발칵 뒤집은 사건 세 가지 강의를 모두 마쳤어. 세 사건의 영향으로 고려 지배층은 문벌 귀족에서 무신으로 바뀌었고 사회 성격도 문신 우대 사회에서 무신 위주 사회로 바뀌었지. 내일은 고려를 발칵 뒤집은 세 가지 사건보다 고려를 더 뒤집어 놓은 이야기를 해 주겠다. 끝! 참, 오늘의 생활사 3분 특강 해 주고 마쳐야지."

고려 시대 여성의 결혼과 삶

"토리야, 지구의 절반이 뭔지 아냐?"

"글쎄, 지구에 오다 보니까 물 반 땅 반이긴 하던데."

"물은 반이 아니고 70퍼센트다. 하지만 내가 원한 대답은 그게 아니야."

"그럼 뭔데?"

"여자. 여성의 삶이 중요하다는 걸 강조할 때 지구의 절반은 여자다, 이런 표현을 써. 그 말속에는 그동안 우리는 지구의 절반인 여성을 제대로 대우해 주지 않았다는 반성의 의미가 들어 있지. 그런데 말이다, 놀라운 건 고려 시대 여성들은 조선 시대보다 훨씬 평등한 삶을 살았다는 사실이야. 어쩌면 지금보다도 더."

"당연한 거 가지고 뭘 그렇게 힘을 주고 그래?"

"너네 별에선 당연한지 모르지만 지구에선 안 그렇거든. 그래서 오늘 생활사 3분 특강에선 그 얘길 해 주려고."

나는 자유롭고 진취적인 고려 시대 여성의 삶에 대해 이야기했다.

우리나라는 뿌리 깊은 남존여비 사상이 남아 있어. 남존여비(男尊女卑) 사상이란 남자는 귀하고 여자는 천하다, 이런 사고방식이야. 유교 성리학이 생활 깊숙이 뿌리내린 조선 시대부터 자리 잡은 관념이지. 그런데 조선보다 앞 시대인 고려 때는 안 그랬대. 여자도 남자랑 똑같이 대우받고 살았대. 정말 그런지 고려 여성의 결혼과 가정생활 이야기부터 들려줄게.

고려 시대에는 대개 여자 집에서 혼례를 치렀어. 혼례를 치르고 나면 여자 집에서 일정 기간 동안 아들딸 낳고 살았지. 여자 입장에서는 친정에서 사는 거고 남자 입장에서는 처가에서 사는 거고 아이들 입장에선 외갓집에서 사는 거지. 고려 시대에는 보통 그러고 살았대. 심지어 왕도 그런 경우가 있었어. 인종 알지? 이자겸의 외손자. 인종이 어린 시절 외가인 이자겸 집에서 자랐어. 고구려에도 결혼한 남자가 신부 집에서 처가살이를 하는 서옥제라는 제도가 있었으니 그런 풍습이 고려만의 제도는 아닐 거야. 어쨌거나 겉보리 서 말만 있어도 처가살이 안 한다는 속담은 적어도 고려 시대 때 생긴 말은 아닌 것 같아. 아마 남자를 우선시하는 조선 시대 때 생긴 속담일 듯싶어. 여자가 친정에서 살았으니 고려에는 시집살이란 말 따위는 없었겠지. 이런 전통은 조선 전기 때까지 이어졌다고 해. 조선 천재로 알려진 율곡 이이가 외가인 강릉 오죽헌에서 나고 자란 건 유명한 이야기야.

결혼 생활뿐만이 아니야. 고려에서는 이혼과 재혼에도 제약이 없었어. 조선 시대에는 여자가 재혼하는 게 법으로 금지돼 있었어. 조선의 여인은 수절, 즉 절개를 지키는 게 최고의 미덕이었지. 그런데 고려는 달랐어. 원하면 이혼도 하고 재혼도 했대. 그만큼 고려 여인의 지위가 높았다는 증건데, 한편으론 이혼과 재혼을 맘대로 할 수 있는 경제적 여건이 마련돼 있었기 때문이기도 해.

고려 시대에는 남자나 여자나 부모 재산을 똑같이 상속받았어. 시집간 자식이든 아니든. 예를 들어 자식이 아들 하나 딸 하나라면 두 사람에게 똑같이 50 대 50으로 나눠 주는 거야. 그리고 여자가 결혼을 해서 시집으로 가져간 재산은 여자 것으로 인정해 줬어. 그러니까 여자가 시집갈 때 노비를 데려가면 그 노비는 여자의 재산으로 인정받는 거야. 만약 여자가 이혼을 해서 친정으로 돌아온다면 그 노비는 여자가 데리고 나올 수 있는 거지. 이렇게 고려 여자들에게 재산권이 있었으니 힘들다고 참고 살고 그럴 필요가 없었겠지. 정확히 고려 시대 이혼율이 몇 퍼센트인지는 자료가 없어 모르겠지만 조선 시대에 비해 훨씬 높았을 거야.

고려 여인들은 부모 재산을 똑같이 상속받은 만큼 부모를 모시는 의무도 똑같이 다해야 했어. 부모가 살아생전 봉양의 의무를 다하고 부모가 죽으면 제사를 모시는 일을 아들과 딸이 구별 없이 했지. 이러한 전통은 조선 중기 이후 변하기 시작하는데, 그때가 되면 재산은 장남에게 가장 많이 돌아가고 제사 또한 주로 장남이 지내는 전통이 굳어졌어. 그래서 오늘날에도 우리 사회는 아들, 아들, 하고 장남, 장남, 하는 경향이 있어. 가문의 대를 잇고 제사를 지내는 자식이라 귀하게 여겼던 거지.

고려 시대엔 그런 게 없었어. 불교 정서가 깊이 밴 사회다 보니 굳이 대를 이어야 한다는 관념이 강하지 않았고, 그러다 보니 어떻게든 대를 이을 아들을 낳아야 한다는 남아 선호 사상도 없었어. 아들 없으면 딸이 부모 모시고 그 딸에게 재산 상속해 주고 딸이 제사 지내면 되는 거니까.

고려에서 딸이 아들과 똑같은 지위를 누렸다는 증거가 있어. 우리는 자기소개를 할 때 보통 몇 남 몇 녀의 막냅니다, 이러거든. 첫째 자식이 아들이든 딸이든. 그런데 고려에서는 첫 자녀가 딸이면 몇 녀 몇 남의 몇 쨉니다, 이렇게 적었대. 그리고 조선 시대 호적에는 출생 순서와 상관없이 무조건 아들 이름부터 적었는데 고려 때는 출생순으로 적었대. 딸이 먼저 태어났으면 딸 이름부터 적은 거지. 어찌 보면 사소한 거 같지만 고려에서 남녀를 똑같이 대우했다는 단적인 증거가 아닐까 싶구나.

고려 때만 해도 꽤 높았던 남녀평등 지수는 조선 시대 들어 확 떨어져서 지금까지도 우리 사회에는 조선 시대의 전통이 많이 남아 있어. 하지만 최근 들어 여성의 지위가 차츰 높아져 가고 있어. 유산 상속도 똑같이 하고 여자 재산권도 인정해 주고. 이혼도 전에 비해 자유롭게 하는 편인 것 같아. 오늘은 여기까지 하자. 어제 늦도록 영화 보느라 피곤해서 좀 일찍 쉬어야겠다.

밤이 깊어 나는 내 방으로 들어와 누웠다. 누워서 잠을 청하는데 등에 뭐가 걸리적거리는 게 느껴졌다. 만져 보니 볼펜이었다. 볼펜! 나는 침대에서 벌떡 일어나 볼펜을 들고 거실로 나왔다. 거실에선 토리가 서유럽 담당관인 지나랑 영상 통화를 하고 있었다.

"토리야, 여자 친구랑 흐뭇한 분위기 깨서 미안한데 나랑 잠깐 얘기 좀 하자."

토리가 화면을 닫더니 반색하며 물었다.

"왜? 오늘도 영화 보여 줄라구?"

"아니. 엊그제 얘길 좀 들었으면 해서."

내가 정색하고 말하자 토리가 입을 삐죽 내밀었다.

"토리야, 엊그제 나한테 무슨 일이 벌어진 건지 말해 봐. 그날 밤 내가 겪은 게 진짜 꿈인지 생신지 궁금해하는 사람들이 많아."

"엥? 아자씨 말고 궁금해하는 사람이 더 있다고?"

"어, 몇 명 더 있어."

"이상하네. 누가 또 있다는 거지? 우리 그 얘기부터 해 보자."

"자꾸 말 돌리지 말고 어서 말해. 그날 밤 도대체 내게 무슨 일이 벌어진 건지."

내가 워낙 진지하게 나와서 그런지 토리 얼굴에 당황하는 빛이 역력했다.

"어, 어, 내가 말했잖아. 아자씨가 개꿈 꾼 거라고."

"너 그렇게 귀엽게 말을 더듬어 곤경에서 벗어나는 기술은 어디서 배웠냐? 그건 영국의 기숙형 사립학교에서 처세술로 가르치는 건데."

나는 안 되겠다 싶어 토리 앞에 볼펜을 내밀었다.

"이 볼펜이 네 볼펜이냐? 아니라고? 그럼 이게 어디서 났냐. 난 여기 올 때 볼펜을 가져오지 않았다. 이 아저씨는 20년 넘게 한 만년필만 써 왔으니까. 이 볼펜은 그날 밤 그곳에 있었던 거다."

토리의 눈빛이 흔들리는 게 보였다. 그러더니 한숨을 폭 쉬며 말했다.

"휴우. 이 작가님 대단하셔. 더 이상 빠져나갈 구멍이 없네. 좋아, 말할게. 실은 엊그제 아자씨가 당한 일은 꿈이 아니었어."

역시나. 어쩐지. 세상에.

"그날 밤 아자씨가 끌려갔을 때 나는 이곳을 빠져나갔어. 그리고 여차여차해서 국가걱정원에서 조사받고 있던 아자씨를 데려왔어. 속여서 미안해. 하지만 속이려고 속인 건 아니고 아자씨 걱정할까 봐 그랬어. 이제 속이 시원해?"

속이 시원하긴. 의문이 풀려 다행이지만 꿈이 아니라면 더 큰 문제 아닌가. 국가걱정원이 나를 그냥 둘 리 없을 텐데.

"아자씨 쫄았어? 그럴 필요 없어. 그날 아자씨 구하러 갔다가 우리와 관련된 자료 다 지우고 왔으니까."

"네가 국가걱정원 서버를 털었단 말이야?"

"그렇다니까. 아자씨 알잖아, 내가 누군지. 안 되는 게 없는 된다 토리. 헤헤헤."

그럼 턱손이는 어떻게 됐을까?

"아, 아자씨 괴롭히던 턱이 손이래 그 지구인? 걱정 마. 잘렸어."

국가걱정원에 나와 관련한 자료가 남아 있지 않다는 말을 듣고서야 안심이 됐다. 나는 방으로 들어와 모처럼 편안한 마음으로 잠을 청했다.

셋째 날
고려의 시련

첫 번째 이야기	거란 침입 물리친 서희와 강감찬
두 번째 이야기	여진 정벌의 두 영웅 윤관과 척준경
세 번째 이야기	고려의 대몽 항쟁 30년
네 번째 이야기	삼별초는 이렇게 싸웠다
판타스틱 생활사 3분 특강	고려의 국제 무역항 벽란도

한눈에 보는 한국·중국·일본

981	993	1010	1018	1019	1115
한 성종 즉위 (~997)	한 거란 1차 침입, 강동 6주 획득	한 현종 즉위 (~1031), 거란 2차 침입	한 거란 3차 침입, 흥화진전투	한 귀주대첩	중 금(여진) 건국 (~1234)

1125
중 요(거란) 멸망

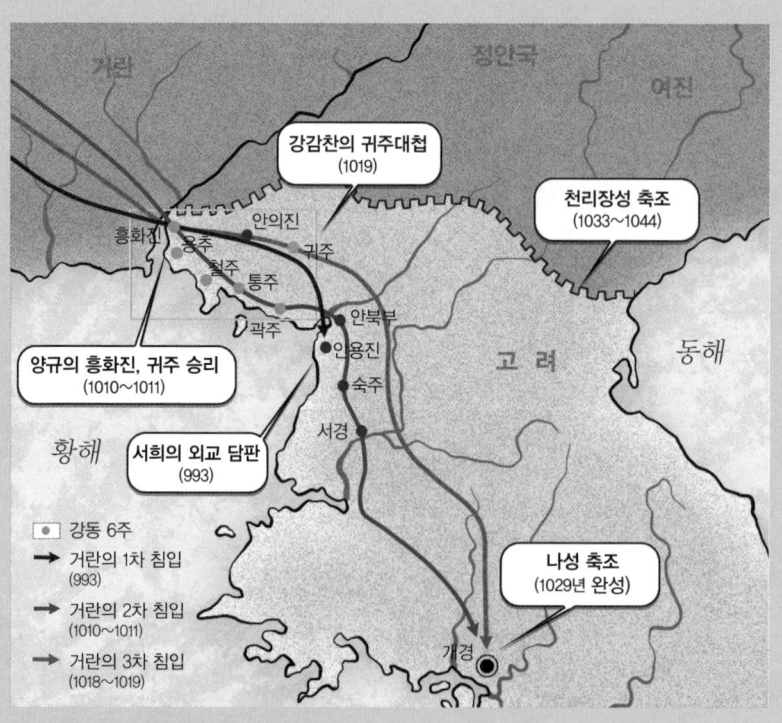

• 거란의 침입과 강동 6주

첫 번째 이야기

거란 침입 물리친 서희와 강감찬

 아침에 일어나 세수하고 밥 먹고 큰 바위 하우스를 나왔다. 바닷바람을 맞으며 토리와 함께 섬 둘레를 돌았다. 신선한 공기를 마셔서 그런지 머리가 가벼웠다. 즐거운 마음으로 토리에게 말했다.

 "오늘은 고려사 세 번째 강의를 해야겠지? 어제까지 고려가 건국하고 나서 나라 기틀을 다진 뒤 이자겸, 묘청, 정중부의 난으로 이어지는 국내 정치 변화 얘기를 했는데 오늘은 고려가 겪은 전쟁 이야기를 해 줄게."

 어느새 큰 바위 하우스 앞, 우리는 안으로 들어와 탁자 앞에 앉았다.

 "고려는 918년 왕건이 나라를 세운 이후 1392년 조선으로 넘어갈 때까지 대략 100년마다 큰 전쟁을 치렀어. 10세기와 11세기에는 거란 침입을 받았고 12세기에는 여진, 그리고 13세기는 몽골과 큰 전쟁을 치렀어. 14세기 홍건적과 왜구 침입까지 세기마다 외침을 당한 건데 그러고도 500년 역사를 이어 온 거 보면 대단하단 생각이 든다."

"왕 선생님한테는 고려와 전쟁했다는 얘기 못 들었는데."

토리가 이상하다는 듯 고개를 갸우뚱했다.

"왕 선생이 얘길 안 해 줬을 수도 있지. 고려 때 전쟁은 한족이 세운 중국 왕조와 치른 게 아니라 주로 중국 북쪽 만리장성 너머에 있는 거란족이나 만주에 있던 여진족과 붙었으니까. 그리고 중국도 거란이나 여진, 몽골한테 워낙 당해서 그 나라들 얘기를 안 해 줬을 수도 있어. 내가 그 얘길 들려줄 테니까 잘 들어 봐."

나는 칠판에 동북아시아 지도를 크게 그렸다.

"10세기 지도를 한번 볼까? 여기 한반도에는 고려가 자리 잡고 있고, 압록강과 두만강 주변에는 여진족이, 압록강 건너 서북쪽에는 거란이 자리 잡고 있었지. 중국 대륙에는 송나라가 있었고. 그러니까 10세기 동북아시아는 고려, 송, 거란의 삼각 구도라고 할 수 있어. 거란과의 전쟁은 이 삼각 구도를 깨려는 거란의 팽창 욕구 때문에 일어났다고 볼 수 있다. 거란의 최종 목표는 중국 송나라였는데 송을 정벌하기 전에 배후에 있는 고려를 묶어 두기 위해 고려를 침입하게 되지."

"그럼 거란은 단지 송을 정벌하기 위해 아무 죄 없는 고려를 침략했단 말이야?"

"고려와 거란이 사이가 안 좋은 이유도 있어. 태조 왕건은 죽기 전에 훈

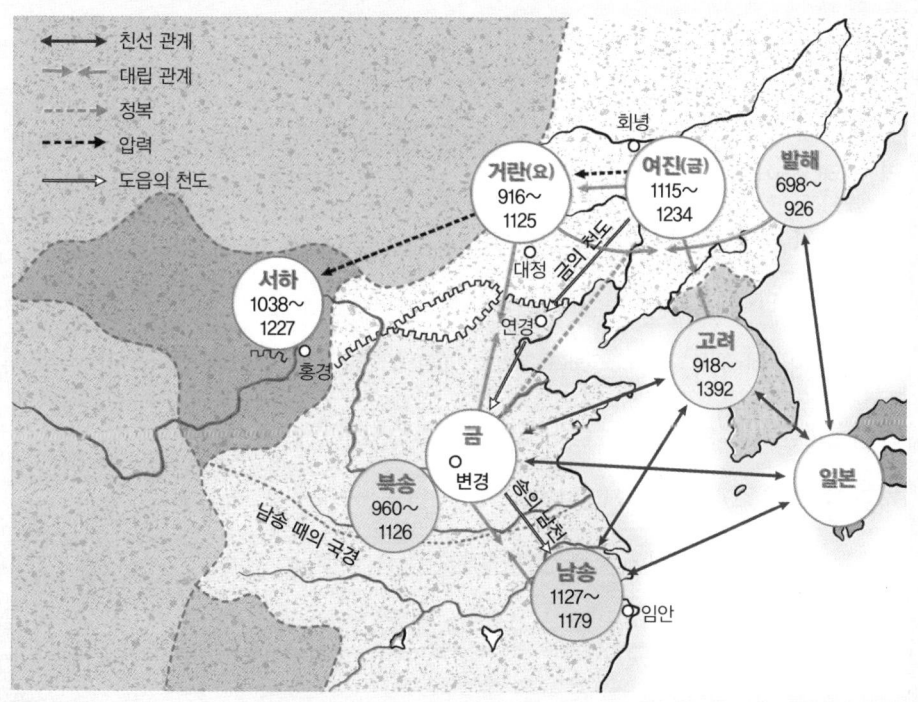

• 10~12세기 동아시아의 국제 관계

요 10조를 남겼어. 훈요 10조는 후대 왕들이 지켜야 할 도리를 유언으로 남긴 거야. 거기 보면 이런 말이 나와. 거란하고는 친하게 지내지 마라. 왕건이 왜 그랬냐 하면 거란이 926년에 고려와 친척 나라인 발해를 멸망시켰거든. 그래서 왕건은 거란을 적으로 생각했어. 왕건이 거란을 얼마나 안 좋게 생각했는지 단적으로 보여 준 사건이 있어. 거란이 고려에 사신을 보냈는데 왕건이 그 사신들을 유배 보내고 거란이 보낸 낙타 50마리를 만부교란 다리 아래 묶어 두고 굶겨 죽였단다."

"낙타가 무슨 죄가 있다고 굶겨 죽여?"

"그러게 말이다. 아무튼 고려는 그 정도로 거란에 좋지 않은 감정을 가지고 있었어. 게다가 북진 정책을 추진해서 거란이 마음을 놓지 못하게 만들었지. 그런저런 이유로 거란이 고려를 침입한 거다. 그럼 지금부터 고려가 거란의 침입을 어떻게 물리쳤는지 두 사람을 중심으로 얘기해 줄게."

나는 동북아시아 신흥 강국으로 떠오른 거란과의 전쟁 이야기를 시작했다.

993년 거란 80만 대군이 압록강을 건너 고려를 침입하자 고려 조정에서 대책 회의가 열렸어. 상황을 둘러보고 온 신하가 왕에게 보고했지.

"거란 장수 소손녕이 말하길 옛 고구려 땅을 자기들에게 바치고, 왕이 항복을 하지 않으면 80만 대군으로 고려를 짓밟아 버리겠다고 합니다."

이 무시무시한 협박을 놓고 성종(고려 제6대 왕)이 신하들의 의견을 물었어. 그러자 한 신하가 말했어.

"저들의 요구를 무시하면 큰 화를 면키 어려울 것입니다. 서경 이북의 땅을 떼어 주고 황주와 자비령을 국경으로 삼아야 할 줄 아옵니다."

다른 신하들의 의견도 대체로 비슷했어. 전쟁을 피하려는 생각이 강했던 성종은 대세를 따르기로 결심했어.

"서경 이북을 내주기로 하자. 어서 서경에 알려 서경 창고에 있는 쌀을 백성들에게 나눠 주고, 나머지는 거란이 이용할 수 없게 대동강 물에 버리도록 하라."

그러자 한 신하가 반대하고 나섰어.

"옛 고구려 땅을 내주어서는 아니 될 줄 아옵니다. 저들이 쳐들어온 목적은 예전에 우리가 차지한 가주와 송성 두 곳을 차지하려는 것입니다. 옛 고구려 땅 운운하는 것도 우리를 겁주려 하는 것인데 만약 그 땅을 떼어 주면 훗날 삼각산(서울의 북한산) 이북 지역도 옛 고구려 땅이니 돌려 달라고 하면 그때는 어찌하시겠습니까?"

그렇게 말한 신하는 서희였어. 서희(942~998)는 과거에 급제해 벼슬길에 오른 관리로 송나라와의 관계를 회복하는 데 공을 세울 만큼 외교 안목이 뛰어난 문인이었지. 서희는 거란이 침입한 목적이 고려 영토 전체를 차지하려는 게 아니라 고려와 송의 관계를 끊고, 고려를 복속시키려는 의도로 보았어. 그래서 자기가 소손녕을 만나 담판을 짓겠다고 왕에게 말했지.

성종은 서희의 의견을 받아들여 서희를 협상 대표로 거란군 진영에 파견했어. 서희가 거란군 진영에 도착하자 소손녕이 기선 제압 잽을 날렸어.

"나는 대국의 귀인이니 그대는 뜰아래서 절을 하라."

그러자 서희가 반격했어.

"신하가 뜰아래서 절을 하는 건 임금에게나 하는 것이다. 우리는 똑같은 신하인데 어찌 그런 어처구니없는 요구를 하는가."

그러고는 숙소로 돌아가 버렸어. 당황한 소손녕은 다시 회담을 열자고 청해 왔어. 서희가 회담 탁자에 앉자 소손녕이 입을 열었지.

"고려는 신라에서 생겨난 나라인데, 어찌 요나라에 속한 고구려 땅을 야금야금 차지하려는 것인가? 또한 고려는 요와 국경을 맞댄 이웃인데, 어찌하여 먼 나라 송과 친하게 지내는 것인가?"

소손녕의 공격에 서희가 반격에 나섰어.

"그대의 말은 틀렸다. 우리는 고구려를 이은 나라다. 그래서 나라 이름도 고려라 하고, 수도도 서경으로 정한 것이다. 그렇게 따지면 만주도 고구려의 땅이었으니 우리에게 주어야 한다. 또한 우리가 그대들과 친하게 지내지 못하는 것은 압록강 유역에 있는 여진이 길을 가로막고 있기 때문이니 여진을 몰아내고 길을 열면 귀국과 친하게 지내지 않을 이유가 없다."

소손녕이 반박하기 힘든 반격이었어. 고려 수도가 실은 개경이지만 서경으로 정했다고 뻥을 친 건 하나라도 더 얻어 내기 위한 협상 전략으로 이해해 주어야 해. 서희의 정연한 논리에 소손녕은 서희의 요구를 들어주기로 하고 군대를 물렸어. 이로써 고려는 거란 침입을 물리치고 동시에 여진족이 자리 잡고 있던 압록강 유역의 6주(흥화진·용주·철주·통주·곽주·귀주)를 얻는 데 성공했어. 우리 전쟁 역사상 외교 담판을 통해 적을 물리치고 땅도 얻은 유일한 경우가 아닐까 싶구나.

그런데 그렇게 물러간 거란이 7년 만인 1010년 고려를 다시 침입했어. 7년 전에 갔던 거란이 무슨 이유로 또 고려를 쳐들어온 걸까? 대략 두 가지 이유가 있었어. 하나는 강동 6주의 전략적 이점 때문이야. 그 지역은 군사적으로 중요한 요충지일 뿐만 아니라 여진과 거란, 송, 고려가 무역을 하는 상업 중심지였어. 그래서 거란이 그 사실을 뒤늦게 깨닫고 이 지역을 차지하겠다고 나선 거야.

둘째, 고려가 송과 관계를 끊기로 거란과 약속했는데 약속을 어기고 송나라와 비밀리에 교류를 계속했어. 화가 난 거란은 약속을 어긴 고려를 혼내 주어야겠다고 생각했지. 그래서 침략할 구실을 찾고 있었는데 때마침 고려에서 강조라는 자가 목종을 죽이고 권력을 잡는 일이 벌어졌어. 그러자 거란은 왕을 죽인 강조의 죄를 묻겠다는 구실로 고려를 침공했지.

이번에는 거란 성종이 직접 40만 대군을 이끌고 쳐들어왔어. 거란군은 강동 6주의 한 곳인 통주에서 고려군을 지휘하던 강조를 잡아 죽이고 곧바로 개경으로 쳐들어왔지. 고려 제8대 왕 현종은 수도 개경을 버리고 피란길에 올랐어. 그렇게 시간을 번 사이에 고려군이 전열을 가다듬어 거란군을 공격했어. 그러자 거란군도 당황하기 시작했지. 바로 그때 현종이 항복하겠으니 군대를 물려 달라고 요청했어. 지쳐 있던 거란군은 현종의 약속을 믿고 군대를 철수했어.

그런데 2차 침입 때 별 소득 없이 물러갔던 거란이 1018년 10만 대군을 이끌고 다시 고려에 쳐들어왔어. 거란 요나라, 참 집요한 구석이 있는 것 같지 않니? 거란은 왜 또 고려에 쳐들어온 걸까? 이유는 간단해. 거란에 와서 항복하겠다던 현종이 거란에 들어오지 않고 계속 송과 관계를 유지했거든. 그래서 화가 난 거란이 이번에야말로 본때를 보여 줘야겠다며 또 쳐들어온 거야. 그런데 그건 핑계고 실은 고려에 넘겨준 강동 6주를 차지하려고 침략한 거지.

3차전에서 맞붙은 두 나라의 장수는 강감찬과 소배압, 두 나라 군대가 맞닥뜨린 곳은 흥화진이었어. 흥화진은 강동 6주의 한 지역으로 성 동쪽으로 흐르는 강이 있었는데 강감찬은 소가죽으로 강 상류를 막고 정예 기병 1만 2천 명을 매복시켰어. 그리고 나서 거란군이 강을 건너자 일시에 소가죽을 터뜨려 물을 내보냈어. 거란군이 갑자기 불어난 물에 허둥대자 고려군이 거란군을 기습 공격했어. 이 전투에서 고려군이 거란군을 크게 이겼어. 이 전투가 물막이 전법으로 유명한 흥화진전투인데 흔히 귀주대첩으로 잘못 알고 있는 바로 그 전투야.

흥화진전투에서 참패한 소배압은 무모하게도 개경으로 남하했어. 그러자 현종은 성 밖에 있던 주민들을 성안으로 대피시키고, 들판에는 곡식 한 톨 남기지 않고 베어 버리고, 우물물은 모두 메워 버렸지. 적에게 식량이 될 만한 건 모조리 없애 버리는 청야 전술인데 고구려가 수나라, 당나라 침입 때 이용해서 성공했던 작전이야.

개경 근방에 이르러 고려군이 청야 전술을 쓴 걸 안 소배압은 군사를 돌려 후퇴하기 시작했어. 강감찬은 거란군의 퇴로를 이미 파악하고, 귀주에서 한판 크게 붙어야겠다고 생각하고 있었어. 예상대로 소배압 부대가 귀주의 동쪽 벌판에 이르자 두 나라 군대 사이에 전투가 시작되었지.

고려군과 거란군 모두 마지막 전투가 되리란 걸 짐작이나 한 듯 서로 물러서지 않고 싸웠어. 그래서 그런지 좀처럼 승패가 나지 않았어. 그때 세찬 비바람이 고려군에서 거란군 쪽으로 강하게 불어닥쳤어. 그러자 고려군이 일제히 거란군을 향해 활시위를 당겼지. 거란군은 쏟아지는 화살을 피하느라 허둥댔어. 이때 고려군이 틈을 주지 않고 거란군을 향해 짓쳐 들어갔어. 고려군의 총공세로 수많은 거란군이 죽었어. 훗날 《고려사》는 귀주대첩에 대해 이렇게 기록했단다.

"시체가 들판을 덮고, 사로잡은 포로가 수없이 많았다. 수없이 많은 말과 낙타, 병기를 노획했다. 살아 돌아간 자는 겨우 수천 명뿐이었다."

거란군을 크게 무찌른 귀주대첩은 을지문덕 장군이 수나라 군대를 물리친 살수대첩과 이순신 장군이 왜군을 물리친 한산대첩과 더불어 3대 대첩에 꼽혀.

전쟁이 끝난 뒤 고려와 거란은 더 이상 싸우지 않고 지냈어. 세 번씩이나 패하고 돌아갔으니 더 쳐들어올 마음이 없었겠지. 거란과 송나라 사이에도 형식적인 평화 관계가 유지됐어. 송나라는 거란을 정벌할 힘이 없었고, 거란 또한 고려가 배후에 있는 한 쉽게 송나라 정벌에 나설 수 없었기 때문이야. 그래서 고려와 송, 거란 세 나라 사이에는 1백여 년 동안 힘의 균형이 유지됐어. 그러다가 거란은 1125년 여진족이 세운 금나라에 멸망했어.

세 차례나 거란 침입을 당한 고려는 거란과 여진의 침략에 대비하기 위해 개경 외곽에 성을 쌓고, 압록강 입구에서 시작해 함경남도 동해로 이어지는 천리장성을 쌓았어. 이때 쌓은 천리장성은 1백여 년 뒤 여진의 침입을 막는 데 큰 역할을 했지. 여진족과 벌인 전쟁 이야기는 다음 시간에 해 줄게.

토리가 기다렸다는 듯이 한마디 했다.

"세 번씩이나 쳐들어왔다고 해서 엄청 난리 난 줄 알았는데, 한 번은 말로 또 한 번은 물막이 작전으로 거란군을 물리쳤으니까 그렇게 큰 난리도 아니었네."

"넌 무슨 그런 소릴 하냐? 내가 이긴 이야기만 해서 그렇지 하마터면 나라가 망할 뻔했어. 서희나 강감찬 같은 신하가 없었다면……, 아휴 상상하기도 싫다. 그래서 현종이 전쟁이 끝난 뒤 이런 시를 남겼나 봐."

강감찬 장군에게

경술년 오랑캐 침입이 있어
적군이 한강까지 쳐들어왔네
그때 강 공이 계책을 쓰지 않았더라면
온 나라 백성들 오랑캐 되었으리.

"현종이 말한 경술년은 거란 2차 침입 때인 1010년이고, 강 공이 쓴 계책이란 항복하자는 여러 신하들의 의견을 물리치고 강감찬이 거란군과 싸워 물리친 걸 말해. 그때 강감찬은 항복하지 않고 현종을 전라도 나주까지 피란시키면서 거란군에 끝까지 맞서 싸웠거든. 그런 노력 덕분에 고려는 거란 침입을 모두 물리치고 나라와 백성을 구할 수 있었지. 거란과의 전쟁 이야기는 여기까지 할까?"

한눈에 보는 한국·중국·일본

1104	1107	1108	1109	1115	1125
한 별무반 조직	한 여진 1차 정벌	한 동북 9성 축조	한 동북 9성 반환	중 금(여진) 건국	중 금, 요(거란) 정벌

1127	1185	1234
중 금, 송(북송) 정벌	일 가마쿠라 막부 시대(~1333)	중 금, 몽골에 멸망

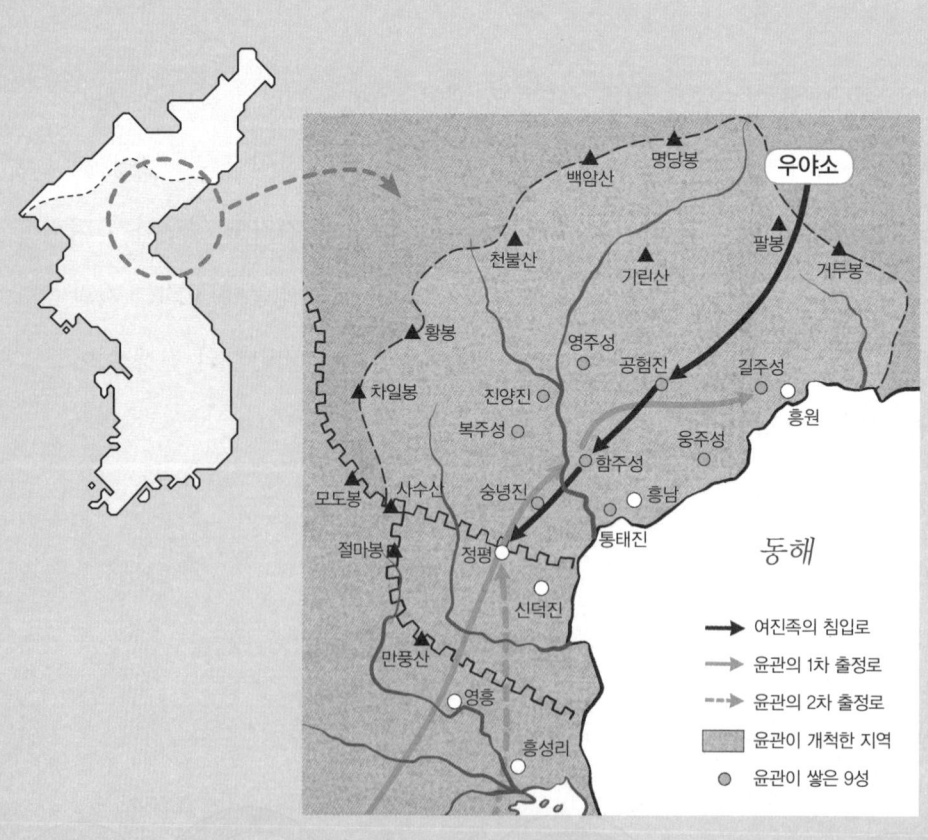

• 여진 정벌과 영토 확장

두 번째 이야기

여진 정벌의 두 영웅 윤관과 척준경

여진 정벌 강의를 시작하기 전에 도리에게 물었다.

"토리야, 너 혹시 고래 싸움에 새우등 터진다는 속담 들어 봤냐?"

"아니, 못 들어 봤는데. 무슨 얘기하려고 시작부터 새우 옆구리 터지는 소리 하셔?"

"앞에서 얘기한 고려와 거란의 전쟁 말이다. 그 전쟁에서 새우 꼴 난 사람들이 있었어. 누군지 맞혀 봐."

토리가 고개를 갸우뚱했다.

"싸우다가 죽은 병사들 아닌가? 왕들이 벌인 전쟁에 죽어 나가는 건 애꿎은 병사들이잖아."

"우아, 토리 대단한데. 땡! 정답은 여진족이야. 기억나? 거란 1차 침입 때 서희가 요 혀로 80만 거란군 물리치고 강동 6주 획득한 거. 고려가 강동 6주 차지하는 바람에 그 지역에 살고 있던 여진족이 생활 터전 빼앗기고 쫓겨났잖아. 그러니까 고려와 거란의 고래 싸움에 여진이 새우등 터진 거지."

나는 여진족 이야기를 슬슬 시작했다.

"여진족은 아마 쫓겨나면서 이런 생각을 했을 거야. '우씨, 왜 가만있는 우리 갖고 난리야?' 그렇게 이를 갈며 압록강 건너 만주로 갔겠지. 그랬던 여진이 100년이 흐른 뒤 자신들을 몰아냈던 거란과 고려를 위협하는 동북아시아의 주역으로 등장하는데……."

내 말에 토리가 알은척을 하며 나섰다.

"알겠다. 여진이 고려와 싸운 이야기하려고 그러는구나. 맞지?"

"그래, 맞다. 눈물을 삼키며 쫓겨난 여진은 때론 고려에 속국을 자처하며 조공을 바치고 때론 고려 변방을 집적거리며 살아왔어. 그러다가 차츰 부족을 통합해 나가더니 급기야 송나라, 거란, 고려 세 나라가 무시하지 못할 세력으로 성장했지. 이번 시간 이야기는 급성장하는 여진과 고려와의 피할 수 없는 한판 승부에 관한 얘기란다."

내 말에 토리가 두 손으로 턱을 받치며 나를 빤히 쳐다보았다. 어서 시작하라는 사인.

1104년 고려 제15대 왕 숙종 때 일이란다. 나라도 없이 여러 부족으로 나뉘어 살던 여진족이 슬슬 부족을 통합해 힘을 기르더니 급기야 고려 동북쪽 변경을 침범하기 시작했어. 그러자 숙종은 신하들에게 여진족을 소탕하라고 명했어. 여진족 소탕에 나선 임간은 적을 얕잡아 보고 추격전을 펼쳤어. 그러다가 여진에 기습을 당했지.

숙종은 임간을 파직시키고 다시 윤관(?~1111)을 내보냈어. 하지만 윤관 역시 여진과의 싸움에 패하고 돌아왔어. 패하고 돌아온 윤관이 숙종에게 이런 보고를 올렸단다.

"여진은 기마병 위주여서 속전속결에 능합니다. 우리 고려군은 대부분이 보병이라 그들을 상대하기 어렵습니다. 여진을 상대하려면 기마 부대를 조직해야 합니다."

윤관의 건의에 따라 숙종은 별무반이라는 군대를 조직했어. 별무반은 기마병인 신기군, 보병인 신보군, 그리고 승려 부대인 항마군으로 구성된 특별 부대야. 숙종이 죽고 예종이 왕이 된 뒤에도 고려는 별무반 훈련을 계속했어. 그렇게 한두 해가 지난 1107년 여진의 움직임이 심상치 않다는 보고가 전해졌어. 북벌에 뜻이 있던 예종은 선제공격을 결정하고 군대를 출동시켰지.

1107년 윤관을 상원수로 하는 17만 고려군이 드디어 여진 정벌에 나섰어. 여진 정벌의 총사령관직을 맡은 윤관은 과거에 급제해 벼슬에 나선 문관 출신이야. 오늘날 여진 정벌을 이야기할 때 동북 9성을 쌓은 윤관을 빼놓으면 얘기가 안 돼. 여진 정벌 하면 윤관, 윤관 하면 여진 정벌이지.

하지만 여진 정벌이 순탄하지는 않았어. 윤관은 여진과 전투를 치른 1년여 동안 죽을 고비도 여러 번 넘기고 무수한 패배도 당하며 힘든 싸움을 이어 갔어. 그럴 때마다 혜성처럼 나타나 윤관을 도운 장수가 있었어. 고려 최고의 무장 척준경이었지. 척준경이 없었다면 아마 여진 정벌은 실패로 끝나고 윤관은 전장에서 살아 돌아오기 힘들었을지도 몰라. 척준경이 여진 정벌에 얼마나 대단한 활약을 펼쳤냐고? 들어 봐.

그해 겨울 윤관이 군대를 이끌고 여진족이 살던 석성이라는 지역을 공략할 때였어. 고려군이 수차례 공격했는데도 성을 지키는 여진은 꿈쩍하지 않았지. 뭔가 돌파구를 마련해야 하는 절박한 상황에서 윤관이 척준경을 불렀어.

"이러다가 날 새겠다. 그대가 성을 공략해 돌파구를 마련하라."

윤관의 명에 척준경이 나섰어. 이때부터 척준경 드라마가 시작되는데 이건 뭐 역사 드라마가 아니라 거의 무협지 수준이야. 홀로 적진으로 달려간 척준경은 쏟아지는 화살을 방패로 막아 내며 적장의 목을 베고 적진영을 흐트러뜨렸어. 그러자 윤관이 군대를 이끌고 진격해 흩어지는 여진 군대를 무참히 짓밟았지. 석성 전투에 승리한 이후 윤관 군대는 여진촌락 1백여 개를 장악하는 쾌거를 올렸어. 윤관은 여진을 몰아낸 지역에 동북 9성이라 불리는 성들을 쌓기 시작했어.

윤관 부대에 일시 패하긴 했지만 여진의 반격도 만만치 않았어. 석성전투에 승리한 뒤 윤관이 8천 군사를 이끌고 가한촌이란 곳으로 진격할 때였어. 윤관 부대가 좁은 길목을 지나는데 그곳에서 기다리고 있던 여진 군대가 고려군을 기습 공격했어. 갑자기 나타난 여진 군대에 놀란 고려 병사들은 흩어져 도망가기 바쁘고 도망가던 병사 수천 명이 죽었어. 윤관은 부하 십여 명과 함께 겨우 목숨을 부지하고 있었지만 도저히 빠져나갈 방도가 없었어.

절체절명의 순간, 때마침 척준경이 윤관이 고립돼 있다는 소식을 들었어. 척준경은 그 소식을 듣고 윤관 원수 구하기 작전에 나설 채비를 했어. 척준경이 결사대를 이끌고 나가려 하자 동생 척준신이 형을 말렸어.

"여진 군대의 포위망을 뚫는 건 불가능합니다. 이렇게 죽는 건 개죽음입니다."

그러자 척준경이 말했어.

"이 한 목숨 윤 원수를 위해 바치기로 했다. 늙은 아버지를 부탁한다."

척준경은 십여 명의 날랜 병사를 이끌고 여진을 향해 말을 달렸어. 척준경이 전광석화처럼 달려들어 수십 명의 목을 베자 겁에 질린 여진 군사들이 흩어졌어. 그 틈에 척준경은 윤관을 구출해 고려군이 있는 성으로 돌아왔어.

적진에 고립된 윤관을 구출하는 장면은 《삼국지》에서 조자룡이 조조의 군대에 고립된 유비의 아들을 품에 안고 홀로 그 포위망을 뚫고 나오는 장면을 연상케 해. 그래서 한국사에서는 그 용맹함을 견줄 장수가 없어서 척준경을 유비의 장수 조자룡에 비유하곤 한단다.

척준경의 도움으로 겨우 살아난 윤관은 눈물을 흘리며 척준경의 손을 잡고 말했어.

"이제부터 내가 너를 아들로 삼을 테니 너도 나를 아비라 여겨 달라."

그렇게 윤관은 척준경을 자식으로 삼고, 왕에게 건의해 한낱 하급 병사였던 척준경에게 정7품의 벼슬도 내려 주었단다. 척준경이 자기 목숨을 걸고 윤관을 구한 이유가 있어. 예전에 척준경이 어떤 모함을 받고 옥에 갇힌 적이 있는데 그때 윤관이 척준경을 구해 주었어. 그래서 척준경이 그 은혜를 갚기 위해 목숨 걸고 싸운 거야.

이후에도 척준경의 활약은 눈부셨단다. 을지문덕, 김유신, 계백, 최영, 이성계, 이순신처럼 한국사에는 빛나는 무공을 세운 장수가 많은데 직접 칼들고 적과 싸워서 무공을 빛낸 장수는 척준경이 최고가 아닐까 싶구나.

척준경의 활약 덕에 여진을 몰아낸 윤관은 함경도 일대에 아홉 개의 성을 쌓고 주민을 이주시켜 고려 땅으로 삼았어. 이것이 바로 윤관이 개척한 동북 9성이야. 윤관이 개척한 동북 9성의 위치가 어딘지에 대해선 오늘날 논란이 있어. 함경도 일대라는 설과 만주 일대라는 설이 있는데 9성의 위치가 어디든 고려가 북벌을 단행해 영토를 넓힌 건 엄연한 사실이란다.

하지만 고려는 어렵게 획득한 영토를 1년 만에 다시 여진에 넘겨주는 비극을 맞았어. 어쩌다가 그런 일이 생겼냐고? 앞에서도 말했다만 여진의 힘이 무시 못 할 정도로 세졌기 때문이야. 동북 9성을 빼앗긴 여진은

- 《북관유적도첩》 중 〈척경입비도〉

고려 예종 2년(1107년) 윤관이 17만 대군을 이끌고 함경도 일대의 여진족을 물리친 뒤 국경을 넓혀 진양진, 숭녕진, 동태진 3성과 함주, 복주, 웅주, 영주, 길주, 공험진의 6성을 쌓고 마침내 공험진의 선춘령에 '고려지경(高麗之境)' 즉 고려의 국경이라 새겨진 비를 세우는 장면을 그린 그림이다. ⓒ고려대학교박물관 소장

하루가 멀다 하고 9성을 공격했어. 그래서 고려 병사들도 많이 죽고 그 지역 주민들도 큰 피해를 당했지. 그렇게 공격을 하면서도 여진은 "9성을 돌려주면 고려에 조공을 바치고 다시는 고려 변경을 침범하지 않겠다."며 양면 작전을 폈어.

애원을 하건 말건 고려가 주기 싫으면 그만인데 당시 고려 조정에서는 9성을 돌려주자는 반환파의 여론이 더 높았어. 반환파는 "쓸데없이 9성을 빼앗아 여진과 전쟁을 치르는 바람에 많은 병사가 죽고 백성들도 고통을 당했다."며 "애초에 여진 정벌이 잘못됐다."고 말했지. 돌려주면 안 된다는 의견도 있었지만 극히 소수였어. 예종은 북벌 쪽에 더 마음이 있었지만 9성을 돌려주자는 다수의 의견을 무시하지 못했어. 그래서 결국 돌려주기로 결정했지. 이로써 고려는 어렵게 획득한 9성을 돌려주고 여진과 평화 관계를 유지하게 되었단다.

9성을 돌려주자고 주장한 개경 문벌 귀족들은 한술 더 떠서 여진 정벌을 지휘한 윤관에 죄를 물어야 한다고 주장했어. 이들이 그렇게 주장한 이유는 윤관을 비롯한 북벌론자들이 권력을 차지하는 것을 염려해서였지. 하지만 예종은 윤관을 벌해야 한다는 의견을 받아들이지 않고 지휘관 몇 명에게만 책임을 묻고 사건을 일단락 지었단다.

여진을 정벌하고 동북 9성을 쌓은 것이 애초에 잘못된 일이었을까? 결코 그렇지 않아. 여진 정벌 이후 여진은 다시는 고려를 침략하지 않았어. 그들이 한 약속 때문일 수도 있고 척준경에게 호되게 당한 안 좋은 기억 때문일 수도 있지. 동북 9성은 조선 시대 세종이 영토 확장을 할 때 도움을 주었어. 세종은 동북 9성이 있던 지역에 4군 6진을 개척하고 두만강까지 영토 선을 끌어올렸는데, 고려가 개척한 동북 9성이 기준이 되었어. 여진 정벌 이야기는 여기까지 할까?

토리가 질문! 하고 외쳤다.

"척준경은 어제 이자겸의 난 때 등장했던 인물 아닌가? 근데 오늘 또 나왔네."

"어이쿠 뜨끔! 역시 송곳 토리다. 맞아, 이자겸의 난 때 이자겸 편에 섰다가 왕의 밀명을 받고 맘을 바꿔 이자겸 세력을 제거한 인물이지. 이자겸의 난은 여진 정벌이 있고 십여 년 뒤에 일어난 일이야. 그래서 척준경이 어제도 나오고 오늘도 나온 거란다."

"아하!"

토리가 이해가 간다는 듯 고개를 까닥거렸다.

"그런데 말이야, 고려는 참 어이없다. 어떻게 힘들게 차지한 땅을 달란다고 줄 수가 있어? 우리 별 속담에 줬다 뺏는 것도 나쁘지만 빼앗았다 되빼앗기는 건 멍청하다는 말이 있거든."

"뭐, 멍청? 그게 어디 멍청한 거냐. 지키기 어려우니까 평화를 위해 내준 거지."

"그래서 고려는 동북 9성 돌려주고 조공 받으면서 평화롭게 지내셨나?"

"처음엔 그랬지. 그런데 여진이 금나라 세우고 힘이 세지자 전세가 역전돼 고려가 금에 조공을 바쳤다. 그래서 서경으로 수도를 옮겨 금 정벌에 나서자는 서경 천도 운동이 일어나기도 한 거고."

"고려가 동북 9성을 돌려주지 않았다면 어땠을까?"

"글쎄다, 고려가 많이 아팠겠지. 당시 여진의 금나라는 동북아시아의 떠오르는 강국이었거든. 말 나온 김에 그 얘기하고 이번 강의 마쳐야겠다. 고려로부터 동북 9성을 되찾은 여진은 1115년 금나라를 세웠어. 그러더니 10년 뒤에는 요나라 거란을 멸망시키고 그다음 다음 해에는 송나라를 멸망시켰어. 금에 쫓긴 거란 일부 세력은 서쪽으로 도망가고 중국은 중국 남쪽으로 쫓겨나 겨우 나라를 유지했지. 그게 남송이야. 여진족 대단하지 않냐? 눈물을 머금고 강동 6주에서 쫓겨난 지 1백여 년 만에 거란과 송을 격파하고 고려를 동생 나라로 삼는 강국이 됐으니까. 하나만 더 얘기할까? 이랬던 금은 100년 뒤 몽골 제국에 의해 멸망한 뒤 다시 부족 국가로 살다가 1616년 후금을 세워 역사의 무대에 다시 등장해. 그러고는 국호를 청으로 바꾼 다음 중국 명나라를 멸망시키고 중원의 지배자가 되지."

"여진, 생각보다 센데. 그럼 혹시 거란은 어떻게 됐어?"

"서쪽으로 도망간 거란 일부 세력이 중앙아시아 쪽에 서요라는 나라를 세웠는데 그마저도 몽골에 멸망했다. 하지만 거란은 오늘날 항공사 이름으로 남았지. 캐세이퍼시픽(cathay pacific)이라는 항공사가 있는데 영어식 발음인 캐세이가 거란에서 나온 거다. 혹시 너네 별로 돌아갈 때 하늘에서 캐세이퍼시픽 비행기 만나면 윙크나 한번 해 줘라. 이번 시간 강의는 여기까지 하고 다음 시간엔 여진보다 더 무시무시한 친구들 얘기해 줄게."

한눈에 보는 한국·중국·일본

1185	1206	1216	1227	1231	1232
일 가마쿠라 막부 시대(~1333)	중 몽골, 칭기즈 칸 시대	한 여몽 연합군 거란족 물리침	중 몽골, 오고타이, 바투, 훌라그 시대	한 몽골 1차 침입	한 강화 천도, 몽골 2차 침입

1234	1235	1259	1260	1270	1271
중 몽골, 금(여진) 정벌	한 몽골 3차 침입	한 고려, 몽골에 항복	중 몽골, 쿠빌라이 칸 시대(~1294)	한 개경 환도, 원 간섭기 (~1368)	중 몽골, 원 건국 (~1368)

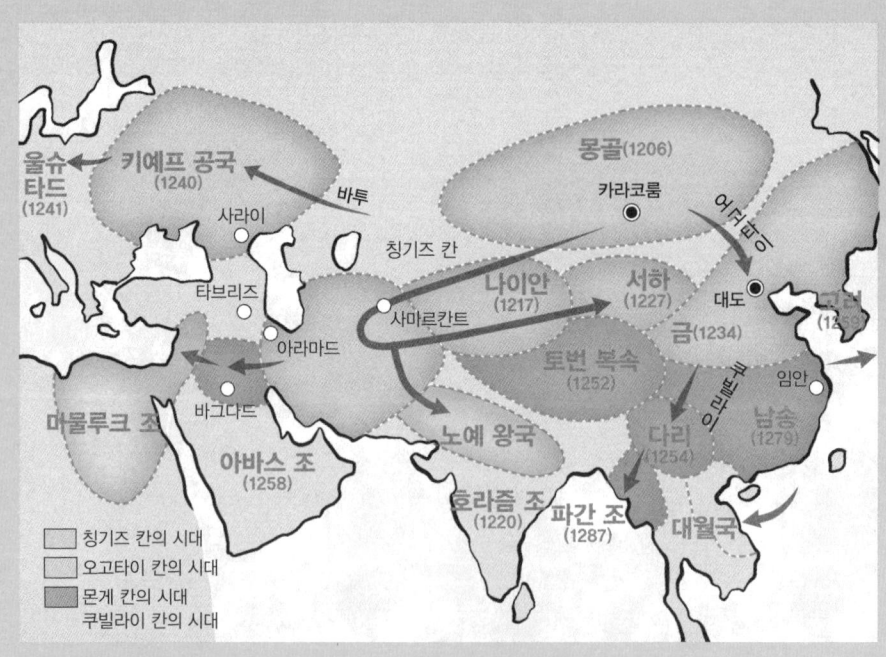

• 몽골 제국의 발전

세 번째 이야기

고려의 대몽 항쟁 30년

잠시 휴식 시간을 가진 뒤 고려와 몽골 전쟁 이야기를 하려고 하자, 토리가 "그런데 말이야." 하며 질문을 던졌다.

"왕 선생님한테 들은 중국사도 그렇고 나카무라 상한테 들은 일본사도 그렇고, 또 오늘 고려가 겪은 전쟁 이야기를 들어 봐도 그렇고 도대체 지구인들은 왜 그렇게 허구한 날 전쟁을 벌인 거야? 코딱지만 한 지구에서."

"뭐, 코딱지? 너 코딱지 총알로 파리 잡는 아저씨한테 코딱지 총알 한번 맞아 볼래?"

내가 손가락으로 콧속을 후비는 시늉을 하자 토리가 눈살을 찌푸렸다.

"아 진짜, 뭐 이렇게 더러운 지구인이 다 있어?"

"알았다, 그만하자. 네 말대로 바닷가 모래알처럼 작은 지구에서 다들 왜

전쟁을 벌이는지 이 아저씨도 모르겠다. 역사 신동 토리 님은 이유가 뭐라고 생각해?"

"글쎄, 내가 볼 땐 땅 차지하려고 그러는 거 같은데."

"땅 차지해서 뭐하려고?"

"영토 넓으면 좋잖아. 왠지 강한 나라 같고 왕의 권위도 서고 땅에서 먹거리도 많이 생기고."

"대충 맞다. 동서고금의 전쟁을 되돌아보면 인간들이 전쟁을 벌이는 이유는 수십, 수백 가지가 넘는다. 영토, 이념, 종교, 민족, 종족, 석유, 자존심, 정복 욕구, 호전적인 유전자 등 이유도 가지가지다. 그런데 진짜 이유는 하나다. 내가 본 책에서 그러더라. 많은 이유 때문에 전쟁을 하지만 결국은 빵 때문이라고."

"빠앙?"

"그래, 빵. 먹는 거. 다른 말로 하면 경제. 전쟁을 벌이는 집단들이 여러 가지 그럴듯한 명분을 내세우지만 본질적으로는 더 많은 빵을 차지하기 위해 전쟁을 한다는 거지. 예를 들어 볼까? 고려 시대 때 유럽 기독교 세력이 십자군전쟁을 일으켰는데, 그들이 말한 전쟁의 이유가 이슬람 세력에 장악된 이스라엘 성지를 회복한다는 거였어. 하지만 그 전쟁은 교황이 자기 권력을 강화하기 위해서였고, 또 유럽의 기독교 국가들이 경제난을 해결하기 위해 서아시아를 침략한 전쟁으로 알려져 있어. 또 있어. 10년 전쯤에 미국이 이라크를 침공했는데 침공 이유가 사담 후세인이라는 독재자를 제거한다는 거였어. 후세인이 대량 살상 무기를 가지고 있어서 인류에 위협이 된다고. 그래서 미국이 이라크를 침공해 후세인 제거하고 이라크 점령했는데 막상 이라크에는 대량 살상 무기는 없었어. 그럼 미국이 왜 이라크를 침공했냐. 전쟁 분석가들은 오일 때문이라고 말해. 중동 지역에서 안정적으로 석유를 공급받기 위해 반미 세력인 후세인을 제거한 전쟁이라는 거지. 어디 국가들 뿐인 줄 아니. 사람도 마찬가지다. 내가 결혼해 살아 봐서 아는데 부부가 싸우는 가장 큰 이유가 돈 때문이다."

"그렇구나. 그럼 아자씨 안 싸우게 내가 돈 많이 갖다줄까?"

"정말? 그럼 할렐루야지. 그런데 어떻게?"

"아이, 잘 알면서 왜 이래. 내가 누구야, 뭐든지 다 되는 된다 토리잖아. 은행 금고 한번 털면 돼."

"떽! 이런 개념 없는 외계 소년을 봤나. 쓸데없는 소리 그만하고 거란, 여진에 이어 고려를 침략한 북방 유목 민족 얘기나 하자."

나는 칠판 앞으로 나갔다. 칠판에 세계 지도를 그리고 손을 털자 토리가 물었다.

"고려와 몽골 전쟁 강의 시간에 웬 지구 지도?"

"고려를 침입한 몽골은 동아시아 지도만으론 부족하다."

나는 고려와 몽골 전쟁 이야기를 시작했다.

몽골은 인류 역사상 가장 넓은 영토를 차지한 민족이란다. 동아시아 동쪽 끝인 한반도에서부터 서쪽으로 쭉 뻗어 나가 유럽 대륙까지 지배했던 친구들이지. 이 친구들한테 거란, 금나라, 중국, 고려 다 깨졌어. 어디 동아시아 국가들뿐이었는 줄 아니. 오늘날의 러시아와 서아시아, 동유럽의 헝가리와 폴란드까지 몽골 제국의 지도에 편입됐지. 물론 긴 세월은 아니었지만 이처럼 넓은 영토를 지배한 국가는 전에도 후에도 없었어.

몽골에 의한 세계 지배는 전 세계의 지배자라는 뜻의 이름을 가진 한 지도자가 이루어 냈어 그 인물이 누구냐. 지구촌 정복 챔피언 칭기즈 칸(1167?~1227)이란다. 마케도니아 출신의 알렉산드로스나 로마의 카이사르, 영국의 윌리엄이나 고구려의 광개토대왕처럼 나도 정복 좀 했네, 하는 사람들도 칭기즈 칸 앞에선 어린애 수준이지. 진짜라니까. 들어 봐.

칭기즈 칸은 13세기가 시작되자마자 몽골 유목민 부족을 통일하고 최고 우두머리가 됐어. 그리고 죽기 전까지 열심히 정복에 매진해 세계 최고 정복자 반열에 오르지. 그가 죽은 뒤 손자인 쿠빌라이 칸은 몽골 제국 이름을 대원이라고 칭하고 중국 남쪽에 있던 남송을 무너뜨린 뒤 중국 대륙을 장악해. 그사이 원나라의 영토는 앞에서 말한 대로 유라시아 전역으로 넓어졌지.

이렇듯 무지 막대한 몽골이 이웃 나라 고려를 가만두지 않은 건 당연했는지 몰라. 몽골은 1231년부터 1259년까지 수차례 고려를 침입해 우리

강토를 쑥대밭으로 만들고 고려 백성들을 짓밟았어. 그러고는 1백여 년 동안이나 고려를 지배했지.

 몽골과 고려 두 나라가 처음 안면을 튼 건 1216년. 나라를 잃고 헤매던 거란족이 몽골군에 쫓겨 고려 국경을 넘어왔을 때였어. 거란군이 고려를 침입하자 그들을 추격해 온 몽골군과 고려군이 연합해 거란족을 물리쳤지. 그 사건 이후 고려와 몽골이 역사적으로 처음 외교 관계를 맺었는데 몽골은 자기들이 거란족을 무찔렀다며 고려에 무거운 공물을 요구했어.

 고려는 몽골의 요구가 부당하다고 생각했지만 그렇다고 몽골 부족을 통일하고 동아시아와 서아시아를 넘어 유럽까지 세력을 뻗어 나가던 몽골에 섣불리 맞설 수 없었어. 그래서 이러지도 못하고 저러지도 못하고 있었지. 그 와중에 고려에 왔던 몽골 사신이 귀국 도중 압록강에서 살해되는 사건이 발생했어.

 몽골은 이를 고려가 한 짓이라며 화를 냈어. 고려는 금나라 도적 떼가 한 짓이라고 해명했지만 몽골은 믿으려 하지 않았지. 몽골은 자기네 사신을 죽인 고려를 응징한다는 구실로 고려를 침입했어. 금나라 정복하기 전에 일단 고려부터 손봐 줘야겠다는 속셈으로.

 1231년 몽골이 처음 고려에 쳐들어왔을 때 박서가 이끄는 고려군이 귀주성에서 1개월 넘게 싸워서 몽골군을 물리쳤어. 몽골군은 남쪽으로 진로를 바꿔 개경을 포위했다가 고려 정부가 공물을 바치겠다고 하자 물러갔지.

몽골 침입 당시 고려는 무신 정권 시대였어. 무신 정권은 30년 동안 이어진 몽골 침입에 항복하는 대신 항전을 택했는데 그 방식이 좀 독특했어. 몽골군이 침략하면 거짓으로 항복하고 몽골군이 철수하면 언제 항복했냐는 듯이 항복 약속을 지키지 않는 방식, 즉 침략 → 항복 → 철수 → 항복 약속 불이행 → 재침략의 패턴을 반복했어. 무신 집권자들은 이런 방식으로 자기 권력은 지켰지만 고려 백성들은 몽골군의 말발굽 아래 무참히 짓밟혔지.

1231년 고려에 쳐들어온 몽골군이 철수하자 무신 집권자 최우는 1232년 수도를 강화도로 옮겨 장기전 태세에 들어갔어. 수도를 강화도로 옮긴 까닭은 해전에 약한 몽골군에 효과적으로 대응하기 위한 것이기도 했지만 자기 권력을 잃지 않기 위한 목적도 있었어. 몽골군은 고려가 약속한 공물을 바치지 않고 외려 수도를 강화도로 옮기자 1232년 다시 쳐들어왔어. 왕을 비롯해 집권 무신 세력과 귀족들이 강화도로 피란을 떠나자 육지에 남은 백성들은 성과 섬으로 몸을 피하거나 피란 못 간 백성들은 몽골군의 말발굽 아래 놓이게 되었지.

이런 상황에서 고려군과 몽골군이 가장 치열하게 맞붙은 곳이 지금의 용인인 처인성이란다. 몽골군 총사령관 살리타가 이끄는 몽골군이 처인성에 다다랐을 때 성안에는 천민 취급을 받던 백성들이 있었어. 승려이자 장수인 김윤후는 처인성 주민들을 이끌고 몽골군과 맞서 싸웠지. 그 싸움에서 김윤후가 화살을 쏘아 살리타를 죽였고, 총사령관을 잃은 몽골군은 싸울 의지를 잃고 물러갔단다.

몽골군이 물러갔지만 피해는 엄청났어. 2차 침입 때 몽골군은 경상도까지 밀고 내려가 대구 부인사에 보관 중이던 초조대장경을 불태웠어. 초조대장경은 2백여 년 전 거란 침입 때 부처의 힘으로 외적을 물리치려는 염원을 담아 목판에 새긴 불교 경전이야.

무신 정권과 왕족과 귀족들이 강화도에서 호화로운 생활을 하며 정권 유지에 급급하자 육지에 있던 고려 민중들 사이에 지배 세력에 대한 불만이 커져만 갔지. 그래서 몽골 항쟁 기간 중에 농민과 천민 봉기가 빈번하게 일어났어. 심지어 몽골 침략 와중에도 농민을 수탈하는 개념 없는 관리들 때문에 몽골군에 투항하는 백성들도 많았다고 해. 《고려사》에 몽골군 2차 침입 당시의 상황을 기록한 내용이 있는데 "백성들이 몽골군이 오는 것을 반겼다."고 기록돼 있을 정도니까.

살리타를 잃고 자존심이 상한 몽골군은 1235년 다시 고려를 침략했어. 항복한다고 해 놓고 매번 약속을 지키지 않는 고려를 더욱 철저히 응징하려고. 한 해 전인 1234년에 금나라를 완전히 무너뜨린 뒤여서 마음도 가벼웠지.

몽골군은 강화도에 숨어서 나오지 않는 고려 정부에 분풀이라도 하려는 듯 철저하게 고려 땅을 파괴했어. 파괴와 학살이 특기인 그들은 신라 때 창건된 동양 최대 사찰 황룡사를 불태웠어. 그때 황룡사에 있던 높이 80미터에 이르는 황룡사 9층 목탑도 재로 변했지.

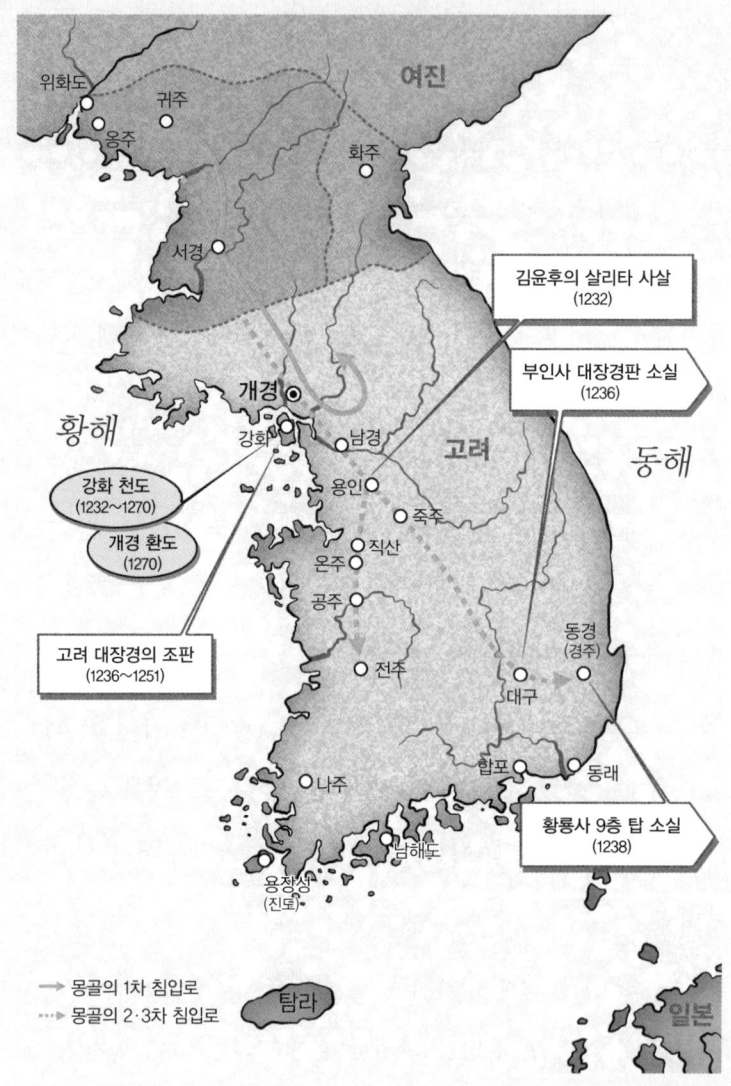

• 몽골의 침입과 고려의 항쟁

몽골군의 침략과 고려 백성들의 항전이 반복되는 가운데 몽골군은 1259년 마지막 침입에서 강화도에 있는 고려 정부에 강력하게 경고했어. "고려 왕이 몽골에 들어와 인사하고, 수도를 개경으로 옮겨라. 그렇지 않으면 완전히 부숴 버리겠다."

강화도에 있는 고려 조정에서는 계속 버티자는 쪽과 항복하고 화친을 맺자는 쪽으로 의견이 갈렸어. 이 와중에 최씨 무신 정권의 마지막 권력자 최의가 김준에게 살해되는 일이 벌어졌어. 계속 항전을 주장하던 최의가 죽자 화해를 주장하던 쪽이 힘을 얻었지. 고려는 왕 대신 태자가 몽골에 들어가 항복하는 조건으로 몽골과 강화를 맺었어.

고려가 몽골에 항복해 고려와 몽골 전쟁은 끝이 났지만 강화도에 있는 고려 정부는 개경으로 돌아가지 않았어. 최씨 무신 정권을 무너뜨린 김준 역시 무신이었으므로 개경으로 돌아가는 것을 반대했기 때문이야. 그러다가 고려 왕이 강화도에서 죽자 몽골에 가 있던 태자가 고려로 돌아와 왕이 되는데 그가 고려 왕 원종이야. 이후 원종은 무신 정권이 붕괴되자 몽골군의 지원을 받으며 1270년 개경으로 돌아갔어. 강화도로 수도를 옮긴 지 사십여 년 만이었지.

고려 정부가 개경으로 돌아온 뒤부터 고려는 무려 1백여 년 동안 원나라 지배를 받게 돼. 역사학자들은 원나라 지배를 간섭으로 표현하기도 하는데 지배든 간섭이든 분명한 건 우리가 원나라의 준식민지 상태로 전락했다는 사실이야. 고려라는 나라 꼴은 유지시켜 주었지만 고려 왕은 원나라 황실이 정했어. 고려 왕이 되려면 어릴 때 원나라에 가서 지내다 원나라 공주와 결혼해야 했지. 이렇게 왕이 된 고려 왕만 해도 충렬왕부터 공민왕까지 모두 일곱 명이야. 이 시기 왕들 이름 앞에는 원나라에 충성한다는 뜻으로 충(忠) 자를 붙였단다. 원나라 지배 이야기는 내일 자세히 들려줄게. 끝!

토리가 할 말이 있다는 눈빛으로 나를 바라보았다.
"나카무라 상이 그러던데 일본은 몽골 침략을 물리친 유일한 나라였대. 그러고 보면 일본 참 대단한 거 같아."
"몽골 침략을 물리친 건 맞지만 유일한 나라는 아니었다. 그 얘길 잠깐 해 줘야겠구나. 고려를 복속시킨 몽골의 원나라는 그러잖아도 고려보다 더 동쪽에 있는 일본을 정복해야겠다 생각하고 고려에 군대 동원령을 내려. 이렇게 해서 몽골과 고려의 여몽 연합군이 일본 원정에 나섰지. 첫 번째 원정 때는 쓰시마(대마도)까지 갔다가 본토에 진입하는 데 실패하고 태풍을 만나 대패했어. 그러자 몇 년 뒤 몽골은 두 번째 원정에 나서는데 그때 역시 태풍으로 정벌에 실패하고 돌아왔지. 그러자 일본은 신의 바람 덕에 고려와 몽골 연합군을 물리쳤다며 그 바람을 신풍, 즉 가미카제라고 불렀단다. 가미카제는 태평양전쟁 때 일본군의 자살 특공대 이름으로 부활하지."
"그러니까 일본이 몽골군 물리친 거 맞잖아."

"누가 아니래. 하지만 신풍인지 선풍긴지 덕을 본 거고, 진짜로 몽골군과 수차례 싸워 이긴 나라는 따로 있어."

"정말? 지구 최강 몽골군을 수차례 싸워서 물리쳤다고? 그게 누군데?"

"베트남. 당시 베트남은 쩐 왕조 시기였는데 세 번의 원나라 침입을 모두 물리쳤다."

"우왕, 쩐 왕조 쩐다!"

"쩔긴 뭘 쩔어. 베트남이 원래 저항 정신이 강한 민족이야. 원나라뿐 아니라 원나라 이전 송나라부터 시작해 원나라, 명나라, 청나라 등 중국 왕조와 현대에 와서 중국 공산 정권까지 줄줄이 베트남을 침공했는데 이들을 모두 물리쳤으니까. 그뿐인 줄 아니. 1970년대 베트남전쟁에서 지구촌 최강자였던 미군도 집으로 돌려보냈다."

"아자씨 얘기 들으니 베트남 한번 가 보고 싶네. 같이 가실라우?"

"난 예전에 다녀온 적 있으니까 너나 가 봐. 좀 쉬었다 삼별초 항쟁 이야기 해 줄게. 삼별초 부대는 고려 정부가 개경으로 돌아갈 때 개경으로 돌아가지 않고 몽골군에 항전했던 군대야. 베트남처럼 몽골군을 물리치진 못했지만 그래도 몽골군에 끝까지 맞서 싸우다 장렬하게 전사한 사람들이지."

나는 고려 시대의 마지막 전쟁 이야기를 남기고, 잠시 한숨을 돌렸다.

한눈에 보는 한국·중국·일본

1270	1271	1273	1279
한 원 간섭기 (~1368), 개경 환도, 삼별초 배중손 진도로 이동	한 여몽 연합군 거란족 물리침 중 몽골, 원 건국 (~1368)	한 여몽 연합군, 탐라 항파두리성 함락	중 원, 남송 정벌 (남송 멸망)

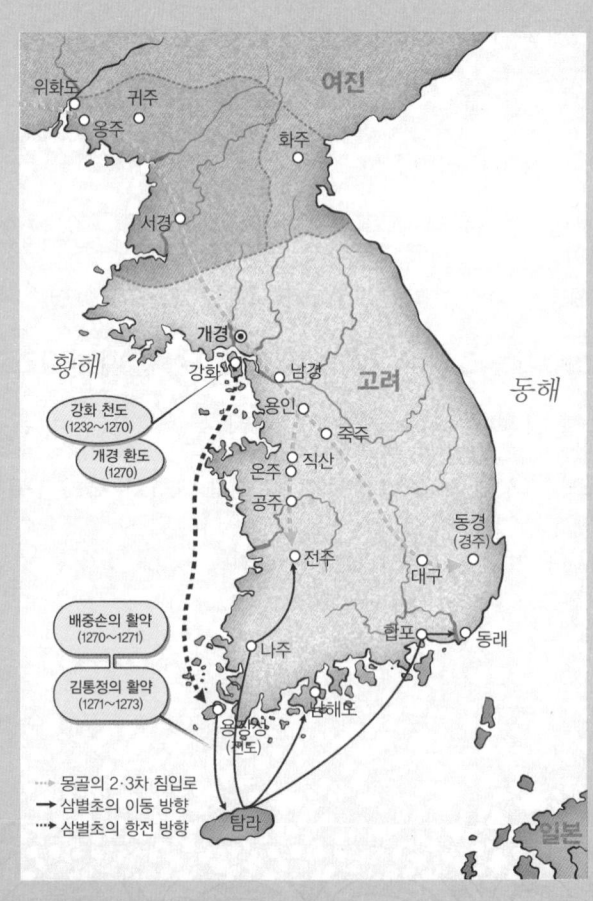

• 삼별초 항쟁

네 번째 이야기
삼별초는 이렇게 싸웠다

"고려 시대 때 벌어진 전쟁의 마지막 강의를 시작하겠다."
순간 토리가 손을 번쩍 들었다.
"궁금한 게 있는데 몽골은 어떻게 그리 큰 제국을 만들었어?"
"아주 좋은 질문이다. 무릇 역사란 어느 한 사람에 의해 만들어지는 게 아니라 그 시대를 살아간 이름 없는 무수한 사람들이 만들어 가는 것이긴 하나 지도자의 역할이 중요하지 않다고 말할 수 없다."
"거참 말 되게 어렵게 하시네. 지도자가 중요하다, 이 얘기 아냐?"
"흠, 맞다. 몽골 제국은 칭기즈 칸이라는 위대한 정복자 덕에 그 큰 제국을 건설할 수 있었다. 위대한 정복자란 다른 말로 지구에서 가장 많은 사람을 학살했단 뜻이기도 하지. 그 외에 여러 가지 이유가 있는데 가령, 뛰어난 몽골 병사들 덕분이기도 해. 그들은 경마 선수보다 말을 잘 탔고 양궁 선수보다 활을 잘 쐈대. 말에 탄 채 음식을 먹고 자고 쏘고 그러면서 정복에 나선 거지. 아, 물론 똥은 내려서 쌌겠지. 그리고 또 하나의 이유, 그들이 보여준 잔인함 때문이야. 몽골군은 정복에 나서면 학살과 방화로 저항 세력을 철저하게 짓밟았어. 그 소문이 다음 정복 예정지에 들어가면 주민들은 싸우려는 의욕을 상실하고 항복하는 경우가 많았지. 고려는 그렇게 잔인한 몽골군에 맞서 30년 동안 끈질기게 저항한 덕에 그나마 국체를 보전하시었다. 이제 그 이야기를 해 보자."

내가 본격적으로 삼별초 얘기를 하려고 하자 토리가 말리고 나섰다.

"잠깐 좀 있어 봐. 몽골 이야기 좀 더 해 줘. 아까 들은 베트남 이야기도 그렇고 몽골에 대해 더 알아야겠어. 그래야 동아시아 역사가 머릿속에 그려질 거 같아."

"왕 서방이 원나라 얘기 안 해 주던? 그게 다 중국 역산데."

"송나라 망하고 원나라에서 명나라로 이어졌다는 얘긴 들었어. 송나라 때 나침반과 화약, 인쇄술이 발명돼서 세계 역사를 바꿔 놨다는 자랑도 듣고. 근데 원나라 얘긴 자세히 못 들었어."

"왕 서방님 마음이 아파서 그랬을 거다. 원나라 시대는 중국인에게 가슴 아픈 역사거든. 북쪽 오랑캐라 멸시한 몽골에게 100년 가까이 지배를 받았으니 얼마나 치욕스러웠겠냐. 몽골 때문에 중국은 유방의 한나라 이후 수나라 당나라, 그리고 송나라로 이어지던 한족 왕조의 대가 끊겼어. 물론 여진족의 금나라가 북중국을 통치할 때도 중국이 마음 아팠겠지만 그래도 그땐 송나라가 중국 남쪽에서 명맥을 유지하고 있어서 괜찮았지. 하지만 원나라 때는 한족 왕조의 대가 완전 끊겼어. 내가 원나라 얘길 이 시간에 다 할 순 없고, 다만 그 시대는 중국 한족이 몽골에 지배를 받던 시기였다는 것만 알아 둬. 근데 토리야, 이제 고려 얘기 좀 하자, 원나라 얘기 그만하고."

"아자씨 얘기 들으니 중국사 흐름이 대충 잡히네. 역시 아자씬 탁월한 강사야, 헤헤."

"뭐 이 정도 가지고. 민망하게. 하지만 네가 감동하려면 아직 멀었다. 4차원 입체 작가의 감동 철철 한국사 강의 열차 타는데 티켓도 안 끊은 상황이라고 할 수 있지. 음하하하!"

"하여간 무슨 말을 못 한다니까. 나잘난 병 또 도지셨어."

"미안하다. 작가들은 두 가지 병 가운데 반드시 한 가지 병을 앓고 있는 환자란다. 하나는 자기가 천재라고 생각하는 나잘난 병에 걸린 환자, 또 하나는 천재를 보며 좌절하는 열등 환자. 뭔 얘기하다 삼천포로 빠졌나? 이제 본론으로 들어가자."

대몽 항쟁 시기에 삼별초라는 부대가 있었단다. 앞에서 고려 정부가 강화도에서 개경으로 돌아갈 때 반대한 집단이 있다고 했지? 그 사람들이 바로 삼별초야.

삼별초가 무슨 뜻이냐고? 삼별초는 무신 정권이 만든 야별초에서 비롯된 군대야. 야별초는 또 뭐냐고? 나라 안의 도적을 잡는 특별 부대. 여기서 도적이란 무신 정권의 수탈에 못 이겨 고향을 버리고 떠돌아다니다 봉기를 일으키는 농민들을 일컫지. 야별초의 수가 늘어나자 우별초와 좌별초로 나누고, 몽골에 잡혀갔다가 도망쳐 온 사람들을 모아 만든 신의군을 합쳐 삼별초라고 불렀어. 이 삼별초가 개경 환도에 반대하며 몽골 항전!을 외치고 나왔어.

원종이 개경으로 환도하자 삼별초는 개경으로 돌아가지 않았어. 이에 원종은 삼별초를 해산하라고 명했지. 그러면서 삼별초의 명단을 압수했어. 개경으로 돌아가면 처벌받을까 걱정한 삼별초는 배중손을 중심으로 강화도에서 새로운 정부를 만들었어. 그리고 나서 대몽 항쟁을 시작한다고 선언했지.

삼별초의 리더 배중손은 강화도가 개경에서 가까워 항쟁을 하기가 어렵다고 판단하고 삼별초와 그 가족을 이끌고 전라남도 진도로 향했어. 이때 눈여겨봐야 할 게 있는데 진도로 내려간 무리와 물자를 실은 배가 1천 척이었다고 해. 그만큼 삼별초를 따르는 사람이 많았다는 거지.

진도로 내려간 삼별초는 장기전을 계획하고 진도에 용장성을 쌓기 시작했어. 그러고는 세력을 넓혀 전라도와 경상도 일대, 그리고 제주도까지 장악했어. 삼별초는 고려 정부와 원나라에겐 손톱 밑의 가시였어. 원나라로서는 이들을 진압하지 않고는 고려를 완전히 정복했다고 할 수 없

- **진도의 삼별초 근거지 용장산성 궁궐터 유적**

  1270년 개경과 가까운 강화도에서 항쟁이 어렵다고 판단한 삼별초의 배중손이 진도로 이동해 근거지로 삼기 위해 쌓은 총길이 약 13km의 용장산성 유적과 활발한 발굴 작업으로 그 면모가 드러난 궁궐터다. 도깨비 모양의 기와와 청자철재귀문향도 발굴되었다. ⓒ 목포대학교박물관 제공, 국립제주박물관 소장고 또한 일본 정벌에도 크나큰 걸림돌이었으니까. 그래서 고려와 몽골의 여몽 연합군이 1271년 진도 공격에 나섰어. 이 싸움에서 삼별초 지도자 배중손이 전사했어. 지도자를 잃은 삼별초는 김통정의 지휘로 진도를 떠나 제주도로 근거지를 옮겼지.

삼별초는 지금의 제주시 애월읍에 터를 잡고 또다시 장기전 채비를 갖췄어. 이들은 그곳에 흙과 돌로 성을 쌓고 여몽 연합군 침공에 대비했어. 아니나 다를까 여몽 연합군은 1273년 160여 척의 배를 몰고 제주도로 밀려왔어. 제주 북동 해안과 북서 해안에 상륙해 삼별초군을 격파한 여몽 연합군이 드디어 대몽 항쟁의 최후 격전지인 항파두리성으로 몰려왔어. 전투가 시작되었고 삼별초 군대와 제주 민중들이 힘을 합쳐 여몽 연합군과 싸웠어. 하지만 열세에 있던 삼별초 군대는 무너지고 항파두리성은 여몽 연합군에 함락되고 말았지.

전하는 바에 따르면 삼별초를 이끌던 김통정은 남은 부하들을 이끌고 한라산으로 들어가 끝까지 싸우다 스스로 목숨을 끊었대. 이로써 대몽 항쟁을 시작한 지 4년 만에 고려의 마지막 저항 세력이었던 삼별초의 항쟁이 막을 내리고 말았던 것이었던 것이었다.

이야기를 마친 나는 토리와 함께 큰 바위 하우스를 나왔다. 어느새 저 멀리 수평선 너머로 해가 지고 있었다. 그런 걸로 봐서 이곳이 서해에 있는 섬

일 거라 생각했다. 붉게 물든 노을을 보며 토리에게 말했다.

"이렇게 섬에서 제주도 이야기를 하니까 내가 살았던 제주도 생각이 나는구나."

토리가 호기심이 발동한 듯 눈을 동그랗게 뜨더니 물었다.

"아자씨가 제주도에 살았었구나. 그럼 제주도 잘 알겠네. 멋져?"

"멋지지. 우리나라에서 제일 멋진 섬이란다. 하지만 내가 제주도 멋지단 얘기하려는 건 아니고 좀 슬픈 이야길 하려고 한다. 삼별초가 진압된 이후 제주도가 원나라 지배를 받았거든."

"그거야 뭐 고려가 100년 동안 원나라 간섭을 받았다고 얘기했잖아."

"제주도는 좀 달랐어. 원의 직속령이었거든. 원나라는 삼별초 진압 후 제주에 탐라총관부라는 지배 기구를 두고 직접 지배했어. 왜 그랬냐, 제수에 너른 초원이 많아서 군사용 말을 기르는 데 좋았기 때문이지. 몽골은 일본 원정에 쓸 배를 제주에 있는 나무들을 잘라서 만들었어. 그 배 만드느라 제주 도민들이 엄청 고생했지. 그뿐 아니라 원나라 관리인 다루가치들 등쌀에 제주 민중들이 큰 고초를 당했대. 충렬왕 때 제주를 고려에 돌려주긴 했지만 말은 계속 길러서 원에 바쳐야 했대. 참, 삼별초 이야기 마무리하기 전에 꼭 알아 둬야 할 거 하나만 얘기해 줄게."

나는 대몽 항쟁의 상징 삼별초에 얽힌 뒷이야기를 들려주었다.

"흔히 삼별초는 고려 정부가 원나라에 항복하는 것에 반기를 든 대몽 항쟁의 상징으로 알려져 있어. 맞는 말이지. 그런데 삼별초가 대몽 항쟁을 시작한 동기가 처음부터 민족의 자주정신 때문은 아니었다는구나. 그럼 뭐냐, 자신들이 해산될 위협에 처하자 고려 정부와 원나라에 저항하게 된 거래. 그런데 어느 틈엔가 삼별초가 대몽 항쟁의 상징으로 여겨졌지. 그건 1970년대 박정희 정부가 군사 정부에 좋은 이미지를 더하려고 삼별초를 민족 자주정신이 투철한 군사 집단으로 부각시켰기 때문이래. 그렇더라도 삼별초가 대몽 항쟁 과정에서 고려 민중들의 지지를 받으며 끝까지 몽골군에 저항한 건 변함없는 사실이다. 자, 이제 삼별초를 끝으로 몽골과의 전쟁 이야기가 끝났다. 이쯤에서 고려 시대 전쟁 이야기도 마무리할까 한다. 내일은 몽골과의 전쟁이 끝나고 난 다음부터 고려가 멸망하기까지 이야기를 해 줄게. 아차, 생활사 3분 특강이 남았구나."

우리는 어두워진 바다를 뒤로하고 큰 바위 하우스로 들어왔다.

고려의 국제 무역항 벽란도

토리도의 밤이 깊었다. 토리도는 토리가 있는 섬이란 뜻이다. 토리도, 내가 붙인 이름이지만 참 적절하단 생각이 든다. 토리에게 토리도 이야기를 해 주자 토리는 자기 이름을 딴 섬이 생겼다며 좋아했다.

토리도 하니까 벽란도 생각이 났다. 서해에서 수도 개경으로 들어가는 관문이자 고려의 최대 무역항. 벽란도는 개방적이고 다양한 성격의 고려를 설명할 때 안성맞춤인 지역이다. 벽란도 항구를 통해 여러 나라 사람과 문물이 밀려들었으니까. 그래서 오늘 생활사 3분 특강은 벽란도 얘길 해 주어야겠다고 생각했다.

"토리야, 고려 시대 강의 첫 시간에 코리아라는 이름이 고려에서 나왔다고 한 거 기억나냐?"

"당근이지. 내 머릿속에는 기억해야 할 건 기억하게 하는 메모리와 기억할 필요 없는 건 지워 버리는 지우개가 있거든."

"아주 잘나셨구나. 그렇다면 코리아라는 이름이 벽란도를 통해 고려에 드나들던 아라비아 상인들에 의해 서방 세계에 알려졌다는 사실도 기억하겠구나. 그래서 오늘은 벽란도가 어떤 곳이었는지 그 얘기해 주려고 한다."

"벽란도라면 내가 좀 알지. 개경에서 가까운 곳에 있는 섬 아냐?"

"네가 그걸 어떻게 알았냐?"

"벽란도니까. 섬 도(島) 자 써서 벽란도. 척하면 척 아냐?"

"아냐. 벽란도는 섬이 아니라 예성강 어귀에 있는 나루터다. 나루터 도(渡) 자를 쓰지. 거기에 벽란정이라는 숙박 시설이 있어서 벽란도라는 이름이 붙은 거야."

나는 본격적으로 벽란도 포구 이야기를 시작했다.

고려를 세운 태조 왕건은 해상 무역을 하던 집안 출신이야. 그가 배를 타고 드나들던 곳이 바로 예성강 하구 쪽이지. 벽란도는 바로 그 예성강 하구에 자리 잡고 있는 포구란다. 서해에서 고려로 들어가는 관문이자 무역항인데 수심이 깊고 개경에서도 가까워서 외국 선박들이 자주 드나들었어.

고려 시대는 조선과 달리 외국과의 무역이 활발했어. 고려의 최대 무역항 벽란도에는 중국 송나라, 거란(요), 여진(금), 일본, 동남아시아 나라들, 심지어 저 멀리 아라비아 상인들까지 드나들었다고 해. 벽란도를 통해 외국 물자와 사람들이 들어오고 또 그곳을 통해 고려 특산품이 해외로 나가곤 했지.

 벽란도 모습을 한번 상상해 봐. 생김새가 다른 외국 배들이 항구에 닻을 내리면 역시 생김새가 다른 외국 사람들이 배에서 내려. 그 사람들이 벽란도 포구 시장에 물건을 쏟아 내면 한바탕 큰 국제 시장이 열리지.

 송나라에서 온 상인들은 메이드 인 차이나 고급 비단과 차, 약재 등을 내놓고, 아라비아 상인들은 상아며 수정이며 호박 같은 보석을 선보여. 그들은 화려한 공작과 신기한 앵무새를 보여 주며 관심을 끌지. 시끌벅적 흥정이 오가겠지. 외국 상인들이 고려에 와서 얻고자 한 건 특산물인 고려 인삼과 나전 칠기, 돗자리, 삼베 따위야.

 이렇게 국제 무역이 활발히 이뤄진 것만 봐도 고려가 얼마나 상업을 중시했고 개방적이었는지 알 수 있어. 개경을 중심으로 활동한 상인을 개성상인이라 불러. 다른 말로 송상이라고도 해. 장사라면 화상이라 불리는 비단 장수 왕 서방네 상인을 꼽을 수 있고, 《베니스의 상인》에 나오는 유대인 상인도 유명해. 또 낙타를 타고 사막을 건너는 아라비아 대상도 유명하지. 개성상인도 그에 못지않게 역사적으로 이름이 났어. 개성상인들은 근면 성실하고 신용을 잘 지키고 서로 협동하며 장사를 했대. 오늘날 평양상인이라든가 한양상인이라든가 경주상인이란 말이 없는 거 보면 다른 지역에 비해 개성이 상업이 발달하고 그곳 상인들이 장사를 아주 잘했던 모양이야.

 조선 시대 와서도 고려 인삼을 취급하는 개성상인이 아주 유명했어. 그

런데 조선은 상업을 천시해서 고려에 비해 상업이 발달하지 못했어. 조선이 왜 상업을 천시했냐고? 조선이 워낙 유학을 중시하는 국가여서 글 읽는 선비를 최고로 대우해 줬거든. 그래서 사농공상(士農工商)이란 말이 생겼지. 선비, 농민, 장인, 상인 이런 순으로 사람의 귀천을 나눈 거야.

무슨 얘기하다 또 조선까지 흘러갔나. 아무튼 개경으로 들어가는 관문인 벽란도는 여러 나라 사신들과 상인들이 드나드는 국제 무역항이었다는 거 잘 기억해 두기 바란다. 고려를 흔히 개방적이고 다양한 문화가 공존하는 다양성의 사회였다고 말해. 어제 살펴본 고려 여성들의 지위도 그렇고 오늘 이야기한 벽란도도 그렇고, 이런 것들이 개방적이고 다원화된 고려 사회의 모습을 잘 말해 주지. 그래서 역사학자들은 거란, 여진, 원, 홍건적과 왜구 등 세기마다 외적의 침입을 받고도 고려가 500년 동안 나라를 유지할 수 있었던 이유가 바로 개방성과 다양성 덕분이었다고 이야기한단다.

벽란도 이야기를 마치자 토리가 뭐 없수? 하는 표정으로 나를 보았다.

"토리 너 솔직하게 말해 봐. 역사 강의엔 관심 없고 영화 보는 데만 관심 있지?"

내 말에 토리가 고개를 좌우로 흔들었다.

"아, 아냐. 내가 아자씨 강의를 얼마나 열심히 듣고 있는데. 그렇지만 영화를 좋아하는 건 사실이지. 헤헤."

"이건 뭐 주객이 전도됐다고 하지 않을 수 없네. 우리 속담에 제사에는 관심 없고 젯밥에만 관심 있다는 말이 있는데 꼭 너에게 맞는 말 같구나."

"우리 별 속담엔 떡 본 김에 제사 지낸다는 말이 있는데. 강의 들은 김에 영화도 보는 거지. 우헤헤."

"아유, 말이나 못 하면. 하지만 오늘은 영화 말고 별을 좀 보고 싶다. 오늘이 달 없는 그믐날이라 별이 잘 보일 거야. 어쩌면 토리성을 찾을 수 있지 않을까?"

내 말에 토리가 미간을 찌푸렸다.

"섬 이름을 도리도라 짓더니 토리성은 또 뭐야?"

"토리 별이란 뜻이다. 별 성(星) 자 써서 토리성. 어이, 토리성! 우리 토리성 찾으러 나가 볼까?"

내가 웃으며 큰 바위 하우스 밖으로 나가자 토리가 쫄래쫄래 따라 나왔다. 예상대로 밖은 캄캄했다. 캄캄한 밤하늘에 별이 가득했다. 별빛은 비행기에서 서울의 야경을 보는 듯 화려하고 선명했다.

토리와 나는 아늑한 바위에 나란히 앉아 한참 동안 밤하늘의 별을 바라보았다. 무수한 별이 강물처럼 흐르면서 반짝반짝 빛나고 있었다. 은하수! 토리성이 저 은하수 건너 어디쯤에 있지 않을까.

넷째 날

저무는 고려

첫 번째 이야기	원 지배 100년과 공민왕의 개혁
두 번째 이야기	고려의 운명을 결정지은 위화도 회군
세 번째 이야기	고려 개혁이냐 새 나라 창업이냐
판타스틱 생활사 3분 특강	고려의 국가 의식 팔관회와 연등회

한눈에 보는 한국·중국·일본

1270	1271	1336	1338	1351	1356
한 원 간섭기 (~1368)	중 몽골, 원 건국	일 남북조 시대 (~1392)	일 무로마치 막부 시대(~1573)	한 공민왕 즉위 (~1374) 중 홍건적 봉기	한 정동행성 폐지, 쌍성총관부 폐지

1359	1361	1365	1368	1370
한 홍건적 1차 침입	한 홍건적 2차 침입	한 승려 신돈 국사 됨	중 명 건국(~1644)	한 공민왕 친정, 신돈 역모로 처형

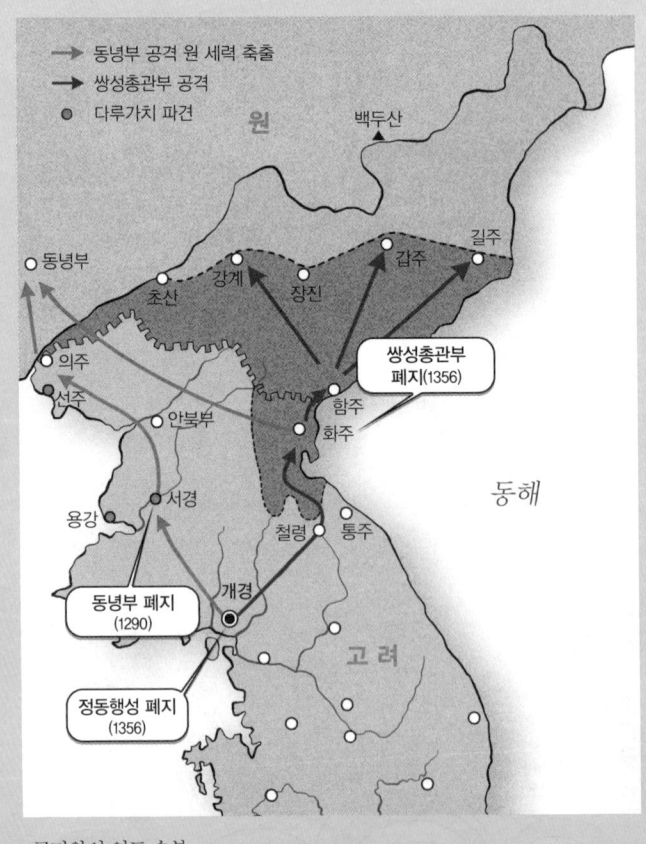

• 공민왕의 영토 수복

첫 번째 이야기

원 지배 100년과 공민왕의 개혁

토리도에서의 넷째 날 아침. 어제와 똑같이 세수하고 밥 먹고 아침 산책을 나갔다. 바닷바람을 맞으며 토리도를 한 바퀴 돌았다. 도대체 여기는 어딜까. 지금 나는 왜 여기에 이렇게 있는 것일까……

토리랑 지내는 생활에 적응이 다 된 것 같다가도 이렇게 혼자 있는 시간이면 문뜩문뜩 이상한 생각이 들곤 한다. 실제가 아닌 것 같은. 하지만 토리를 보고 나면 아, 이것이 실제 상황이구나 하는 생각이 든다. 묘하다. 외계 소년을 보고 실제라 느끼는 부조화.

섬을 한 바퀴 돌고 큰 바위 하우스에 들어섰을 때 토리는 노트에 뭔가를 끄적거리고 있었다.

"어디 보자."

노트에는 영사기를 돌리는 할아버지와 꼬마의 모습이 그려져 있었다.

"〈시네마 천국〉의 알프레도 할아버지와 토토구나. 엊그제 본 영화가 그렇게 감동적이었냐?"

토리가 고개를 끄덕였다. 어쩌면 이 녀석도 나를 친구로 여기는지도 모른다. 그런 생각이 들자 강의를 더 재미있게 해 주어야겠다는 생각이 들었다.

"오늘은 이 아저씨가 영화보다 더 재미있는 이야기를 들려줄게."

그러자 토리가 눈을 동그랗게 떴다.

"고려 후기 역사를 주름잡았던 사나이들 이야긴데 그 속에 만남과 이별, 우정과 배신이 잘 녹아 있다. 들어 봐. 어제까지 고려가 거란, 여진, 몽골과 전쟁을 벌인 이야기를 했잖니? 오늘은 몽골과의 전쟁이 끝나고 난 뒤부터 나라가 망하기까지의 이야기를 할 거다. 고려는 몽골에 항복한 뒤 원의 지배를 받다가 100년 만에 원의 지배에서 벗어나. 그 뒤로 고려를 개혁하려다 실패하고 결국 나라 문을 닫고 말지.

첫째 시간은 원나라 지배 100년, 그리고 원의 지배를 벗어나기 위해 공민왕이 신돈과 함께 개혁에 나선 이야기, 둘째 시간은 요동 정벌에 나선 이성계가 위화도에서 회군하여 최영을 제거한 이야기, 셋째 시간은 위화도 회군으로 권력을 잡은 이성계가 한때 동지였던 정몽주를 죽이고 조선을 창업한 이야기를 할 거다. 어때, 숨 막히게 돌아가는 역사 속에 사나이들의 진한 우정과 배신의 향기가 느껴지지 않니?"

나는 먼저 원나라 지배 100년의 이야기부터 시작했다.

고려는 삼십여 년 동안 몽골군을 맞아 끝까지 싸웠어. 하지만 결국 지구 최강 몽골군에 무릎을 꿇고 말지. 그래도 그렇게 끝까지 저항한 덕에 고려는 다른 나라처럼 몽골의 직접 지배를 받지 않고 고려라는 나라 이름도 유지하고 왕통도 이어 갈 수 있었어. 그래서 역사학자들은 원나라 지배를 받은 100년을 원 지배기가 아니라 간섭기 정도로 자존심 살짝 세워서 부르는 거야. 그러나 그래도 지배는 지배야. 나라 주권을 완전히 빼앗기고 식민지로 전락한 일제 강점기 때와는 다르지만 원의 내정 간섭을 받는 준식민지 상태로 전락한 거니까.

전쟁이 끝나고 고려는 원의 사위 나라가 되었어. 무슨 말이냐, 고려 왕은 원 황실의 공주와 결혼을 한 뒤 왕이 되어야 했지. 그리고 왕의 이름도 종전에 태조니 광종이니 이렇게 조와 종을 붙이던 것을 원나라에 충성한다는 의미로 왕 이름 앞에 충성 충(忠) 자를 붙였어. 이렇게 충 자 붙은 왕이 모두 여섯 명이야. 충렬왕, 충선왕, 충숙왕, 충혜왕, 충목왕, 충정왕. 원의 마지막 사위인 공민왕은 원나라 간섭으로부터 벗어나서 공민왕으로 불린 거고.

원 지배기 때는 왕의 위상도 확 떨어졌어. 이전에는 고려 임금을 '폐하'라고 불렀는데 이젠 '전하'로 낮춰 불러야 했고, 왕이 자기를 이를 때 '짐'이라고 하던 것을 '고'라고 해야 했고, 태자는 세자로 격이 떨어졌어.

고려 왕실의 위상이 격하된 것도 문제지만 그 기간 동안 고려는 원나라의 지나친 조공 요구에 시달려야 했어. 고려 사람들을 특히 괴롭힌 건 공녀 문제였어. 공녀란 말 그대로 조공으로 바치는 여자야. 원나라는 고려에 13세에서 16세 나이의 고려 처녀를 공녀로 바치라고 강요했어. 공녀를 요구한 횟수가 《고려사》에 기록된 것만 해도 80년 동안 50회였다고 하니 고려 여성들 피해가 얼마나 컸을지 짐작돼. 원나라가 무슨 마법의 동굴에 사는 용가리도 아니고, 웬 처녀들을 그렇게 많이 요구했는지.

원나라에 끌려간 고려 처녀들은 궁녀로 일하기도 하고 원나라 관리의 첩이 되기도 했어. 그러다가 돌아오지 못하고 원나라에서 죽는 거야. 고려에서는 공녀로 끌려가지 않으려고 일찍 결혼하는 풍습이 생기기도 했어. 이러한 공녀 요구는 공녀로 갔던 한 여자가 원나라 황제의 황후가 되고 나서 겨우 중지되었대. 그녀 이름은 기황후야.

기황후는 원나라에 끌려가서 차 따르는 궁녀로 있다가 황제의 눈에 띄어 황후 자리까지 오른 인물이야. 공녀치고는 아주 잘 풀린 경우라고 할 수 있지. 원나라에서 황태자를 낳은 기황후가 권력을 차지하게 되자 고려에 있던 그녀의 오빠들도 덩달아 출세했어. 기황후의 오빠 기철이라는 자는 누이의 권력을 믿고 부당하게 부를 축적하고 권력을 마구 휘둘렀지.

비단 기황후의 가족들뿐 아니라 원 지배기에는 원나라에 빌붙어 권세를 누리려는 부원배들이 많았어. 부원배가 뭐냐고? 일제 강점기 때 친일파처럼 원나라 세력을 등에 업고 권세를 부리던 친원파라고 보면 돼. 부원배 중에는 산과 강을 경계로 하는 대농장을 소유한 사람들도 있었어.

이렇게 원 지배기에 부와 권력을 차지한 사람들을 권문세족이라 불러.

 원 지배기 때는 권문세족들 때문에 백성들이 아주 살기가 힘들었어. 이 사람들이 강제로 토지를 빼앗고 제때 돈을 못 갚으면 노비로 삼아 버려서 농민들이 죽을 지경이었지. 나라 꼴이 이런 데도 원나라의 사위인 왕들은 어떻게 하면 원 황실에 잘 보여 권력을 유지할까 골몰하느라 정신이 없었어. 간혹 충선왕처럼 권문세족을 몰아내고 개혁을 해 보려고 시도한 왕도 있었지만 원의 간섭과 권문세족의 반발로 실패하고 말지.

 원의 지배를 받는 동안 고려에는 많은 원나라 관리와 장사치가 들어오고 또 고려 사람들도 원나라로 공부하러 돈 벌러 오가면서 서로의 풍습이 전해졌어. 고려에 유행한 원나라 풍습을 몽골풍이라 불렀어. 재밌는 얘기가 있어. 충렬왕은 왕이 되어 고려에 돌아오면서 미리 스타일을 몽골풍으로 싹 바꿨대. 더 웃긴 건 왕비인 원나라 공주가 고려에 오자 환영식에 참석한 재상과 관리들에게 모두 몽골식 변발을 하라고 명했대. 거부하면 회초리를 들어서 모두 변발을 시켰다나. 아마 그 시대에 가수 싸이가 있었다면 오빤 몽골 스타일, 이런 노래를 불렀을지도 몰라.

 공민왕(고려 제31대 왕)도 예외가 아니었어. 다른 충 자 들어가는 왕들이 그랬던 것처럼 어려서 원나라에 보내져 원 황실에서 자랐어. 그런데 공민왕은 좀 남다른 면이 있었어. 원 황실에서 자라는 동안 원나라와 그 주변 돌아가는 사정을 보며 고려를 다시 일으켜야겠다는 생각을 한 거야. 그래서 그가 스물한 살에 원나라 노국공주와 결혼하고 고려 왕이 되

어 고려로 돌아온 이후에 누구도 상상하지 못한 일들이 벌어졌다는구나. 그건 바로……, 잠깐 쉬었다 하자.

"으이씨."

토리가 얼굴을 찡그렸다.

"무슨 얘길 거기서 끊어? 그건 바로, 이건 또 뭐야? 사람 감칠맛 나게."

"하하. 감칠맛이 아니라 감질나게겠지. 너 강의 듣는 거 힘들까 봐 생각해서 그런 거야. 앞으로 중요한 이야기 시작되니까 한 박자 쉬었다 가자고."

"그래도 그렇지. 외계 소년 약 올리는 것도 아니고. 근데 공민왕이 원나라 주변 돌아가는 사정 보면서 고려를 다시 일으켜 세워야겠다고 생각했댔잖아. 그게 혹시 명나라와 관련 있어?"

"토리 진짜 대단하다. 그걸 어떻게 알았지?"

"왕 선생님한테 원나라에서 명나라로 바뀐 얘기 들었거든."

"맞아, 그때 이야기야. 공민왕이 고려로 돌아올 무렵 원나라는 여기저기서 반란이 일어나 무척 혼란스러운 상황이었어. 특히 주원장이 이끄는 홍건적 세력이 무섭게 세력을 넓혀 가고 있었지. 이들이 양자강 이남에서부터 쭉쭉 밀고 올라오자 원 황실이 무척 난감했어. 당시 원나라는 황실 내 권력 다툼과 라마교에 탐닉한 나머지 나라 꼴이 말이 아니었거든. 라마교는 티베트와 몽골에서 성행한 불교의 한 종파야. 공민왕은 바로 그 점을 간파한 거야. 원나라가 반란 세력에 제대로 대응하지 못할 정도로 힘이 빠졌구나, 원나라도 이제 멀지 않았어! 말 나온 김에 공민왕 이야기 바로 시작해야겠다."

❀

공민왕이 고려에 돌아온 건 1351년. 원의 지배를 받기 시작한 지 팔십여 년이 흐른 뒤였어. 귀국길에 오른 공민왕은 한쪽 가슴엔 개혁을 한쪽 가슴엔 반원 생각을 품고 왔을 거야. 귀국 이후 공민왕의 정치는 바로 개혁과 반원 정치라는 두 개의 바퀴가 맞물려 돌아가는 수레와 같았어.

고려에 돌아온 공민왕은 먼저 몽골 머리 모양인 변발을 폐지하고 원나라 의복도 벗어 버렸어. 백성들에게도 몽골풍 하지 마! 이렇게 명했어. 그러고는 전민변정도감을 통해 권문세족에게 빼앗긴 토지를 백성들에게 돌려주고 억울하게 노비가 된 백성들을 풀어 주었지. 전민변정이란, 전(田) 밭과 민(民) 백성을 올바로 돌려놓는 정책을 말해. 고려 전기 광종의 노비안검법과 비슷해. 그때도 노비를 풀어 준 것처럼 공민왕도 민생 경제의 핵심인 노비 문제와 토지 문제에 손을 댄 거야. 공민왕의 야심찬 개혁은 성공했을까? 그렇지는 않아. 당시 고려는 친원파 권문세족들이 득세하고 있었기 때문에 개혁을 하는 게 쉽지 않았어.

그래서 공민왕은 먼저 친원파를 제거해야겠다고 마음먹었지. 1356년 공민왕은 궁궐에서 잔치를 벌여 놓고 친원파의 핵심인 기철을 불러들였어. 기철은 기황후의 오빠야. 기철과 그 일당이 술 마시고 흥에 겨워 정신을 놓고 있을 때 공민왕이 사인을 보냈어. 그러자 철퇴를 든 무사가 기철을 그 자리에서 죽였지. 그러고 나서 기철 가족과 다른 부원배들을 죽이거나 유배 보냈단다.

 친원파 무리를 제거한 공민왕은 원나라 간섭의 사슬을 하나씩 끊어 내기 시작했어. 원나라 연호를 폐지하고, 내정을 간섭하던 정동행성이라는 원나라 행정 기구를 없애고, 원나라가 차지하고 있던 함경도의 쌍성총관부를 폐지해 철령 이북 땅을 수복했지. 이렇게 개혁과 영토 회복에 힘쓰던 공민왕에게 시련이 닥쳐왔어. 압록강 건너 홍건적이 쳐들어온 거야.

 원나라 군대에 쫓겨 도망치던 홍건적 무리가 1359년 압록강을 건너와 서경, 지금의 평양까지 점령하는 바람에 개혁이고 뭐고 생각할 겨를이 없었지. 두 번째로 침입한 1361년에는 머리에 벌건 천을 두른 홍건적들이 개경까지 점령하는 바람에 공민왕은 멀리 안동까지 피란을 가야 했어. 그때 최영과 이성계의 활약으로 개경을 탈환했지만 궁궐이 불타 버리는 바람에 공민왕은 사찰에서 정무를 보아야 했어. 홍건적이 원나라에서 반란을 일으킨 틈을 이용해 반원 정책과 개혁 정책을 밀어붙이던 공민왕이 홍건적 때문에 다 죽게 생긴 거지.

 그뿐 아니었어. 북쪽의 홍건적을 몰아냈지만 남쪽에선 왜구들이 몰려와 고려 해안 마을을 약탈하고 살육하는 바람에 백성들 고통이 이만저만 아니었단다. 그때마다 우리의 최영 장군과 이성계 장군이 해결사로 나서서 왜구들을 격퇴했는데 왜구 침략이 끝이 아니야. 원나라에선 기황후가

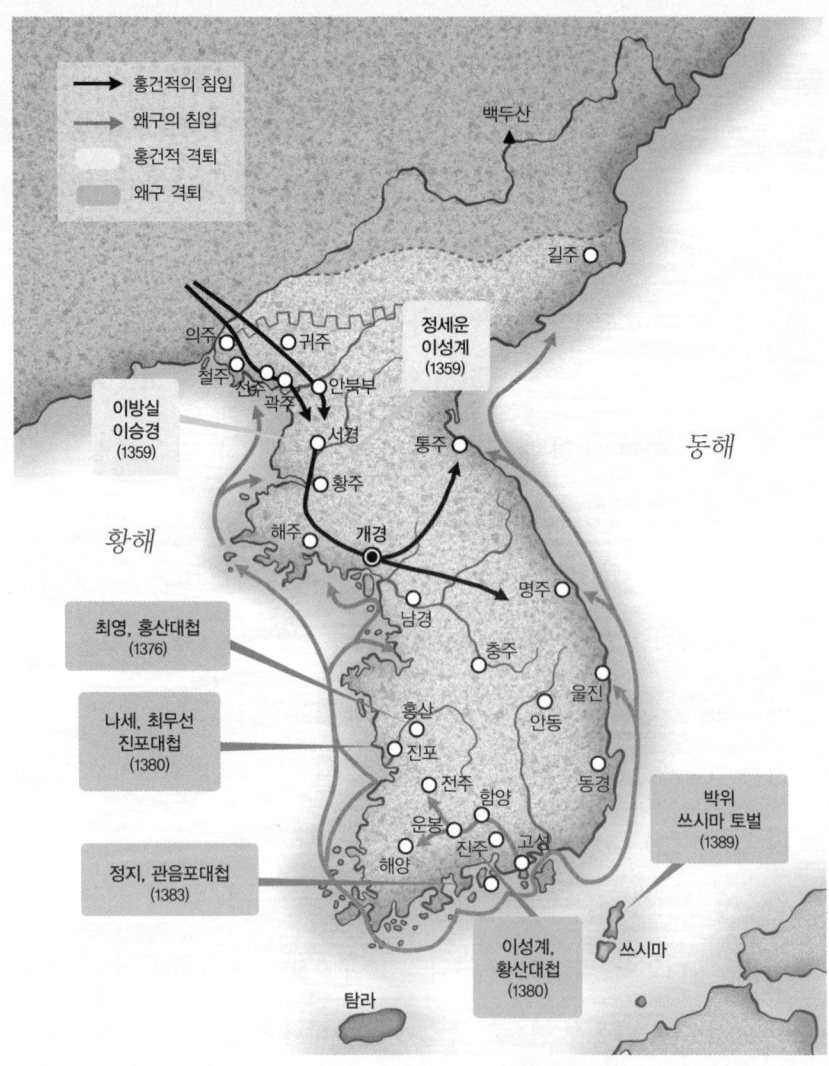

• 홍건적과 왜구의 격퇴

자기 오빠와 가족들을 죽인 것에 복수를 하려고 원나라에 있던 고려 왕족 덕흥군을 고려 왕으로 삼고 원나라 1만 군대를 고려로 보냈어. 이때도 최영과 이성계 아니었으면 왕 자리를 빼앗겼을지 몰라.

설상가상으로 1365년엔 공민왕의 왕비인 노국공주가 아기를 낳다가 죽었어. 공민왕은 노국공주를 무척 사랑했는데 노국공주가 죽자 홍건적과 왜구 침입으로 정신 못 차리던 공민왕은 완전 절망 상태에 빠졌대. 그때부터 신돈에게 모든 걸 맡기고 정치에서 손을 뗐다는구나. 신돈은 공민왕이 스승으로 모시던 승려야. 공민왕은 신돈을 몇 년 전에 처음 만났어. 두 사람 만남에 대해 이런 전설이 전해 오지.

어느 날 공민왕이 꿈을 꾸었는데 어떤 자가 칼을 들고 자기를 죽이려 했대. 그때 어떤 승려가 나타나 구해 주었대. 그 꿈을 꾸고 나서 얼마 뒤 한 신하가 공민왕한테 승려를 데려와서 소개시켜 주었어. 이상하다 생각한 공민왕이 이야기를 해 보니 자기가 계획하는 개혁 정치를 잘 해낼 것 같은 생각이 들더래. 그래서 개혁을 이끌 책임자에 신돈을 앉혔다는구나. 신돈은 공민왕의 요청에 몇 번 사양하다 말했어.

"어떤 이간질이 있더라도 저를 믿어 주셔야 합니다."

그러자 공민왕이 그러겠다고 약속했어.

"어떤 일이 있어도 남의 말에 흔들리지 말고 지지해 주십시오."

공민왕의 절대적인 신임을 업고 신돈이 개혁 작업에 나섰어. 신돈이 가장 중점적으로 한 일은 전민변정도감을 다시 설치해 권문세족에게 강제로 빼앗긴 토지를 백성들에게 나눠 주고, 억울하게 노비가 된 백성을 해방시켜 준 일이었어. 그것이 고려 민생 경제를 살리고 권문세족의 힘을 약화시키는 길이기 때문에. 신돈이 개혁의 칼을 거침없이 휘두르자 백성들은 "성인이 나타났다."며 환호했어. 반면 토지와 노비를 잃은 권문세족들은 "중놈이 나라 망친다."고 난리를 쳤지.

그런데 말이다, 어느 시대나 개혁이란 게 참 힘들어. 기득권을 가진 사람들이 죽기 살기로 반발하거든. 아니나 다를까, 신돈에게 한 방 먹은 권문세족들이 신돈 제거에 나섰어. 어떻게? 공민왕에게 신돈이 역모를 꾸민다고 일러바친 거야.

처음엔 권문세족의 말을 믿지 않던 공민왕도 계속해서 신돈을 헐뜯는 말을 듣자 마음이 흔들렸어. 게다가 신돈이 백성들로부터 신으로까지 추앙을 받자 정치에 손 놓고 있던 공민왕이 마침내 친정에 나섰지. 친정은 직접 정치를 한다는 뜻이야. 1370년 친정에 나선 공민왕은 권문세족의 의견을 그대로 받아들여 신돈을 처형했어.

신돈이 죽자 공민왕은 이상한 사람이 되어 버렸어. 가슴 한쪽에 품었던 개혁에 대한 열망은 어디론가 사라지고 즐기지 않던 술을 자주 마시고 귀족 자제들로 구성된 자제위 소속의 젊은 신하들을 불러 음란한 행위를 일삼았지. 그러다가 결국 그들의 칼에 목숨을 잃고 말았단다.

이로써 공민왕의 개혁은 실패로 돌아가고, 친원파인 권문세족과 성균관을 통해 배출된 신진 사대부와 홍건적과 왜구를 격퇴하며 성장한 신흥 무장 세력이 권력 다툼을 벌이게 돼. 그 권력 다툼의 중심에 백전노장 최영과 떠오르는 신흥 무장 이성계가 있었어. 존경하는 선후배 사이였던 두 사람은 요동 정벌을 놓고 운명을 건 싸움을 벌이는데 그 이야긴 다음 시간에 들려줄게.

"강의에 몰입했더니 힘이 좀 달린다. 휴~"
토리도 힘들었는지 숨을 내쉬는 시늉을 했다. 그러고는 한마디 했다.
"숨 막히는 남자들의 우정과 배신이라는 게 공민왕과 신돈 얘기였구나."
"말하자면 그렇다는 거지. 친구처럼 때론 스승과 제자처럼 개혁 작업에 호흡을 맞추던 두 사람이 간신들의 이간질 때문에 신뢰가 깨지는 바람에 고려의 운명이 달라졌으니까. 나는 끝까지 약속 지킬 테니까 토리 너도 절대 아저씨 배신하면 안 된다. 의리! 알지?"
"그럼, 알지. 내가 아저씨를 얼마나 고마워하는데."
"새삼스럽게 고맙긴 뭐가? 국가격정원 끌려갔을 때 말 안 한 거?"
"사나이끼리 꼭 그런 걸 말로 해야 아나. 쑥스럽게."
"아유 진짜, 요 쬐그만 녀석이."
우리는 그런 농담을 주고받으며 첫 시간을 마쳤다.

한눈에 보는 한국·중국·일본

1368	1374	1388
중 명 건국(~1644)	한 우왕 즉위 (~1388)	한 요동 정벌 출정 이성계 위화도 회군 최영 처형, 우왕 폐위

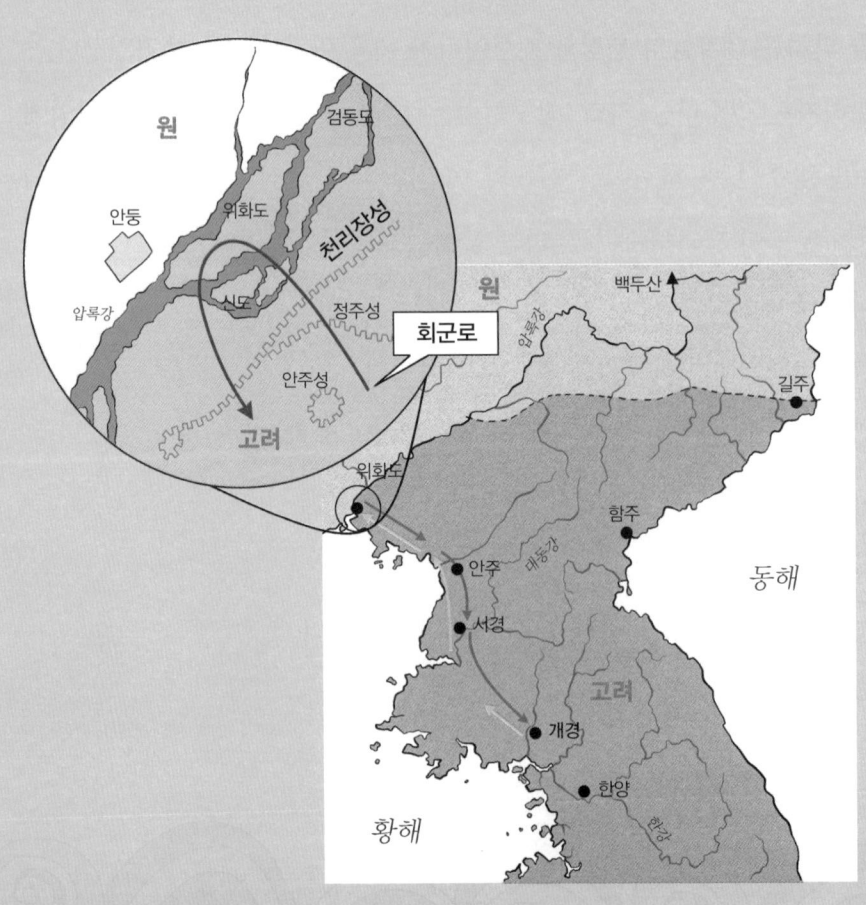

• 위화도 회군

두 번째 이야기

고려의 운명을 결정지은 위화도 회군

나는 흐름을 이어 가기 위해 곧바로 이야기를 시작했다.

"이번 시간엔 공민왕의 개혁 실패 이후 벌어진 위화도 회군에 대해서 이야기해 주겠다. 전에 역사학자 100명에게 우리 역사에서 가장 큰 사건이 뭐였는지 묻는 신문 기사를 본 적이 있다. 역사학자들이 1위로 꼽은 사건이 뭐였는지 아냐?"

토리가 잠깐 생각하는 척하더니 대답했다.

"위화도 회군 아니겠어?"

아니, 어떻게 알았지?

"어떻게 알긴, 이번 시간 주제가 위화도 회군이니까. 아저씨처럼 치밀하고 전략적인 사람이 역사학자 100명이 꼽은 사건 얘길 괜히 꺼냈겠어? 내 말이 맞지?"

"땡! 위화도 회군이 아니라 한글 창제였다, 요 소년아."

토리가 그럴 리 없다는 듯 고개를 갸우뚱했다.

"너무 절망할 거 없다. 아주 틀린 답도 아니니까. 이성계가 위화도 회군을 통해 고려를 뒤엎고 조선을 세우지 않았다면 그 손자인 세종이 한글을 만들 기회도 없었을 테니까. 한글 창제보다 중요 순위가 뒤로 밀리긴 했지만 위화도 회군은 우리 역사에서 아주 중요하고 결정적인 사건이었다. 자, 그럼 숨 막히는 역사의 소용돌이 속에서 피어난 사나이들의 우정과 배신 두 번째 이야기를 시작해 보도록 하겠다."

나는 결정적 순간, **위화도 회군** 이야기를 시작했다.

❀

고려의 마지막 개혁 군주였던 공민왕이 죽은 지도 어언 10년이 훨씬 지난 어느 날. 고려 조정은 중국 명나라가 보내온 한 통의 편지 때문에 발칵 뒤집어졌어. 그 편지 내용은 대충 이랬단다.

"쌍성총관부가 있던 철령 이북 땅을 우리 영토로 삼겠다."

철령 이북은 지금의 강원도 북부와 함경도 지역을 말해. 그곳은 원래 고려 땅이었는데 원나라 지배기에 원나라가 다스리던 지역이었어. 그랬던 그곳을 1356년 공민왕이 되찾았지. 그런데 원나라를 멸망시킨 명나라가 힘이 세지니까 그 땅을 내놓으라고 한 거야.

당시 고려의 실권은 우왕의 장인이자 고려 최고의 무장인 최영(1316~1388)이 쥐고 있었어. 최영은 친원파이기도 하고 또 30년 넘게 전장을 누빈 무장 출신이어서 명 요구에 강력하게 반발했지. 최영은 한발 더 나가 명이 차지하고 있는 압록강 건너 요동을 정벌하자고 왕에게 건의했어. 아버지 공민왕이 삼십여 년 전에 되찾은 땅을 다시 내줄 수 없다는 생각 때문이었을까. 우왕은 최영의 건의를 받아들여 요동 정벌을 준비하라고 명했지.

최영은 요동 정벌을 실행에 옮기기 위해 자신이 가장 믿고 있는 이성계를 불렀어. 그는 최영을 잇는 고려 최고 무장이었어. 우왕과 최영이 이성계를 불러 요동 정벌 계획을 알리자 이성계가 뜻밖의 대답을 내놓았어.

"요동 정벌은 네 가지 이유로 불가합니다."

요동 정벌이 불가하다는 것도 어이없는데 이유가 네 가지씩이나!

"첫째 작은 나라가 큰 나라를 치는 것이 불가하고, 둘째 여름 농사철에 군대를 동원하는 것이 불가하고, 셋째 나라를 비운 사이 왜구가 쳐들어올 염려가 있어 불가하고, 넷째 장마철에 활에 먹인 아교가 풀리고 병사들 사이에 전염병이 돌 염려가 있어 불가합니다."

이래서 안 되고 저래서 안 되고, 고려의 최고 무장 입에서 나온 변명치곤 좀 궁색해 보이지만, 이성계 입장이 전혀 이해가 안 가는 건 아니야. 요동 정벌을 반대하는 이성계와 이성계를 지지하는 성리학자 출신의 신진 사대부들은 기본적으로 친명파였어. 그러니 명나라를 치자는 데 쉽게 동의하기 어려웠지. 그 외 나머지 이유는 다 핑계 같고 정말 중요한 반대 이유는 아마 다른 데 있지 않았을까 싶어.

당시 고려의 권력은 대략 최영 쪽과 이성계 쪽으로 나뉘어 있었어. 이성계 쪽에서 생각하기를, 승산 없는 요동 정벌을 최영이 굳이 단행하려는 이유는 이성계를 곤란에 빠뜨리려는 게 아닌가 하고 의심했던 거야. 무슨 얘기냐, 이성계가 요동 정벌에 나가 성공하면 고려로서도 좋은 일이고 만약 실패하면 자연스레 이성계의 힘을 뺄 수 있으니까 최영이 그 점을 노리고 이성계를 요동 정벌에 내보내려 한다고 생각한 거지.

내가 생각해도 요동을 선제공격한다는 계획은 무리가 있어 보여. 거란이나 여진이나 몽골이 쳐들어왔을 때처럼 나라가 위태로운 상황에 처했다면 당연히 맞서 싸워야겠지. 그런데 명나라가 철령 이북 땅을 차지하겠다고 통보한 이유만 가지고 요동을 치러 간다? 전쟁은 외교적 노력이 실패했을 때 꺼내야 하는 마지막 카드야. 그런데 그런 노력도 다하지 않은 채 한창 강대국으로 변신해 가는 명나라를 치겠다니, 선뜻 이해하기 힘들지.

다시 최영과 이성계 이야기로 돌아가서. 이성계가 요 핑계 조 핑계 대며 요동 정벌이 불가하다고 나오자 우왕과 최영은 일고의 가치도 없는 얘기라며 이성계의 말을 단번에 무시했어. 결국 최영의 계획대로 요동 정벌이 결정되었고, 총사령관 격인 8도도통사에 최영, 좌도도통사에 조민수, 우도도통사에 이성계로 하는 5만의 요동 정벌군이 1388년 4월 요동을 향해 출정하게 되었어.

그런데 한 가지 문제가 생겼어. 우왕이 장인인 최영에게 자기 곁에 있어 달라며 요동으로 가지 말라고 밀렸어. 그래서 최영이 이성계와 조민수에게 군대를 맡기고 자기는 남았는데 총사령관이 전장에 나가지 않는 것 자체가 말이 안 돼. 결국 최영은 이것 때문에 요동 정벌에 실패하고 위화도 회군을 불러와 목숨을 잃게 되지.

애초에 반대했던 출정, 울며 겨자 먹기로 나선 원정길이 신이 날 리 없었겠지. 요동 정벌군은 느릿느릿 행군해 19일 만에 압록강에 닿았어. 그러고는 압록강에 있는 위화도에 진지를 마련했어. 위화도는 여의도처럼 강 가운데 있는 섬으로 그 크기가 여의도보다 조금 더 큰 섬이야.

위화도에 머물고 있던 정벌군은 서둘러 강을 건너지 않고 미적기렸어. 큰비 때문에 강물이 불어 쉽게 강을 건너기 어려워서였지. 그사이 군량미도 떨어지고 병사들 사이에서 전염병이 돌고 탈영병이 속출했어. 이대로 가다간 정벌에 나서기도 전에 군대를 모두 잃게 될 상황이었지.

이성계는 회군을 하기로 마음먹고 조민수를 설득했어. 전쟁 나간 군대가 명령 없이 군대를 돌린다는 건 반역을 뜻해. 이성계는 그럴 수는 없으니까 일단 우왕에게 위화도의 어려운 상황을 전하며 회군을 허락해 달라고 요청했어. 이성계의 회군 요청을 받은 우왕과 최영은 이성계의 요청을 단번에 거절했어.

이성계의 고민은 깊어만 갔어. 정벌에 나서자니 뻔히 승산이 없어 보이고 그렇다고 허락 없이 돌아가자니 반역자로 몰릴 테고, 나가지도 물러서지도 못하는 진퇴양난 상황. 마침내 이성계는 회군을 하기로 결단을 내렸어. 이것이 고려의 운명을 결정지은 위화도 회군이란다.

위화도에서 말머리를 돌린 요동 정벌군은, 아니 이제 반란군이라고 해야 하나? 광속 행군 끝에 9일 만에 개경에 닿았어. 회군 소식을 들은 우왕은 최영을 원정길에 내보내지 않은 걸 후회했지만 때는 늦었지. 결국 우왕은 우왕좌왕하다가 반란군을 맞이하게 됐어.

이성계 군대가 개경에 당도했을 때 최영은 남아 있는 병사들을 이끌고 성을 지키고 있었어. 진압군과 반란군이 되어 마주선 최영과 이성계. 두 사람 모두 착잡한 마음으로 서로를 바라보았지. 최영은 믿었던 도끼에 발등 찍힌 기분이었을 거야. 왜냐고?

최영과 이성계가 처음 만난 건 공민왕 때 원의 지배 기구인 쌍성총관부를 탈환할 때였어. 그때 최영은 패기 충만한 고려 장수였고, 이성계는 그 지역에서 원나라 관리로 일하다 최영을 도와 원나라 군대를 물리친 이자춘의 아들이었지. 철령 이북을 되찾은 이후 이성계 집안은 고려 신하가 되었고, 그때부터 스무 살의 이성계는 고려 장수로 활약하기 시작했어.

최영과 이성계는 때론 아버지와 아들처럼, 때론 동지로서 서로 아껴 주고 존경하는 사이였어. 최영은 동서남북으로 종횡무진하며 홍건적과 왜구 침략을 물리치고 저 멀리 제주도까지 가서 원나라 목동들이 일으킨 난을 진압하며 고려의 최고 무장으로 우뚝 섰지.

이성계의 활약도 대단했어. 홍건적이 개경까지 밀고 내려오자 자기 친위대 병사들을 이끌고 개경으로 진격해 홍건적을 물리치고, 최영과 함께 왜구 격퇴에 나섰어. 이성계는 그가 참전한 모든 전투에서 승리를 거두었어. 거의 이순신급. 최영은 그런 이성계를 무척이나 아꼈지. 특히 이성계가 지리산 부근인 황산에서 왜군 장수 아기발도를 활로 죽인 뒤 왜구를 크게 물리치고 개경으로 돌아왔을 때 최영은 "그대가 아니면 누가 왜적을 물리치고 나라를 구할 수 있었겠냐."며 이성계의 손을 잡고 눈물을 흘렸다고 해. 그랬던 두 사람이 동지에서 적으로 만났으니 얼마나 심란했겠니.

개경을 포위한 이성계 군대는 동쪽의 숭인문과 서쪽의 선의문으로 진격해 들어갔어. 그리고 마침내 성을 지키는 병사들을 제압하고 위화도 회군의 마침표를 찍었지. 반란군에 붙잡힌 최영은 고향인 고양으로 유배 보내졌다가 마산으로, 그리고 다시 개경으로 압송돼 결국 처형되고 말았어. 최영은 처형 직전 이런 말을 남겼다고 해.

"만약 내가 탐욕이 있다면 내 무덤에 풀이 자랄 것이요, 그렇지 않으면 풀이 자라지 않을 것이다."

실제 그의 무덤은 풀이 자라지 않아 적분, 즉 붉은 무덤으로 불렸는데 1970년대 중반이 돼서야 풀이 자라기 시작했대. 최영은 오로지 고려에 충성을 다한 무장이자 충직한 신하였어. 그리고 "황금 보기를 돌같이 하라."는 아버지의 유언을 받들어 평생을 청렴결백하게 살았다고 해.

1388년 위화도 회군에 성공한 이성계는 마침내 최영과 우왕을 제거하고 고려 최고의 실권자가 되었어. 이후 창왕에 이어 공양왕이 즉위하는데 어차피 왕은 허수아비였고 모든 권력은 이성계와 신진 사대부 손안에 있었지. 그들은 기울어 가는 고려를 살리고 도탄에 빠진 백성을 구하기 위해 머리를 맞댔는데, 고려를 유지하며 개혁하자는 온건 세력과 이성계를 왕으로 세워 새 나라를 만들자는 역성 혁명파가 부딪히는 바람에 어느 한쪽의 머리가 깨질 위기를 맞았어. 어느 쪽 머리가 깨지는지는 다음 시간에 계속할게.

"최영의 요동 정벌과 이어지는 이성계의 위화도 회군은 오늘날까지 커다란 논란거리란다."

강의를 마치며 내가 말했다.

"어떤 점이 논란거린데?"

토리가 물었다.

"요동 정벌이 옳으냐 그르냐부터, 가능했냐 아니냐, 그리고 위화도 회군이 잘한 거냐 잘못한 거냐까지, 아주 머리가 아프다. 이성계를 비판하는 사람들은 명군이 요동을 비운 사이 요동을 점령했어야 한다고 말해. 그랬다면 승산이 있었을 거라고. 반대로 이성계를 옹호하는 사람들은 요동 정벌은 승산이 없었고, 설사 정벌한다 한들 지킬 수 있었겠냐며 최영을 비판하지. 위화도 회군도 마찬가지야. 한쪽에선 반역이라고 하고 다른 쪽에선 구국의 결단이라고 주장해."

"아저씨는 어느 쪽인데?"

"글쎄, 내가 볼 땐 명백한 반역이지만 구국의 결단은 아닌 것 같다."

"무슨 말씀이신지 토리 소생은 이해가 잘 안 갑니다요."

"왕조 시대에 왕명을 거역하고 군대를 돌린 건 엄연한 반란이야. 하지만 구국의 결단이니 뭐니 하는 건 좀 웃겨. 위화도 회군을 옹호하는 사람들은 위화도 회군이 불가피한 선택이었고, 그 결정 덕분에 새 나라 조선을 세울 수 있었다고 주장해. 그렇게 말하는 사람 중엔 위화도 회군을 옹호하며 1961년에 일어난 한 사건을 합리화하기도 하지."

"한 사건을 합리화하려고 위화도 회군을 옹호한다고? 그 사건이 뭔데?"

"5·16 군사 정변. 육군 소장 박정희가 부하들 데리고 쿠데타 일으켜 민주 정부를 뒤엎고 권력을 차지한 사건. 쿠데타 세력은 혼란에 빠진 나라를 구하기 위한 구국의 결단을 내렸다고 강변했어. 그들의 궤변이 오늘날 일부 사람들에까지 이어져 오고 있지. '이성계가 불가피하게 위화도에서 회군한 뒤 새 나라 조선을 세웠듯이, 박정희도 5·16 거사를 일으켜 위기에서 나라를 구했다.'고. 그러면서 그들은 시종일관 일치단결해 5·16 쿠데타를 군사 정변이 아니라 구국의 혁명이라고 주장해. 이런 분위기 속에서 위화도 회군을 긍정적으로 묘사한 드라마를 만들어 5·16 쿠데타를 은근히 옹호하기도 했단다. 하지만 내가 볼 땐 위화도 회군과 5·16은 좀 달라."

"어떻게 다른데?"

"왕조 시대에 힘 있는 자가 일어나 왕을 몰아내고 새 나라를 세우는 건 누가 뭐라 그럴 수 없어. 동서고금의 수많은 왕조가 그런 과정을 통해 세워졌지. 가령, 토리 왕조가 있다고 쳐 봐. 내가 여차여차해서 토리왕 몰아내고 새 왕이 될 수도 있는 거 아냐? 더욱이 토리왕이 사치, 방탕, 음탕, 포악, 사기, 불통, 억압을 일삼는 왕이라면 그런 왕을 몰아낸 사람이 환영을 받을 거야. 하지만 민주 공화정 시대인 지금은 달라. 국민들이 투표해서 만든 정부와 대통령을 군인들이 총칼로 뒤엎는다? 그건 명백한 쿠데타야. 헌법을 파괴하고 민주주의를 짓밟는 반역이지. 5·16이 바로 그런 경우야. 국민들이 4·19 혁명으로 이승만 독재 정권을 무너뜨리고 피땀 흘려 세운 민주 정부를 일부 군인들이 군홧발로 짓밟은 거지. 위화도 회군과 5·16 쿠데타 사이엔 그런 차이가 있는 거란다."

토리는 여전히 이해가 안 간다는 표정을 지었다.

"지금 다 이해하려 하지 말고 천천히 생각해 봐. 나중에 또 설명할 기회가 있을 거야. 이번 시간은 황금 보기를 돌같이 하라는 최영 아버지의 말씀 전하면서 마치겠다. 끝!"

순간 토리가 "잠깐!" 하더니, "황금이 뭐야?" 하고 물었다.

나는 왼손 약지에 낀 금반지를 가리켰다.

"요거."

"황금 보기를 돌같이 하라는 게 무슨 말인데?"

"음, 지구에서 황금은 아주 값진 보물이야. 돈보다도 귀하지. 최영의 아버지는 최영에게 그런 황금을 탐하지 말고 청렴하게 살라고 가르쳤어. 이제 알겠냐?"

"우리 별에선 이런 거 진짜 돌처럼 흔한데."

토리가 말했다.

"돌처럼 흔하다고? 이 귀한 게?"

"응. 우리 별엔 널렸어. 그래서 지구에서 쇠로 물건 만드는 것처럼 우린 금으로 다 만들어. 진짜 돌멩이처럼 흔한 걸 귀하게 여기다니 지구인들은 참 이해가 안 되네."

토리 말에 나는 잠시 머리를 굴렸다. 그러곤 목소리를 낮춰 말했다.

"토리야, 네가 날 위해서 은행 금고 털어 준다고 했지? 그건 범죄 행위니까 안 되고, 너네 별에서 흔하다는 그 금 좀 가져다주면 안 되겠냐? 언제 지구에 다시 올 일 없을까?"

"왜? 언젠 어서 빨리 사라지라더니. 다신 오지 말라며?"

"아유, 우리 토리한테 누가 그런 소릴 해. 아저씬 언제든 웰컴이야. 혹시 다시 오기 힘들면 우주 택배로라도 좀 부쳐 주면 안 될까?"

토리가 이 인간이 정말, 하는 표정으로 나를 쳐다보았다. 나는 그저 머리를 긁적일 뿐.

한눈에 보는 한국·중국·일본

1368	1389	1392	1393
중 명 건국(~1644)	한 과전법 시행	한 이방원, 정몽주 피살, 이성계 태조 즉위(~1398)	한 국호 '조선'이라 칭함

· 조선 제1대 왕 태조 이성계(중앙)와 조선 개국의 일등 공신인 정도전(왼쪽), 명나라를 배척하고 원나라와 가깝게 지내자는 정책에 반대하고, 끝까지 고려를 받들었던 고려의 충신 정몽주(오른쪽)는 고려 말 개혁을 이끈 3인방이다.

세 번째 이야기

고려 개혁이냐 새 나라 창업이냐

고려 강의 넷째 날 마지막 시간, 해는 저물고 갈 길은 먼데 웬일인지 토리 얼굴에 불만이 가득해 보였다. 모른 척 지나칠 수 없었다.

"토리야, 무슨 안 좋은 일이라도 있어?"

"아니. 음…… 공민왕 개혁과 위화도 회군에서 누구와 누가 싸운 건지 잘 모르겠어."

나는 그 이야기를 잠깐 해 주어야겠다고 생각했다.

"내 설명이 부족했나 보구나. 이해하기 쉽게 간단히 정리해 줄게. 제1라운드, 원나라에서 돌아온 공민왕이 신돈을 기용해 친원파인 권문세족을 숙청하고 고려를 개혁하려다 권문세족의 반격으로 실패. 제2라운드, 공민왕이 죽은 뒤 신진 사대부와 결합한 친명파 신흥 무장 이성계가 위화도 회군을 통해 친원파인 최영을 제거하고 정권 장악. 이후 고려는 신진 사대부와 이성계 세상. 이해가 가냐?"

"얼~, 명쾌한데! 이제 좀 감이 오네. 역쉬, 이 작가야. 헤헤."

"아유, 됐다. 이번 시간엔 위화도 회군 이후부터 고려가 망할 때까지 이야기를 할 텐데 이해하기 쉽게 먼저 밑그림을 그려 줄게. 위화도 회군 이후 고려의 화두는 기울어 가는 고려를 어떻게 개혁할 것인가, 하는 거였어. 지금부터 할 얘기가 바로 그 얘기야. 고려 개혁을 이끈 3인방이 있었어. 정도전, 이성계, 정몽주. 세 사람은 마치 러시아의 삼두마차 같았어. 삼두마차란 말 세 마리가 끄는 마차야. 삼두마차의 가운데는 이성계, 왼쪽에는 정도전, 오른쪽엔 정몽주가 있었어. 이 말 세 마리가 고려 개혁이라는 마차를 끌고 열나게 달렸지. 처음엔 아주 잘 맞았어. 그런데 시간이 가면서 서로 발이 안 맞는 거야. 왜 그랬을까?"

"글쎄, 누가 발병이라도 났나?"

"속도가 달랐기 때문이야. 정도전과 이성계는 빨리빨리, 정몽주는 천천히. 이러니 마차가 삐걱거리기 시작했지. 두 번째, 방향과 목표가 달랐어. 이성계와 정도전은 고려를 뒤엎고 새 나라를 향해 달리자고 하는데 정몽주는 고려 안에서 개혁을 하자며 말고삐를 쥐었지. 상상해 봐라. 이성계와 정도전은 새 나라 창업을 향해 왼쪽으로 열심히 달리는데 정몽주 말은 천천히 가자며 견제하는 모습. 이것이 위화도 회군 이후 고려 사회에 나타난 모습이야. 결국 고려 개혁이라는 같은 출발선에서 출발한 정몽주와 정도전은 끝내 동지에서 적으로 갈라서고 누군가 한 명이 없어져야 하는 숙명의 대결을 벌이게 되지."

"그래서 공민왕과 신돈처럼, 최영과 이성계처럼 뜻을 같이했던 사나이의 우정과 배신 이야기다, 이 말씀?"

"빙고! 이런 일은 우리 역사에서 수없이 반복되는 현상이야. 가령, 조선 말기인 1884년에 일어난 갑신정변 때도 그랬어. 갑신정변은 급진 개혁파와 온건 개혁파가 부딪힌 사건인데 급진 개혁파의 우두머리 김옥균과 온건 개혁파의 리더 민영익은 처음엔 조선 개혁이라는 한뜻을 가진 친구였어. 그런데 개혁의 방향과 속도가 다른 것이 확인된 이후 죽여야 할 원수가 됐지. 김옥균은 일본의 도움을 받아 급진적으로 조선을 확 바꾸자고 하고, 민영익은 청나라와 우호 관계를 유지하며 점진적으로 조선을 개혁하자고 했어. 결국 정변을 일으킨 김옥균의 급진 개혁파가 박살 나는 것으로 끝났지. 이런 예는 또 있어.

해방 이후 소위 진보적인 좌익과 보수적인 우익은 한 치 양보도 없는 대립을 벌였어. 이들은 일제 강점기 때 조국 독립이라는 하나의 목표를 이루기 위해 협력했던 사이야. 그러다가 해방 이후 새 나라를 세우는 과정에서 속도와 방향 문제를 놓고 죽고 죽이는 싸움을 벌였지. 그 싸움 끝에 결국 남한만의 반쪽짜리 정부가 들어서고, 38도선 위 북쪽과 전쟁을 벌여 우리나라가 지금까지 고통을 당하고 있어. 얘기하다 보니 너무 멀리 갔나? 세 사건 모두 개혁을 어떻게 하고 새 나라를 어떻게 세울지 고민하는 과정에서 벌어진 대립이라는 공통점이 있다. 자, 삼천포에서 돌아와 이제 본론 이야기를 해 보자. 고려 말을 이끈 삼두마차 이성계, 정도전, 정몽주 이야기."

나는 고려 개혁을 이끈 3인방 이야기를 시작했다.

위화도 회군 다음 해인 1389년 개경 한복판에 있는 흥국사. 이곳에 내로라하는 아홉 명의 고려 대신들이 은밀히 모여들었단다. 무엇을 논의하기 위한 자리였을까? 이날 아홉 사람은 오랜 시간 토론 끝에 이런 결론에 이르렀어.

"폐가입진!"

폐가입진(廢假立眞)이란 가짜를 폐하고 진짜를 세운다는 뜻으로 신돈의 아들 창왕을 몰아내고 새로운 왕을 세운다는 말이야. 이날 모임은 이성계, 정도전, 조준 같은 급진 개혁파와 정몽주 같은 온건 개혁파가 함께 모인 자리였단다.

여기까지 뜻을 같이했던 급진 개혁파와 온건 개혁파는 토지 개혁 문제를 놓고 틈이 벌어지기 시작했어. 급진 개혁파는 권문세족들이 가지고 있는 토지를 모두 국가가 거둬들여 백성에게 나눠 주자고 주장했고, 온건 개혁파는 그 주장이 너무 과격한 발상이라며 반대했어. 그러다 결국 절충안으로 과전법을 시행하기로 합의했지.

과전법은 국가가 직접 세금을 걷을 수 있도록 전국의 토지를 국가 땅으로 만드는 거야. 과전법 시행 결과 고려의 전, 현직 공무원들은 경기도 지역의 토지에서 나는 곡식을 봉급으로 받을 수 있게 되었고, 나머지 지역에선 국가가 직접 10분의 1의 세금을 거둘 수 있게 되었지.

과전법은 혁명적인 토지 개혁 정책이었어. 돌 하나로 두 마리 새를 잡는다는 일석이조라는 말이 있는데 이성계와 정도전 등 급진 개혁파에게 과전법은 일석삼조, 아니 일석사조였지. 첫째, 권문세족들에게 토지를 빼앗아 그들의 기반을 무너뜨렸어. 둘째, 국가가 세금을 직접 거둬 국가 재정이 크게 늘었지. 셋째, 신진 사대부들에게 경제 기반을 마련해 주어 새 나라를 세우는 데 힘이 됐어. 넷째 농민들 세금 부담이 줄어 민생 경제를 살렸어. 나중에 이성계가 조선을 세웠을 때 고려 백성들이 별다른 반발이 없었던 것도 이런 조치를 취해 놓았기 때문이래.

이렇게 좋은 개혁을 합의로 이뤄 냈음에도 과전법 시행 이후 급진 개혁파와 온건 개혁파 사이는 멀어지고 말았어. 정도전(1342~1398) 등의 급진 개혁파는 이성계를 새로운 왕으로 만들기 위한 역성혁명(易姓革命) 쪽으로 방향을 잡았고, 이에 반발한 정몽주(1337~1392)는 어떻게 해서든 고려라는 나라를 유지하기 위해 움직였기 때문이야. 역성혁명은 왕조의 성씨를 바꾼다는 뜻으로 새 왕조를 세우겠다는 말이지. 이때부터 스승 이색 밑에서 함께 공부했던 정도전과 정몽주는 뜻을 함께하지 못할 적이 되었어.

당시 정치의 주도권은 역성혁명을 내세운 이성계와 급진 개혁파가 쥐고 있었어. 그러니 정몽주만 제거하면 쉽게 목표를 이룰 수도 있는 상황이었지. 하지만 정몽주가 그리 호락호락한 인물이 아니야. 그래서 이성계는 어떻게든 정몽주를 새 왕조를 세우는 데 동참시키려고 애썼어. 그러던 1392년 3월 어느 날 정몽주에게 급진 개혁파를 칠 절호의 기회가 찾아왔어. 그것은 바로 황주로부터 날아온 급보에서 비롯됐지. 급보 내용은 이랬어.

'이성계, 황주에서 사냥 중 말 위에서 떨어져 중상.'

이성계가 황주에 누워 꼼짝 못 하고 있는 사이, 정몽주의 반격이 시작됐어. 정몽주는 이성계의 왼팔과 오른팔인 정도전과 조준을 탄핵해 유배 보내 버렸어. 조정은 다시 정몽주 파가 장악했지. 그러자 이성계의 다섯째 아들 이방원이 급히 황주로 달려갔어.

"아버지, 사정이 이리저리 되었습니다. 어서 개경으로 돌아가셔야겠습니다."

이성계는 아픈 몸을 이끌고 부랴부랴 개경으로 돌아왔어. 하지만 몸이 불편해 조정에 나가지 못하고 집에 누워 있어야 했지. 설령 나간다 해도 오른팔 왼팔 다 잘린 상황에서 정몽주를 상대하기란 쉽지 않았을 거야. 자칫하다간 죽 쒀서 개 줄지도 모른다는 절박한 상황. 이때 무슨 이유인지 정몽주가 이성계 집으로 찾아왔어.

정몽주는 왜 그랬을까? 병문안이라고 하지만 적진과 다름없는 이성계 집을, 그것도 홀로 찾아 나선 이유가 뭐였을까? 역사학자들은 병문안을 구실로 아마 이성계 진영의 동태를 살피려던 게 아니었을까, 하고 추측하긴 하지만 정확한 이유는 정몽주만 알 것 같구나.

정몽주가 이성계 집으로 병문안을 가던 날, 팔순 노모가 이런 시를 읊으며 정몽주를 말렸다고 해.

가마귀 싸우는 골에 백로야 가지 마라
성낸 가마귀 흰빛을 새오나니
청파에 좋이 씻은 몸을 더럽힐까 하노라.

팔순 노모는 까마귀 같은 이성계 일파가 백로처럼 깨끗한 우리 아들 몽주를 해치지나 않을까 염려해 이런 시를 지은 거야. 하지만 정몽주는 문밖까지 나와 말리는 어머니를 안심시키고 이성계 집으로 향했어. 병문안을 가는 길에 정몽주는 얼마 전 이성계의 아들 이방원과 만난 일을 떠올렸지. 어느 날 이방원이 정몽주를 초청하더니 난데없이 시 한 수를 읊는 거야.

이런들 어떠하리 저런들 어떠하리
만수산 드렁칡이 얽혀진들 어떠하리
우리도 이같이 얽혀 백년까지 누리리라.

좋은 게 좋은 거라고, 새 나라 세우는 데 뜻을 같이해 달라는 마음이 담긴 시였어. 어쩌면 협박이었는지도 몰라. 이방원이 날린 〈하여가〉에 정몽주가 답 시를 읊었지. 〈단심가〉라는 시조야.

이 몸이 죽고 죽어 일백 번 고쳐 죽어
백골이 진토 되어 넋이라도 있고 없고
임 향한 일편단심이야 가실 줄이 있으랴.

죽으면 죽었지, 내 눈에 흙이 들어가기 전에는 절대 새 왕조를 세우는 일에 협조하지 않겠다는 의지를 드러낸 시조야. 그날 일을 생각하며 정몽주가 이성계 집을 찾아갔는데 그 자리에서 이성계가 아마 정몽주를 설득한 것 같아. 그런데 정몽주는 끝내 협조하지 않겠다는 의사를 보였던 것 같고.

이런 상황을 간파한 이방원은 자칫하다가는 대업을 망칠지 모른다는 위기감이 들었어. 그래서 정몽주를 제거해야겠다고 결심했지. 그는 부하들에게 집으로 돌아가는 정몽주를 죽이라고 명했어. 정몽주가 선죽교를 지날 때였어. 이방원의 부하들이 들이닥쳐 정몽주를 철퇴로 내리쳤지. 팔순 노모의 만류에도 까마귀 노는 곳에 갔던 백로. 정몽주는 그렇게 고려의 마지막 페이지를 피로 물들이며 역사의 무대에서 사라졌단다.

이방원이 부하들을 시켜 정몽주를 죽인 것에 대해 전해 오는 역사는 이

• 1392년 병문안 차 이성계를 만나고 돌아가는 정몽주를 선죽교에서 이성계의 아들 이방원이 철퇴로 내리쳐 피살했다. 이 사건 이후 이성계는 정도전과 조준을 다시 조정으로 불러들여 새 나라를 세우기 위한 작업에 들어간다.

방원의 단독 소행으로 보고 이성계에게는 혐의를 두지 않아. 이성계는 아들이 정몽주를 죽였다는 말을 듣고 크게 분개하며 혼을 냈다고 해. 그랬을 수도 있는데 정말 이방원이 독단적으로 그랬을까? 설령 이성계가 정몽주를 죽이라고 직접 얘기를 안 했더라도 이방원은 정몽주를 제거해야겠다는 아버지의 마음을 읽었을 거야.

선죽교 정몽주 피살 사건 이후 이성계는 유배 갔던 정도전과 조준을 불러들여 새 나라를 세우기 위한 작업에 착수했어. 그리고 마침내 그를 따르는 사람들의 요청을 받는 형식으로 고려 왕위에 올랐지. 왕씨에서 이씨로 임금의 성이 바뀌는 역성혁명이었지만 나라 이름은 그대로 고려라 했어. 조선이라는 새 국호를 사용하기 시작한 건 그다음 해부터야.

"오늘 준비한 강의는 여기까지다."
"정몽주 멋진데."
토리가 말했다.
"그치? 정몽주의 마지막 반격과 안타까운 죽음이 없었다면 470년 고려 역사가 너무 허무하게 사라졌을 거야. 정몽주는 오늘날 충절의 대명사로 불리는데 조선 시대 와서도 사대부들의 추앙을 받았어. 성삼문, 박팽년, 하위지 같은 선비들이 수양대군이 어린 조카 단종을 몰아내고 왕이 되자 목숨 걸고 반대한 것도 다 정몽주 선배가 보여 준 충신불사이군(忠臣不事二君) 정신을 따른 거라 볼 수 있지."

"충신불사이군?"

"충신은 두 임금을 섬기지 않는다. 나에게 임금은 이성계가 아니라 고려 왕 한 사람뿐이다, 이런 거."

"근데 정몽주도 흥국사 모임에서 이성계와 함께 창왕을 폐위하려고 폐가 입진인지 뭔지에 동의했다며?"

"그러게 말이다. 나도 그걸 모르겠다. 그 임금이 그 임금일 텐데 왜 꼭 이성계만은 왕으로 인정할 수 없다고 한 건지. 아마 왕 자리를 훔친 사람하곤 같이 못 가겠다, 그런 마음이 아니었을까 싶어. 아무튼 오늘은 이성계가 고려를 무너뜨리고 조선을 건국한 이야기까지 하고, 내일은 고려에서 정말 잊어서는 안 되는 중요한 사람들 이야기를 할 거다. 내일 보자. 아 참, 생활사 3분 특강 잠깐 하고 마쳐야지?"

일어서려던 나는 다시 자리에 앉았다.

고려의 국가 의식 팔관회와 연등회

"고려 시대 네 번째 생활사 3분 특강을 시작하겠습니다."
내 말에 토리가 박수를 쳤다.
"오늘은 무슨 얘기해 줄 건데?"
"고려의 대표적인 축제인 팔관회와 연등회. 그 얘기하기 전에 조선을 세우는 데 주도적인 역할을 한 신진 사대부들이 건국 이념으로 내세운 게 있는데 그게 뭔지 아니? 숭유억불 정책이야. 말 그대로 유교를 숭상하고 불교를 억제하겠다는 거지. 국가 정책으로 불교를 억압하겠다는 건 그만큼 고려에서 불교가 흥했고 그에 따른 폐해도 컸다는 반증이야. 그런 불교의 나라 고려에서 행해지던 국가 행사가 바로 팔관회와 연등회란다."
"무슨 말이 그렇게 어려워. 추수감사절, 쉽고 좋잖아."
"모르면 다 어렵다고 하냐. 자, 내 얘기 잘 들어 보면 쉽게 이해될 거다. 팔관회는 하늘과 땅의 신령들에게 불교식으로 제사를 지내는 고려의 대표적인 국가 의식이야. 연등회는 부처 탄신일에 등을 달아 놓고 복을 비는 행사고. 쉽지?"

"팔관이 뭔데?"

"불교 신자들이 해서는 안 되는 여덟 가지 계율. 풀어 보자면, 살생하지 마라, 도둑질하지 마라, 간음하지 마라, 거짓말하지 마라, 술 먹지 마라, 높은 곳에 앉지 마라, 사치하지 마라, 제때 아니면 음식을 먹지 마라, 이런 내용이야. 팔관회는 이것을 엄격히 지키게 하는 데서 시작된 불교 의식의 하나야. 팔관회가 언제부터 왜 시작됐는지 지금부터 쭉 얘기해 줄게."

나는 팔관회와 연등회 이야기를 시작했다.

✿

팔관회는 신라 때부터 시작된 행사야. 그러다가 태조 왕건이 고려를 세운 뒤부터는 아예 국가 행사로 정하고 매년 실시했지. 태조는 팔관회를 무척 중요하게 여겼어. 죽기 전에 훈요 10조에서 팔관회와 연등회를 잘 열어라, 이런 말을 남기기까지 했지.

태조의 유언에 따라 고려에서는 매년 두 차례 팔관회가 열렸어. 음력 10월 15일에는 서경(평양)에서, 11월 15일에는 수도 개경에서. 이틀간 개경에서 열리는 팔관회에는 왕이 직접 행사에 참여해 태조 왕건 초상에 절을 하는 것을 시작으로 하늘 신과 국토를 지켜 주는 신령에 제사를 지내고 신하들의 축하를 받고 송나라, 거란, 여진, 일본 등의 사신들에게 인사를 받았어. 그게 다냐, 아니야. 그런 의식이 끝나면 개경 시내에서는 용, 봉황, 말, 코끼리 모양을 한 수레가 시가행진을 벌이고, 궁궐 앞마당에 마련된 행사장에서는 악사들이 연주를 하고, 무희들이 춤을 추고, 서커스 단원들이 공놀이와 나무 타기 같은 묘기도 펼쳤어. 그러면 왕이 모두에게 음식과 차와 술을 내려 먹고 마시도록 했지.

팔관회는 국가 최대 축제여서 축제 기간 이틀 동안은 개경 사람들이 그 행사를 구경하느라 밤낮을 가리지 않고 행사장에 몰려들었대. 이걸 보면 옛날 부여와 고구려에서 추수가 끝나고 벌였던 영고나 동맹 같은 제천 행사 모습이 떠올라. 그때도 국가 차원의 행사를 열어 하늘에 감사의 제사를 지내고 제사가 끝나면 술과 음식을 먹으며 밤새 춤추고 노래하며 즐겼거든. 그런 축제를 통해 백성들의 마음을 하나로 모으는 거지. 고려의 팔관회도 그런 취지로 행해졌던 것 같아.

팔관회는 한때 열리지 않은 적도 있어. 유교 정치를 중시하던 성종(고려 제6대 왕) 때였지. 그러다가 얼마 뒤 다시 열리게 되었어. 몽골 침입 때 강화도 피란 시절에도 이어지던 팔관회는 고려가 망하면서 다시는 열리지 않게 되었어. 불교를 억압하는 것을 국가 정책으로 내세운 조선이 불교 색채가 짙은 이 행사를 달가워하지 않았기 때문이야.

연등회는 팔관회와 달리 전국 각지에서 펼쳐지던 불교 행사였어. 석가 탄신일인 4월 초파일이 되면 고려 사람들은 절에 가서 건강과 행복을 기원하며 등을 달고 또 갖가지 모양으로 만든 등을 들고 거리를 행진했어. 한번 상상해 봐. 정성껏 만든 등을 밝혀 들고 개경 시내를 무리 지어 다

• **석가탄신일에 행해지는 연등 행사**

고려 시대 국가 의식이던 연등회는 지금까지도 그 풍습이 남아 석가탄신일이 되면 전국 각지의 절마다 연등을 만들어 달고, 연등을 들고 시내를 행진하는 제등 행렬이 펼쳐지기도 한다. ⓒ연합뉴스

니는 모습을. 마치 밤하늘의 별이 흘러 다니는 모습 같지 않겠니? 오늘날에도 연등회 풍습이 남아 있어서 석가탄신일이 되면 전국의 절에서 등을 달고 등을 들고 시내를 행진하는 제등 행렬이 펼쳐지기도 해. 고려 때 유행했던 연등회처럼.

 팔관회와 연등회 이야기를 한 건 고려에서 불교를 빼놓고는 얘기가 안 되기 때문이야. 고려에서 불교는 신앙이자 국가를 통치하는 이념이자 백성들의 마음을 하나로 만들어 주는 매개체였으니까. 3분 특강 팔관회와 연등회 이야기는 요기까지다.

 오늘도 역사 이야기를 끝내고 잠시 바람을 쐬기 위해 큰 바위 하우스를 나왔다. 연등처럼 반짝이는 수많은 별들이 밤하늘에 점점이 박혀 있었다. 토리와 나는 아늑한 바위 의자에 나란히 앉아 그 별을 바라보았다. 별들이 저마다 밝기를 뽐내며 반짝거렸다.

 "아, 좋다. 겨울 밤하늘에 저렇게 많은 별들이 있다니."

 내가 감탄을 쏟아 내자 토리가 팔짱을 끼고 있던 팔을 풀어 하늘을 가리켰다. 나는 그런 토리를 말렸다.

 "영화 안 본다니까. 나는 이렇게 앉아서 별을 바라보는 게 더 좋아."

 토리는 내 말은 들은 체도 안 하고 손가락으로 하늘에 그림을 그리기 시작했다. 그 순간, 그저 밤하늘에 점점이 박혀 있던 별자리들이 태엽을 감은 장난감처럼 살아 움직이기 시작했다. 포세이돈의 아들 오리온이 사냥개를 데리고 달리고, 북극성 뒤에서 큰곰과 작은곰이 움직이고, 백조와 비둘기가 날고, 토끼가 풀을 뜯고, 꽃게가 옆으로 걷고, 이름 모를 동물들이 살아서 움직였다! 그 모습은 지상 최고의 별자리 서커스였다.

나는 그 환상적인 모습에 취해 아무 말도 못 하고 입을 벌린 채 밤하늘만 바라보았다.

다섯째 날

고려인 이야기

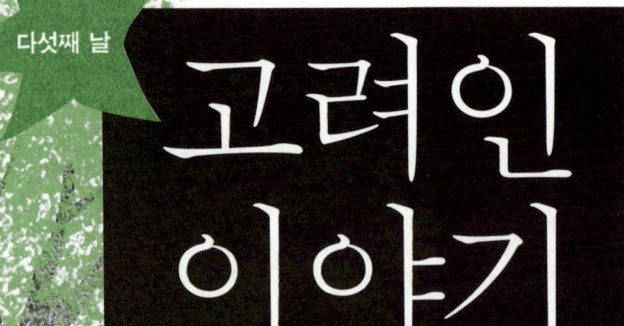

첫 번째 이야기	팔만대장경을 새긴 사람들
두 번째 이야기	화약 무기 개발해 왜구 물리친 최무선
세 번째 이야기	목화씨를 전한 문익점
네 번째 이야기	왕후장상의 씨가 따로 있더냐!
판타스틱 생활사 3분 특강	향소부곡 사람들

첫 번째 이야기
팔만대장경을 새긴 사람들

아침에 거실에 나갔더니 토리가 입을 댓 발이나 내놓고 앉아 있었다.

"아침부터 표정이 왜 그래? 잠을 잘 못 잤냐?"

토리가 심통 맞은 표정으로 "쳇." 하고 고개를 돌렸다.

"넌 그럴 때 제일 귀엽더라. 뭔가 불만과 원망이 반반쯤 섞여 있는 그 얼굴. 말해 봐, 뭐가 문제야?"

그제야 토리가 입을 열었다.

"나는 아자씨 위해서 별별 쇼를 다 하는데 아자씬 나한테 뭐 해 주는 것도 없고."

"하하. 지금 그걸 애교라고 부리는 거냐? 내가 왜 해 주는 게 없어. 강의 열심히 하고 있잖아. 알았다. 이 아저씨가 널 위해 노래 한 곡 불러 줄게. 잘 들어 봐. 흠흠. 동산 위에 올라서서 파란 하늘 바라보면 천사 얼굴 토리 얼굴 마음속에 그려 봅니다. 하늘 끝까지 올라 실바람을 끌어안고 날개 달린 천사들과 속삭이고 시퍼라아."

"아주 그냥 잘도 속삭이시네. 하늘 끝까지 올라가 보셔. 거기 천사 없어. 뭘 부탁한 내가 잘못이지. 어서 강의나 해 주셔."

"이거 정말 미안한데. 대신 내가 오늘은 빵빵 터지는 얘기해 줄게. 뭐냐면 대한민국 초등학생이 알아야 할 중요한 인물 이야기다. 귀 쫑긋 세우고 잘 들어 봐라. 간다."

나는 위대한 문화유산 **팔만대장경** 이야기를 시작했다.

몽골군의 말발굽이 고려 산하를 무참히 짓밟고 다니던 때의 일이란다. 무신 집권자 최우는 임시 수도 강화도에서 비상 대책 회의를 열고 어떻게 하면 저 잔인한 몽골군을 물리칠 수 있을까 의견을 모았지. 회의 끝에 최우는 획기적인 대책을 내놓았어.

"대장경을 다시 만들어 몽골군을 물리치자!"

몽골군을 물리칠 첫 번째 방안으로 대장경을 새기기로 한 거야. 대장경이 뭐냐고? 부처님 말씀을 나무판에 새긴 경전이야. 최우가 대장경을 만들어 부처의 힘으로 외적을 물리치겠다고 생각한 데는 그럴 만한 까닭이 있었어.

2백여 년 전 거란이 고려를 침략했을 때 고려는 대장경을 만들어 거란 군을 물리친 적이 있었어. 고려군이 대장경을 최첨단 무기로 사용해 거란군을 물리친 건 아니지만, 대장경을 새긴 이후 거란군은 고려에서 물러났지. 물론 거란군을 물리친 건 서희와 강감찬이 뛰어난 활약을 한 덕분이었지만 고려 사람들은 부처의 힘으로 외적을 물리쳤다고 생각했어.

그런데 거란군보다 더 강력한 몽골군이 쳐들어와서는 대구 부인사에 보관돼 있던 대장경을 홀랑 태워 버렸지 뭐니. 그러자 무신 집권자 최우는 다시 한 번 부처의 힘을 빌려 외적을 물리치겠다며 대장경을 만들기로 결정했어. 그때 만든 대장경을 팔만대장경이라고 해.

몽골 침입 때 만든 대장경을 팔만대장경이라고 부르는 이유가 있어. 고대 인도에서는 아주 많은 수를 8만이라고 했대. 그런 의미로 팔만대장경이라고 했고, 또 실제로 팔만대장경의 판목 수가 8만 개가 넘어서 팔만대장경이라 이름 붙였대.

최우의 결정에 따라 1236년 고려 최대 국책 사업인 팔만대장경 조판이 시작되었어. 몽골군의 말발굽이 미치지 않는 강화도와 남해에 대장경 제작을 위한 임시 관청을 설치하고 본격적인 제작에 들어갔지. 8만여 장의 목판을 만드는 건 정말 어마어마한 사업이야. 한번 상상해 봐라. 16년 동안 8만 개가 넘는 목판에 경전을 새긴다고 말이야.

대장경을 만들려면 무엇부터 해야 할까? 우선 글자를 새길 나무판을 만들어야겠지. 이를 위해 산에서 산벚나무와 돌배나무를 베어다 바닷물에 푹 담가. 그러고 나서 나무를 건져서 대략 세로 24~25센티미터, 가로 69, 또는 78센티미터, 두께 2.4~3.6센티미터의 나무판으로 만들어. 그다음 그 나무판을 소금물에 찌지. 왜 소금물에 찌냐고? 기름기를 제거하기 위해서야. 그러고 나서 나무가 뒤틀리지 않도록 그늘에 말리면 판목 완성.

판목이 만들어지는 동안 학자들과 승려들은 판목 크기에 맞는 종이에 경전을 써. 대장경에 들어가는 내용은 부처의 행적과 말씀이야. 그렇게 만든 경전은 틀린 글자가 없는지 빠진 글자는 없는지 꼼꼼하게 교정을 보고 나서 경전을 완성하지.

그다음엔 경전을 쓴 종이를 잘 마른 판목에 뒤집어서 붙여. 왜 뒤집어 붙이냐고? 그래야 먹물을 묻혀 인쇄를 했을 때 글자가 바로 찍히거든. 도장 생각하면 돼. 그러고 나서 조각칼로 글자를 새기는 거야. 정말 대단하지 않니? 이렇게 한 자 한 자 새겨서 8만 개가 넘는 목판을 만들었으니.

그렇게 경전이 만들어지면 목판에 먹물을 칠해서 글자와 판 사이의 미세한 틈을 메우고 다시 옻칠을 해. 옻칠을 해야 나무가 좀먹는 걸 방지할 수 있거든. 나무판이 만들어지면 양옆에 각목을 대서 비틀어지는 걸 막고 마지막으로 네 귀퉁이에 구리판을 붙이면 대장경판 완성!

이렇게 만들어진 대장경판이 모두 8만 1258장이라고 해. 이토록 방대한 사업이었기 때문에 팔만대장경은 벌목공에서부터 운반하는 사람, 대패질하고 깎는 사람, 칠하는 사람, 교정 보는 사람, 글자 새기는 사람 등 수많은 사람이 동원됐어.

참, 팔만대장경판을 위로 쌓으면 높이가 얼마나 되는지 아니? 글쎄, 우리나라에서 제일 높은 백두산보다 높다는구나. 무게도 어마어마하대. 280톤이 넘는다니까 4톤 트럭 70대 분량은 되지. 더 놀라운 건 이걸 다 읽으려면 한자에 익숙한 사람이 하루 8시간씩 읽는다고 할 때 30년이 걸릴 정도래. 이토록 방대한 양의 대장경이 오자나 탈자가 거의 없이 완벽하게 만들어졌다는 데 대해서 나는 입을 다물지 못하겠다.

팔만대장경은 1251년부터 강화도 선원사에 보관돼 오다 조선 초 태조 때 해인사로 옮겨졌어. 팔만대장경을 보관한 건물을 장경판전이라고 하는데 이 건물이 또 예술이야. 팔만대장경이 오늘날까지도 훼손되지 않고 쌩쌩하게 남아 있는 건 장경판전의 과학적인 공기 순환 시스템과 온도 습도 자동 조절 장치 덕분이래.

해인사 장경판전은 해발 600미터가 넘는 곳에 위치해 있는데 그곳은 늘 바람이 잘 부는 곳이래. 건물을 지을 때는 땅을 파고 횟가루와 숯을 묻어 습기를 조절할 수 있도록 했어. 건물 아랫부분 창은 넓게 윗부분은 작게 만들어 바람이 들어오면 두루 통하면서 천천히 빠져나가게 했지. 이렇게 만든 건 온도와 습도를 적절하게 유지하기 위해서야. 나무는 습도에 제일 취약하거든. 습도가 많으면 곰팡이가 생기니까.

고려인들의 정성과 과학 기술 덕에 오늘날 우리는 고려가 자랑하는 팔만대장경을 볼 수 있게 되었지. 세계에서도 팔만대장경의 가치를 인정해 팔만대장경을 세계기록유산으로, 팔만대장경이 보관되어 있는 장경판전

• 세계문화유산 장경판전과 세계기록유산 팔만대장경

해인사 장경판전에 보관되어 있는 팔만대장경은 부처의 힘을 빌려 몽골군을 물리치겠다는 우리 조상들의 염원을 담아 1236~1251년의 16년간 제작 완성되었다. 팔만대장경은 제작 당시 강화도 선원사에 보관돼 있다가 조선 시대 1398년(태조 7년) 왜구의 수탈을 피해 합천 해인사로 옮겨 보관했다. 장경판전은 건물의 방향, 창의 크기와 위치 등 습도 조절이 잘 되도록 과학적으로 설계되어 있어 그 가치를 세계적으로 인정받아 1995년 대장경과 함께 유네스코 세계문화유산에 등록되었다. ⓒ 연합뉴스은 세계문화유산으로 인정했어. 그래서 특별히 팔만대장경을 소개한 거야. 고려의 문화를 대표하는 게 고려청자와 팔만대장경이니까.

그런데 이처럼 소중한 우리 문화가 하마터면 잿더미로 변할 뻔한 적이 있었어. 무슨 사연인지 궁금하다고? 전에 내가 그 이야기를 신문에 쓴 적이 있는데 읽어 줄 테니 잘 들어 봐. 제목은 '해인사 폭격 명령 거부하고 팔만대장경 지켜 낸 김영환 편대장'이야. 흠흠.

한국전쟁 중에 있었던 일입니다. 1951년 8월 중순, 김영환 공군 대령이 이끄는 전투기 편대가 북쪽으로 후퇴하는 북한군 수백 명을 폭격하기 위해 출동했습니다. 미군 정찰기가 북한군이 숨어 있는 지점을 포착해 김영환 편대장에게 폭격 명령을 내렸습니다.
"폭격 위치. 합천 해인사. 오버."
폭격 명령을 받은 김영환 대령이 전투기 네 대를 이끌고 해인사 상공을 향해 쏜살같이 날아갔습니다. 전투기에는 해인사를 통째로 날려 버릴 만큼 강력한 포탄이 실려 있었습니다. 해인사 상공에 도착한 김영환 대령은 웬일인지 그곳에 포탄을 떨어뜨리지 않고 해인사 주변 산속에 숨어 있는 북한군에게 기관총 사격만 한 채 부대로 돌아갔습니다. 전쟁 중 명령 불복종은 총살감이라고 합니다. 상황을 보고받은 이승만 대통령은 김영환 대령을 총살이 아니라 대포로 쏴 죽여야 한다며 노발대발했답니다. 김영환 대령은 결국 저녁때 미군 조사단에 불려가 조사를 받게 되었습니다. 미군 조사관이 물었습니다.

"왜 폭격 명령을 따르지 않았습니까?"

조사관 물음에 김영환 대령이 대답했습니다.

"2차 세계대전 당시 미군이 일본을 공습할 때 일본의 천년 고도였던 교토를 폭파하지 않은 건 그곳에 문화가 있었기 때문 아닙니까? 우리에게는 세상 무엇과도 바꿀 수 없는 세계적인 보물이 있습니다. 바로 해인사에 보관되어 있는 팔만대장경입니다."

김영환 대령은 우리 민족의 보물인 팔만대장경을 지키기 위해 명령을 거부했던 것입니다. 만약 김영환 대령이 해인사에 포탄을 투하했다면 우리 민족의 문화유산이자 세계의 보물인 팔만대장경은 지구상에 존재하지 않았을 것입니다.

내가 팔만대장경 칼럼을 다 읽자 토리가 궁금한 게 있다며 손을 들었다.

"말해 봐."

"팔만대장경 만들어서 몽골군은 물리쳤어?"

"물론 아니지. 팔만대장경으로 몽골군을 물리치진 못했어. 외려 그거 만드는 사이에 몽골군이 경주에 있는 황룡사 9층 목탑 불태우는 바람에 세계에서 가장 높은 목탑을 날려 버렸지."

"그럼 뭐야? 몽골군을 물리치지도 못하고 백성들만 고생시켰잖아. 차라리 그거 만드는 노력으로 몽골군과 싸우는 백성들 지원해 줬으면 더 좋지 않았을까?"

"그렇게 생각할 수도 있지만 부처에게 몽골군 물리쳐 달라고 빌며 정성껏 글자를 새겼을 고려 사람들 마음도 생각해야지. 그런 마음이 하나로 모이면 없던 힘도 생기는 거다. 최우가 노렸던 게 바로 그거야. 대장경 제작 사업을 통해 고려 민심을 하나로 모아 외적을 물리치자, 이런 거. 그런 노력 덕에 고려는 대장경을 만들기 시작한 지 16년 만에 마침내 팔만대장경을 완성해 낸 거다.

현재 고려의 팔만대장경은 세계에서 가장 오래된 대장경판이야. 거란 침입 때 초조대장경을 만들 때 참고했던 송나라 대장경이나 거란 대장경은 남아 있지 않으니까. 고려는 팔만대장경뿐만 아니라 세계에서 가장 먼저 금속 활자로 인쇄를 한 것으로도 유명해. 지금은 남아 있지 않지만 1234년에 《상정고금예문》이란 책을 세계 최초로 인쇄했고, 1377년에는 〈직지심체요절〉이라는 불경을 인쇄했어. 이 책이 세계에서 가장 오래된 금속 활자본으로 인정을 받고 있어. 서양에서 구텐베르크가 최초로 금속 활자를 이용해 성서를 인쇄한 것보다 팔십여 년 빨라. 고려 사람들 대단하지 않니? 자랑이 좀 심했나?

아 참, 한 가지 덧붙일 말이 있어. 최근에 《직지심체요절》보다 앞선 금속 활자본이 있다는 연구 결과가 나왔어. 주인공은 1239년 고려 시대 때 제작

된《남명천화상증도가》라는 책이야. 남명천화상증도가란 당나라 현각 스님이 도를 깨친 걸 증명하는 노래를 불렀다는 뜻이야. 이 책 찍을 때 사용한 금속 활자를 책 이름을 따서 '증도가자'라고 하는데, 그동안 이 활자를 놓고 진짜다 가짜다 논란이 있었거든. 그런데 최근에 국립문화재연구소가 진품이라고 발표했어. 그렇다면 증도가자 활자로 찍은《남명천화상증도가》가 세계에서 가장 오래된 금속 활자본이 되는 거지. 그동안 가장 오래된 걸로 알려진《직지심체요절》보다 최소 138년 이상 앞서는. 대단하지 않냐?"

"빵빵 터지는 얘기라더니 뭐 별로네."

"애 좀 봐라. 이것만큼 빵 터지는 얘기가 어딨냐. 세계에서 가장 오래된 금속 활자본의 주인공이 바뀔지도 모르는데, 아직 공식적으로 인정이 안 돼서 단언하긴 이르지만, 고려의 금속 활자 기술은 정말 대~단한 것 같다. 하하."

나는 기분 좋게 웃으며 다음 이야기를 시작했다.

한눈에 보는 한국·중국·일본

1368	1377	1378	1380	1383	1389
중 명 건국(~1644)	한 화통도감 설치	한 이성계 황산대첩	한 최무선 진포대첩	한 최무선 관음포 해전	한 박위 쓰시마 정벌

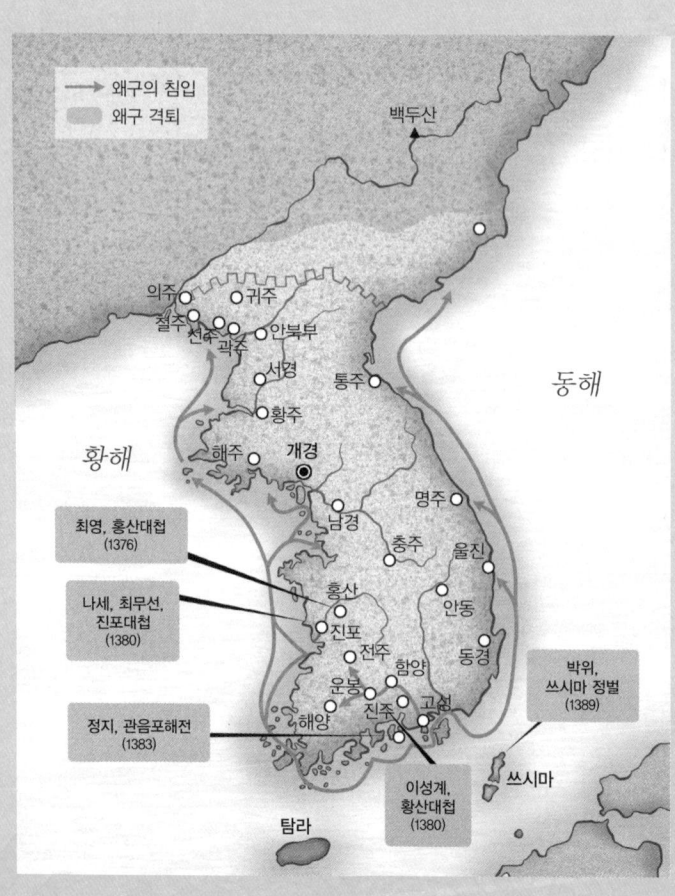

• 왜구의 침입과 격퇴

두 번째 이야기

화약 무기 개발해 왜구 물리친 최무선

"이번 시간엔 고려사에서 빼놓아선 안 되는 굉장히 중요한 인물을 소개할게. 진짜 빵빵 터지는 얘기다."

"진짜?"

토리가 두 눈을 동그랗게 뜨며 물었다.

"우리 역사 최초로 화약과 화약 무기를 개발해 왜구를 물리친 최무선이다. 최무선은 고려사뿐만 아니라 우리 역사를 통틀어서 무척 의미 있는 인물이니까 집중해서 잘 듣기 바란다."

집중하라는 내 말은 아랑곳하지 않고 토리가 손가락으로 콧구멍을 후비며 딴청을 피웠다. 나는 "요게." 하며 꿀밤을 먹이는 시늉을 했다.

"아야! 지금 뭐 하는 거야? 강의해 달랬지 누가 꿀밤 달랬어?"

토리가 두 손으로 머리를 감싸며 투덜거렸다.

"그러니까 집중하라고! 자, 그럼 오늘의 주제인 최무선의 화약 이야기 하기 전에 지구인의 무기에 대해 잠깐 알아보기로 하자. 인류는 석기 시대부터 각종 무기를 만들어 사용했어. 가장 간단한 무기는 돌과 나무 몽둥이였어. 석기 시대 사람들은 돌로 만든 찍개나 찌르개, 돌창으로 사나운 짐승을 사냥했지. 그러다가 활이라는 장거리 공격용 무기를 발명했어. 활은 멀리서도 안전하게 목표물을 공격할 수 있는 무기였어. 활 다음엔 더 멀리, 더 빠르게, 더 정확히, 더 치명적으로 적을 없앨 수 있는 총과 대포, 미사일이 발명됐어. 탄환을 더 멀리 날려 보낼 수 있게 된 건 바로 화약 덕분이다. 그 화약 무기를 우리 역사에서 처음 개발한 사람이 바로 최무선이란 말씀."

내 말이 끝나기 무섭게 토리가 나를 향해 손가락을 쭉 펴며 말했다.

"난 화약 따윈 필요 없는데."

"으윽. 손가락 저리 안 치워!"

내 표정이 우스웠는지 토리가 손가락을 입에 대더니 "호~." 하고 연기 부는 시늉을 했다.

"너 지금 감마건 있다고 아저씨 겁주는 거냐?"

토리는 고개를 좌우로 살랑살랑 흔들며 헤헤거렸다.

"한 번만 더 나한테 손가락 들이대 봐. 아주 그냥 강의고 뭐고 확 중단할 테니까."

"아, 알았어. 안 그럴게. 얼른 한국사 이야기 들려줘. 응?"

"아유, 저 얄미운 녀석. 알았다. 이야기 시작하마. 고려 말 최무선이 화약 무기를 개발해야겠다고 생각한 까닭이 있다. 왜구를 물리치기 위해서였지. 1350년대 들어서부터 왜구들이 한반도에 몰려와 전라도, 경상도, 충청도, 심지어 수도 개성 부근까지 쳐들어왔어. 최무선은 1325년에 태어났는데 아마 왜구 침략을 보았거나 전해 듣고 왜구를 물리칠 방법을 고민했던 것 같아. 당시 왜구의 만행이 얼마나 심했는지 기록에도 잘 나와 있어. 세금으로 바치는 곡식 운반선과 곡식 창고를 습격해 식량을 빼앗고, 마을에 들어가 젊은이들을 포로로 잡아가고, 부녀자를 겁탈하고, 심지어 어린아이를 죽여 배를 가르고……. 아무튼 상상 이상의 만행을 저질렀대."

"왜구라면 도적 떼 아닌가? 고려는 그 도적 떼 하나 못 막았어? 최영과 이성계 장군은 뭐 하시고?"

"왜구라니까 기저귀처럼 생긴 빤스 한 장 걸치고 칼 들고 설치는 일본인일 거라 생각할 수도 있는데 그건 오해야. 그들은 중무장 갑옷을 입고 기병과 보병으로 구성된 일본군 정예 부대였어. 어제 황산대첩에서 이성계가 일본군 대장 아기발도 죽인 얘기 잠깐 했잖아. 그때 아기발도는 쇠로 만든 투구를 쓰고 얼굴은 하회탈 같은 마스크로 보호해서 화살로 쓰러뜨리기가 힘들었대. 그래서 이성계가 투구 끈을 화살로 쏘아 맞힌 뒤 이성계 부하가 바로 화살을 날려 쓰러뜨렸대. 그 정도로 당시 왜군 무장이 장난 아니었다는 거지. 그래서 최무선은 왜구를 물리칠 방법은 화약 무기밖에 없다고 생각하고 본격적인 화약 개발에 나서게 되었다."

나는 본격적으로 신무기 개발에 힘쓴 **최무선** 이야기를 시작했다.

❀

오늘도 최무선(1325~1395)은 원나라 배가 들어오는 벽란도에 나갔어. 최무선의 관심은 오로지 화약이었어. 하지만 고려에는 화약 제조법을 아는 사람이 없었지. 그래서 그 기술을 알고 있는 중국인이 혹시 고려에 오지 않을까 하는 기대를 품고 항구에 나간 거야.

최무선은 원나라 상인들을 볼 때마다 "화약 제조법을 아느냐?"고 물어보았어. 하지만 그런 사람을 찾기란 쉽지 않았어. 설령 제조법을 안다고 해도 가르쳐 주지 않았을 거야. 화약 제조법은 국가 기밀 사항이었으니까. 그렇게 몇 날 며칠을 찾아 헤매던 최무선은 원나라 상인 이원이 화약을 만드는 기술자라는 말을 들었어.

최무선은 괜찮다면 자기 집에서 묵어도 좋다며 이원에게 접근했어. 일단 접근 성공. 다음 순서는 화약 제조법을 캐내는 거였어. 최무선은 자칫 선불리 말을 꺼냈다가 일을 그르칠까 봐 우선 이원을 후하게 대접해 주었어. 그렇게 며칠이 지난 어느 날 최무선이 은근하게 말했지.

"들자 하니 염초 기술자라던데 염초는 어떻게 만드는 것이오?"

염초는 화약을 만드는 결정적인 원료인데 화약이라는 말 대신 쓰이기도 했어. 이원은 선뜻 대답해 주지 않았어. 그러자 최무선은 자기가 왜 화약 기술을 알려고 하는지 솔직하게 말했지.

최무선의 마음을 안 이원은 그제야 최무선에게 화약 만드는 기술을 가르쳐 주었어. 왜구들이 원나라에도 쳐들어와 노략질을 했기 때문에 원나라 사람인 이원도 왜구라면 치를 떨고 있었거든.

"화약은 염초와 유황과 숯을 섞어 만든다오. 가장 중요한 건 염초를 만드는 기술인데 먼저 마루나 담 밑의 흙을 긁어다 오줌과 말똥 등을 섞어 반 년 이상 묵혀야 하오. 그러면 퇴비 비슷한 물질이 되는데 여기에 재를 섞어 염초를 만듭니다. 그다음 농축시킨 염초 용액을 잘 걸러서 말리면 염초 가루가 되지요. 여기에 유황과 숯을 섞으면 흑색 화약이 되는 거라오."

그날부터 최무선은 염초 제조에 나섰어. 하지만 염초는 하루아침에 만들 수 있는 게 아니어서 몇 년 동안의 실패를 거듭해야 했지. 그러다 마침내 화약 제조에 성공했단다.

화약 제조에 성공한 최무선은 고려 조정에 화약 무기를 만들어 왜구를 물리쳐야 한다고 말했어. 하지만 사람들 반응은 시큰둥했어.

"불꽃놀이나 하는 화약으로 무슨 무기를 만든다고."

심지어 그들은 최무선이 위험한 인물이라며 험담까지 늘어놓았지. 하지만 최무선은 포기하지 않고 화약 성능을 보여 주며 높은 관리들을 설득했어. 그러는 중에도 왜구들은 경상도, 전라도, 충청도를 휘저으며 약탈을 계속했지. 그러자 고려 조정은 왜구를 물리칠 획기적인 방안이 절실해졌어. 1377년 우왕은 마침내 최무선의 건의를 받아들여 화통도감이라는 화약 무기 제조 관청을 설치하고 최무선에게 화약 무기 개발 책임을 맡겼단다.

 화통도감에서 최무선은 대장군포와 이장군포, 삼장군포, 육화석포 등을 만들었어. 이 화포들은 화약이 폭발하면서 내는 힘을 이용해 화살이나 탄환을 멀리 날려 보내는 무기야. 성벽이나 전함을 파괴하는 데 쓰이는 화포지. 최무선은 또 질려포라는 화기도 만들었어. 이 무기는 둥근 형태의 속이 빈 나무통에 화약과 작은 쇳조각을 채워 넣고 발사하면 폭발하면서 쇳조각이 날아가 적을 죽이는 신무기야. 오늘날 부비트랩처럼 파편이 쫙 퍼지면서 적을 공격하는 무기지. 이 밖에도 로켓의 원리를 이용한 주화와 화전 같은 무기도 만들어 냈어. 최무선이 화통도감에서 만든 화기는 모두 18종이야. 화기 개발에 성공한 최무선은 화포를 장착한 전함 제작에도 성공했어. 최무선의 고독한 집념과 집요한 노력 끝에 마침내 화포 사격이 가능한 전함이 완성된 거야.

 1380년 때마침 왜구들이 5백여 척의 배를 이끌고 진포로 쳐들어왔다는 소식이 들려왔어. 진포는 서해 군산 앞바다야. 최무선은 '드디어 화포의 위력을 입증할 기회가 찾아왔다!'고 생각했지.

 고려 조정은 화포를 실험해 볼 수 있는 기회로 여겨 최무선을 도원수에 임명해 진포로 출정하도록 했어. 고려 수군이 1백여 척의 전함과 함께 진포에 도착하자 왜구들은 500척의 배를 서로 연결해 해상 요새를 형성하고 고려 수군을 맞았어. 왜구들은 고려 전함이 화포를 장착한 줄 모르고 별다른 대비를 하지 않았어.

- **고총통과 신기전**

  최무선 장군은 고려 말 왜구의 침입을 막기 위해 화약 제조법을 배우고 조정에 건의해 화약 무기 제조 관청인 화통도감을 설치했다. 그리고 진포대첩과 관음포해전에서 왜구를 크게 물리치는 성과를 올렸다. 경희대박물관에 소장된 고총통(위쪽)은 우리나라에서 가장 오래된 총통으로 고려 말 최무선에 의해 제작되었거나 적어도 조선 세종 이전에 제작된 것으로 추정된다. 신기전은 고려 말 최무선에 의해 제조된 주화라는 화약 무기를 개량한 로켓 형태의 무기다. _ⓒ 경희대학교박물관 소장 최무선은 단단히 연결돼 있는 5백여 척의 왜선을 향해 화포를 발사했어. 요란한 굉음과 함께 불화살과 작은 폭탄이 왜선을 향해 날아갔지. 화포 공격을 받은 왜선 5백여 척이 순식간에 불길에 휩싸이고 불화살과 파편에 맞은 왜군이 쓰러졌어. 이때 화포 공격으로 왜선은 모두 불타고 수천 명의 왜구들이 목숨을 잃었지. 우리 역사 최초로 함포 사격을 가해 왜구를 물리친 이 전투가 진포대첩이야.

이후 퇴로를 차단당한 왜구 잔당들은 내륙으로 도망치다가 지리산 남원 쪽 운봉이라는 곳에서 이성계 군대에 섬멸을 당했어. 이 전투가 바로 황산대첩이고.

진포대첩에서 승리한 고려는 왜구에 대한 자신감을 얻었어. 하지만 왜구도 침략을 포기하지 않고 3년 뒤인 1383년 관음포로 다시 쳐들어왔어. 관음포는 오늘날 경남 남해인데 임진왜란 때 이순신 장군이 마지막 전투를 벌였던 바로 그곳이야.

관음포전투 때도 최무선은 화포를 장착한 전함을 이끌고 참전했어. 화포에 된통 당했던 왜구들은 120여 척의 배를 서로 연결하지 않고 고려 수군에 맞섰어. 하지만 최무선의 화포 공격을 피할 수 없었지. 최무선은 왜선에 화포와 불화살을 발사해 왜선 수십 척을 불살랐어.

진포해전과 관음포해전에서 잇따라 승리를 거두자 고려는 방어 전술 대신 선제공격 작전을 펴기로 했어. 그 결과 1389년 박위로 하여금 왜구 소굴인 대마도, 쓰시마를 정벌하도록 했어. 1백여 척의 전함을 이끌고 대마도로 출전한 박위는 대마도 해안에 정박해 있던 왜선 3백여 척을 모두 불태워 버렸지. 대마도 정벌 이후 왜구의 침공은 눈에 띄게 줄어들었어. 일본은 다음 해 사신을 보내 고려의 신하가 되겠다고 머리를 숙였지. 이런 성과는 화약을 개발해 왜구를 물리치겠다는 최무선의 집요한 노력의 결과라고 해도 지나친 말이 아니야.

1395년 최무선은 죽기 전 책 한 권을 부인에게 주며 말했어.

"아이가 장성하거든 이 책을 주시오."

부인은 아들이 15세가 되자 그 책을 주었대. 그 책에는 화약 만드는 법과 화포 제작 기법이 담겨 있었어. 아버지에게 화약 무기 제조법을 전수받은 아들은 아버지의 뒤를 이어 화기 전문가가 되었다는구나. 최무선 이야기는 여기까지.

이야기를 마치고 토리에게 물었다.

"최무선과 화약 이야기 재미있었냐?"

"응. 아주 빵빵 터졌어."

"허허 참. 너무 감동적이어서 뒤로 자빠질 것 같다는 둥, 그런 오버보다는 신선하다."

"듣기 좋은 꽃노래도 한두 번이라며. 그래서 그런 거 안 하려고. 근데 화약이 하는 역할이 뭐야? 그렇게 대단해?"

"말했잖아. 화약에 불을 붙이면 폭발하면서 추진력이 생긴다고. 불꽃놀이 생각하면 돼. 화약에 불이 붙으면 폭죽이 하늘로 쑝 날아가서 펑 터지잖아. 그러면 불꽃이 하늘을 화려하게 수놓는 거지. 생각해 봐라. 그 불꽃이 그냥 불꽃이 아니라 쇠 파편이나 화살이라면? 에구, 끔찍해."

내가 몸서리치는 시늉을 하자 토리가 두 눈을 동그랗게 뜨고 말했다.

"우리도 불꽃놀이 해 보자."

"그래? 알았어. 내가 마침 폭죽 몇 개 가져온 게 있으니까 이따가 밤에 한 번 해 보지 뭐."

"아자씬 뭘 그렇게 마침 가져온 게 많아? 누가 보면 미리 알고 준비해 온 줄 알겠어."

"그게 다 살아 있는 4차원 입체 강의하려고 그런 거지. 토리 널 위해서."

"아이유, 고마워라. 아주 그냥 고마워서 눈물이 다 나려고 하네. 내 눈 좀 봐. 눈물 안 보이우?"

"토리야, 오버다. 그만해라. 오전 강의 마쳤으니까 좀 쉬었다가 오후 수업 할까?"

"좋아. 그런데 말이야……."

"왜? 뭐 또 궁금한 거 있냐?"

"한 가지 이해 안 가는 게 있어. 최무선 강의하면서 왜구, 왜구 그랬잖아. 어제 공민왕 때도 왜구가 침입해서 난리쳤다 그랬고. 근데 나카무라 상한테 왜구 얘기 못 들었어. 그 당시 일본인들의 해외 진출이 활발했다는 말은 들었는데. 이상하네."

토리가 고개를 갸우뚱했다.

"이상해? 이상하면 뿌리 깊은 치과. 우하하, 농담이고. 이상하면 나카무라 상 모시고 와. 네 앞에서 나카무라 상 아주 까무러치게 만들어 줄 테니까. 아, 모시고 오는 김에 왕 서방도 모셔 와라. 왜구 문제는 고려와 일본만의 문제가 아니라 14세기 동아시아의 가장 큰 이슈였으니까 같이 토론하면 좋을 거다. 오케이?"

"오케이."

토리가 오케이 사인을 보냄과 동시에 큰 바위 하우스를 나갔고 지난번처럼 정확히 구 분 만에 두 사람을 데리고 들어왔다. 정말 놀랍다!

왕 서방과 나카무라 상이 나를 보더니 다시 만나서 반갑다느니, 큰 바위 하우스 경치가 끝내준다느니, 여기서 며칠 쉬다 가고 싶다느니, 별 얘길 다 했다. 우리는 지난번처럼 토리가 나눠 준 동시통역기를 끼고 탁자에 둘러앉았다. 이번에도 사회는 토리가 맡기로 했다.

"오늘 선생님들을 이 자리에 모신 이유는 왜구가 고려를 침략해 많은 피해를 줬다는데, 그게 정말인지, 정말이라면 왜구는 왜 그랬는지, 왜구 침략이 동아시아 역사에 어떤 영향을 미쳤는지, 지구별 동아시아 역사 담당관으로서 알고 싶어서입니다. 그럼 먼저 왜구가 무엇인지부터 얘기해 주세요. 말씀 순서는 없고요, 아무나 생각나는 대로 마구 떠드시면 됩니다."

그렇게 두 번째 한중일 역사 토론이 시작되었다.

생생 한중일 역사 토론

이 작가 제가 먼저 말씀드리죠. 왜구(倭寇)는 '침략하여 노략질하는 일본인'이란 뜻입니다. 의미를 좁혀서 말하자면 고려 말부터 조선 초 사이에 한반도를 침략해 약탈과 방화와 살인과 도적질을 일삼은 일본 해적을 말합니다.

왕 선생 우리는 왜구를 광노(狂奴)라 부릅니다. 미친 도둑들이란 뜻이죠. 원나라와 명나라 교체기 때 광노들 때문에 미칠 지경이었지요.

나카무라 상 두 선생님 말씀이 좀 지나친 것 같군요. 왜구라니요, 광노라니요. 우리 일본에선 그런 표현 안 씁니다. 해외 진출의 선구자들이라고 부르지요. 제가 일본 문부성 역사 교과서 담당관이라 잘 압니다만, 저희 중고등학교 교과서에 이렇게 나옵니다. '막부 시대 규슈 북부 지역과 쓰시마에 살던 일부 어민과 상인과 무사 중에는 무역 선단을 꾸려 대륙이나 반도로 건너가 무역을 하는 사람들이 있었다. 이들은 교섭이 잘 이뤄지지 않으면 해적으로 변신해 횡포를 부리는 경우가 조금 있었다. 원나라나 고려는 이를 왜구라 부르며 두려워했다.' 이것이 팩트입니다.

이 작가 노략질하러 남의 나라 침략한 사람들을 해외 진출의 선구자라고 하다니 어이가 좀 없군요.

토리 잠깐만요. 이러다 싸우시겠어요. 제가 정리해 볼게요. 왜구가 해적질을 했다는 건 모두 인정하는 거 같아요. 그런데 이 작가님과 왕 선생님은 왜구가 맘먹고 의도적으로 남의 나라 쳐들어가서 노략질을 했다고 보는 것 같고요, 나카무라 상은 처음부터 그럴 의도는 없었는데 무역을 하다 보니 불가피하게 그렇게 됐다, 이렇게 보는 것 같아요. 맞죠?

나카무라 상 맞습니다.

이 작가 틀렸습니다. 왜구가 어민이나 상인이라느니, 처음부터 의도적으로 그럴 생각이 아니었다느니 하는 말은 말이 안 됩니다. 왜구는 전술, 조직, 무력을 갖춘 일본의 무장 군인들이었어요. 병력이 수천 명에 이르고, 선박이 수백 척에 이르는 대규모 군대였지요. 어민이나 상인들이 교섭이 안 돼서 어쩔 수 없이 해적질을 했던 게 아닙니다. 그들이 어민이나 상인 혹은 무사의 일부라면 고려가 30년 넘게 왜구한테 시달림을 당했겠습니까?

왕 선생 맞습니다. 이 선생 말이 전적으로 옳습니다. 왜구는 처음부터 작정을 하고 중국과 고려를 침략해서 노략질한 해적 집단입니다.

나가무라 상 좋습니다. 해적질을 좀 했다고 칩시다. 그렇게 말씀하시면 함대를 이끌고 아시아와 아프리카 누비던 영국도 해적 집단 아닌가요? 그렇다고 영국보고 해적 집단이라고 얘기합니까? 안 하지요. 마찬가집니다. 두 선생님께서 왜구라고 하는 왜구는 원래 해적이 아닙니다. 우리 스스로를 지키자는 차원에서 해적질에 나선 것입니다. 역사적으로 얘기해 볼까요? 1274년과 1281년 몽골과 고려가 여몽 연합군 만들어 쓰시마를 침략했지요. 그때 우리는 신의 바람에 힘입어 침략자들을 물리치긴 했지만 그곳 주민들은 매우 분개했습니다. 그래서 고려와 원에 복수하기 위해 원정에 나선 겁니다.

이 작가 갈수록 점입가경이군요. 원래부터 해적이 아니라느니, 여몽 연합군의 공격에 대한 복수라느니 하는 말은 어불성설입니다. 왜구들은 여몽 연합군이 쓰시마 공격하기 20년 전부터 고려에 쳐들어와 분탕질을 했습니다. 그때부터 한반도 해안가를 중심으로 경상도, 전라도, 충청도 심지어 강화도 교동과 개성 인근까지 몰려와 마을을 불태우고 사람 죽이고 물건 도적질해 가고 그랬습니다. 특히 세금을 실어 나르는 조운선과 미곡을 저장하는 창고를 탈탈 털어

갔지요. 그래서 최영과 이성계 장군이 홍산과 황산에서 왜구들을 무찌르고 최무선이 화포 만들어 진포에서 왜선 500척 박살 내고 한 거 아닙니까? 《고려사》에 다 나와 있는 내용입니다.

🟢 왕 선생 이 선생 말이 맞을 겁니다. 왜구는 침략자이자 약탈자입니다. 원나라 때는 물론이고 그 후 명나라 때도 아주 난리였습니다.

🟢 이 작가 왕 선생님, 중국도 문제입니다. 왜구가 한창 창궐할 때……

🟢 나자무라 상 이 선생님 창궐이라니요. 말씀이 좀 지나치십니다! 왜구가 무슨 전염병이라도 되나요?

🟢 이 작가 실례했습니다. 전염병은 아니지요. 암적인 존재이니까.

🟢 토리 아저씨!

🟢 이 작가 죄송합니다. 제가 좀 흥분했습니다. 흠흠. 왜구들께서 한반도를 한창 방문해 주실 때 중국 홍건적도 고려에 쳐들어와 우리를 괴롭혔습니다. 1359년엔 압록강을 건너와 서경을, 1361년엔 개경까지 함락하고 궁궐과 문화재와 절을 마구 불태우고 노략질하고 그랬습니다.

🟢 왕 선생 인정합니다. 홍건적이 원나라 군대에 쫓기다 고

려 국경을 넘은 게 사실입니다. 하지만 우리 한족 농민군이 몽골의 원나라를 몰아내고 대명나라를 건설하는 과정에서 피치 못하게 일어난 일이라는 걸 알아주셨으면 좋겠습니다. 그리고 홍건적은 노략질을 일삼았던 왜구와는 차원이 다릅니다. 홍건적은 원나라의 가혹한 탄압에 항거해 일어난 농민군입니다.

이 작가 그러나 어쨌든 도적 떼는 도적 떼입니다. 두 차례나 떼로 침입해 개경 궁성 다 불태우는 바람에 공민왕이 피란 갈 정도였으니까요.

토리 토론이 너무 감정적으로 흐르는 것 같아요. 진정들 하시고요. 마지막으로 왜구가 주변국을 침범한 이유와 동아시아 역사에 미친 영향 한마디씩만 해 주세요.

왕 선생 대륙에서 원나라와 명나라가 교체되는 혼란한 틈을 노리고 노략질에 나선 거라고 봅니다. 옛날 로마 제국이 멸망했을 때 북아프리카 해적이 유럽을 침략한 거와 마찬가지지요.

이 작가 중국의 원명 교체기와 관련이 있긴 하지만 그보단 일본 내부 문제와 더 관련이 깊습니다. 당시 일본은 가마쿠라 막부가 멸망하고 남북조 시대라는 혼란기를 맞습니다. 그때 쓰시마 지역 무사들이 군사력을 확보하려고 고려와 원나라를 침략한 것입니다. 즉 내전에 대비해 군량미와 노동력을 확보하기 위해 노략질에 나선 거지요. 일본의 남북조 혼란 시기와 왜구들께서 고려를 자주 방문했던 시기가 정확히 일치합니다.

나자무라 상 그러게요. 반박의 여지가 없어 보이는데요.

토리 말씀 잘 들었습니다. 오늘 토론은 이것으로 마칠게요. 두 분 여기까지 와 주셔서 정말 고맙습니다. 토론 끄읏~.

이 작가 잠깐만요. 마지막으로 왜구가 동아시아 역사에 어떤 영향을 미쳤는시 한 말씀만 드리겠습니다. 30년 넘게 왜구 침략을 물리치는 과정에서 고려에서는 이성계라는 신흥 무장이 실권자로 떠올랐습니다. 그는 결국 고려를 멸망시키고 조선을 세웠습니다. 의도한 건 아니었겠지만 결과적으로 왜구 침입이 고려 멸망과 조선 건국에 영향을 미쳤다고 할 수 있습니다.

토리 오케이. 오늘 토론은 이것으로 마치고요, 기회 되면 다음에 또 뵙기로 할게요.

왕 선생과 나카무라 상과 나는 언제 그랬냐는 듯 웃으며 요즘 세상 돌아가는 이야기를 나눴다. 왕 선생은 일본이 평화헌법을 개정해 전쟁을 할 수 있는 나라로 만들려는 시도를 무척 우려하다가 얼마 전 본 한국 드라마 〈별에서 온 당신〉이 너무 재미있다며 우리도 토리 이름을 넣어서 〈별에서 온 토리〉를 만들어 보자고 말했다. 나카무라 상은 애니메이션의 거장 미야자키 하야오가 은퇴해서 사는 낙이 없어졌다며 토리를 주인공으로 〈미래 소년 토리〉나 〈토리의 움직이는 성〉을 만들어 보자고 했으며, 나는 〈우주를 나온 토리〉가 어떻겠냐고 했다. 그렇게 웃고 떠드는 사이 두 사람이 돌아갈 시간이 되었다.

우리는 다음을 기약하고 토리가 두 사람을 데려다주고 돌아왔다.

"아저씨, 왜 그렇게 흥분하고 그랬어? 내가 아주 민망해서 혼났네."

토리가 탁자에 앉으며 물었다.

"미안. 나카무라 상이 말이 안 되는 얘길 해서. 그나저나 참 걱정이다."

"뭐가 또 걱정이야? 왜구가 또 쳐들어오기라도 한대?"

"2차 세계대전이 끝나고 일본은 전쟁을 할 수 없도록 헌법을 만들었어. 전쟁을 일으킨 벌로. 그런데 최근에 일본이 그 헌법을 고치려고 한다. 자기들이 전쟁하고 싶을 때 전쟁하겠다는 거지. 세 살 버릇 여든까지 간다는 말이 있고, 개 버릇 남 못 준다는 말도 있는데, 일본이 또 언제 어떻게 동아시아 이웃 국가들을 위험에 빠뜨릴지 모르겠다. 가장 위협을 받는 지역이 한반도일 텐데. 휴."

"에이 설마. 나카무라 상이 얼마나 좋은 분인데."

"사람 좋은 거랑 국가는 달라. 고려 때 왜구가 침략한 거며, 조선 시대 때 임진왜란 일으킨 거, 구한말 조선을 침략해 우리를 식민지로 만든 거 생각하면 결코 가볍게 봐선 안 돼. 정신 바짝 차려야 할 텐데. 암튼 이야기를 많이 했더니 힘들다. 좀 쉬자."

우리는 이렇게 오전 수업을 마쳤다.

세 번째 이야기

목화씨를 전한 문익점

한참을 쉬고 난 뒤 바닷바람을 쐬기 위해 밖으로 나갔다. 햇볕이 내리쬐고 있어서인지 한겨울 바닷바람이 생각보다 차갑지 않았다. 토리와 나는 섬 둘레로 난 길을 따라 천천히 걸었다. 저 멀리서 큰 배가 지나는 게 보였다. 나는 두 팔을 올려 엑스 자로 겹쳐 흔들었다. 열심히. 토리가 내 허리춤을 잡아끌었다.

"좀 가만히 있어."

가만히 있으라고? 하긴 저 멀리서 나를 발견하는 것도 어렵겠지만 설사 발견한다 한들 무슨 도움이 될까. 도움이 아니라 외려 문제가 생기겠지. 우리는 시야에서 멀어지는 배를 바라보며 큰 바위 하우스로 들어왔다.

"바람을 쐬었더니 기분이 상쾌하구나. 자, 이제 다시 시작해 볼까? 이번 시간엔 최무선처럼 고려에 큰 도움을 준 인물을 소개할게. 문익점이라고, 원나라로부터 목화씨를 들여와 서민 의생활에 혁명을 불러온 분이다."

"목화씨가 뭔데?"

나는 입고 있는 면 티셔츠를 가리켰다.

"목화솜을 피우는 씨앗이야. 이 옷 보이지? 이 옷이 목화솜으로 짜서 만든 면 옷인데 부드럽고 따뜻해서 지구인 대부분이 이 옷을 입는단다."

"문익점 전에는 면 옷이 없었나 보지?"

"중국에서 수입한 면포가 있었대."

"그럼 그걸로 옷 만들어 입으면 되잖아."

"수입품이라 귀했대. 귀족들이나 입을 수 있을 정도로, 귀족들은 비단으로도 옷을 해 입었는데 서민들은 비싸서 비단옷 구경은 하지도 못했대. 그래서 추운 겨울에도 바람이 숭숭 들어오는 삼베옷을 껴입었지. 그런 때 문익점이 목화씨를 가져와서 무명으로 옷을 만들어 입게 되었어. 그 뒤로 고려 백성들 누구나 부드럽고 따뜻한 면 옷을 입게 되었지. 그러니까 고려 백성들에게 문익점은 최무선만큼이나 고마운 분이야. 그런데 문익점이 목화 재배에 성공하기까지 아슬아슬한 순간이 있었다는구나. 지금부터 그 얘길 들려줄게."

나는 서민 생활의 질을 높여 준 문익점 이야기를 시작했다.

🍀

 문익점(1329~1398)은 지금의 경상남도 산청인 강성현 사람으로 최무선보다 몇 해 뒤인 1329년에 태어났어. 과거에 급제해 벼슬을 살던 문익점은 공민왕 때 이공수라는 사신을 따라 서장관으로 원나라에 가게 되었어. 서장관은 사신을 따라다니며 공무를 기록하는 사람이야.

 원나라에 간 문익점은 1년 만에 정치적 사건에 휘말려 고려로 돌아오게 되었어. 정치적 사건이 뭐였냐 하면, 공민왕과 관련된 일이었어. 공민왕이 기황후의 오빠 기철을 죽이고 반원 정책을 펴자 원나라가 다른 왕족인 덕흥군을 고려 왕으로 임명해 군사 1만 명과 함께 고려로 보냈던 사건이야. 그때 어떻게 됐다고 했지? 압록강을 넘어온 원나라 군사들을 최영과 이성계 등이 물리쳐서 원나라로 돌려보냈다고 한 거 기억하는지 모르겠구나.

 문익점이 사신으로 갔을 때 벌어진 일인데, 그때 원나라에 있던 고려 사람들은 덕흥군 편에 붙을지 공민왕 편을 들지 선택해야만 했어. 원나라에 있던 대부분의 고려 사람들은 덕흥군 쪽을 택했어. 문익점도 마찬가지였지. 하지만 덕흥군이 패하자 그 사람들 입장이 난처해졌지 뭐니.

 그래도 어쩌겠어. 돌아와야지. 그래서 문익점은 하는 수 없이 고려로 돌아오는데, 돌아오면 목숨을 부지하기 힘들지도 모르는 그 상황에서 길가에 심어져 있는 목면나무에서 목화씨 십여 톨을 따서 주머니에 넣어 가지고 왔어. 뭉게구름처럼 하얗게 피어난 목화솜이 문익점 눈에는 탐스럽게 보였나 봐.

 문익점이 고려로 돌아오자 다행히 공민왕은 문익점에게 죄를 묻지 않았어. 그래서 고향으로 돌아가 목화씨를 심었지. 이때 문익점이 머리를 좀 썼어. 반은 자기가 심고 반은 장인인 정천익에게 주었어. 싹이 안 틀 것에 대비한 일종의 위험 분산 작전이지. 미국의 모 콜라 회사에서는 콜라 제조 비법을 단 두 사람만이 알고 있는데 그 두 사람은 절대 한 비행기에 타지 않는대. 만약에 사고가 나서 두 사람이 한꺼번에 죽으면 제조 비법을 아는 사람이 없어지게 되니까. 문익점이 장인에게 씨앗 반을 준 것도 그런 이유일 거라고 봐.

 불행히 문익점의 예측이 맞았어. 문익점이 심은 씨앗은 싹이 나지 않고 장인이 심은 목화씨만 싹을 틔웠대. 그것도 겨우 한 개. 두 사람은 정성껏 한 그루의 목화를 키워서 1백여 개의 목화씨를 다시 얻었어. 그것을 또 심어서 마침내 3년 만에 목화 재배에 성공했어.

 하얗게 목화솜이 피어난 모습을 보고 문익점은 감격했겠지. 그다음엔 목화솜에서 실을 만드는 작업이 필요한데 이 기술을 몰라서 원나라 출신 승려인 홍원에게 기술을 배웠대. 솜을 실로 만들려면 씨아라는 기구를 사용해야 하는데, 그 씨아 만드는 법과 물레로 실 잣는 기술을 여종에게 배우도록 한 거야. 그리고 마침내 베틀로 면포를 생산해 냈단다.

 문익점은 목화솜에서 얻은 목화씨를 널리 보급해 마침내 고려에서도 목화솜으로 만든 무명옷을 평민들도 입을 수 있게 되었어. 그래서 문익

- **물레(위)와 씨아(아래)**

  목화솜은 따는 대로 볕에 널어 말리고, 씨아를 사용하여 씨를 빼내는 과정을 거쳤다. 씨아는 씨아손(꼭지머리)을 돌리면 가운데 막대기들이 회전하고 가운데에 목화솜이 물리면서 솜은 앞으로, 씨는 뒤로 빠지게 하는 구조로 되어 있다. 씨를 뺀 목화솜은 물레를 이용해 실을 뽑게 된다._ⓒ 국립민속박물관 소장

점의 이름이 고려에서 널리 알려지게 되었고 오늘날에도 최무선 하면 화약 하는 것처럼 목화 하면 문익점, 이렇게 된 거란다. 문익점과 목화씨 얘긴 여기까지 할까?

✿

이야기를 마치자 토리가 뭐 더 없수, 하는 표정으로 나를 쳐다보았다.
"최무선처럼 빵빵 터지는 이야기도 없고 별로 아슬아슬하지도 않아."
나는 머리를 긁적였다.
"문익점이 목화씨 반을 장인에게 주지 않았다면 목화 재배에 실패해서 더 오랜 세월을 춥게 지냈을지도 모르는데도?"
"그래도 좀 약해."
"약하긴 뭐가 약해? 뭐 꼭 쳐부수고 뒤집어엎고 그래야만 재밌는 역산 줄 아냐? 문익점이 가져온 목화씨야말로 고려 백성들의 의생활 혁명을 가져온 불씨 같은 거라고."
내가 억울한 눈빛으로 호소했는데도 토리는 여전히 불만스런 표정을 풀지 않았다.
"아무래도 아자씨 강의는 뒷심이 부족한 거 같아. 아님 너무 익숙해져서 나태해졌거나. 공자께서 말씀하셨지. 날마다 새롭게 또 날로 새롭게 하라, 일신우일신!"
캬, 토리한테 공자님 말씀을 다 듣네. 나는 아무래도 안 되겠다 싶어 안

해 주려던 얘기를 해 주기로 했다.

"그런데 말이다, 문익점이 원나라에서 목화씨를 가져올 때 몰래 가져왔단 얘기가 있어. 대한민국 초등학생이라면 다 아는 얘긴데 한번 들어 볼래?"

그제야 토리가 눈을 동그랗게 떴다.

❊

앞에서 해 준 이야기와 비교해서 잘 들어 봐. 문익점이 원나라에 사신을 따라갔을 때 덕흥군 사건이 일어났어. 그런데 문익점은 덕흥군 편이 아니라 공민왕 편에 섰다는 거야. 그 벌로 문익점은 원나라 남쪽 강남에서 3년 동안 귀양살이를 했대. 그곳에서 어느 날 길가를 지나다 목화밭에서 탐스럽게 피어난 목화솜을 봤지. 문익점은 하인을 시켜 목화씨를 따 오게 했어. 그러고는 국경을 넘을 때 붓두껍 속에 몰래 넣어 가지고 왔지. 왜냐고? 당시 목화씨는 원나라에서 다른 나라로 가지고 나갈 수 없는 반출 금지 품목이었으니까. 화약 제조 기술처럼.

붓두껍 속에 목화씨를 몰래 들여오는 데 성공한 문익점은 반은 자기가 심고 반은 장인에게 주어 심게 했는데, 장인이 심은 씨에서만 싹이 나 그 싹을 살려 마침내 3년 만에 목화 재배에 성공했다는 얘기다. 어떠냐?

❊

이야기를 마치자 토리가 말했다.

"오, 놀라운 반전인데! 어떤 이야기가 맞는 거야?"

나는 칠판에 두 상황을 적어 주었다.

이야기 A	vs	이야기 B
사신을 따라 원나라에 감		사신을 따라 원나라에 감
덕흥군 편에 섬		공민왕 편에 섬
1년 만에 돌아옴		귀양 갔다 3년 만에 돌아옴
목화씨를 주머니에 넣어 옴		붓두껍 속에 몰래 넣어 옴
목화씨 반출 금지 품목 아님		목화씨 반출 금지 품목
장인과 반반씩 나눠 심음		장인과 반반씩 나눠 심음

칠판에 다 적고 나서 토리에게 말했다.

"어떠냐, A와 B가 많이 다르지?"

"아니, 전혀 다른데. 일치하는 항목은 첫 번째와 마지막밖에 없잖아."

"맞아. 원나라에 사신 따라갔다가 목화씨를 가져와 심은 건 같지만 귀양을 갔는지 안 갔는지, 어떻게 가져왔는지는 달라."

토리가 양손을 위로 뒤집으며 어깨를 들었다 놓았다. 뭐가 맞는 얘기냐는 몸동작.

"실은 앞의 이야기가 사실에 가까워. 《고려사》나 《태조실록》 등의 역사서에도 '문익점이 원나라에서 돌아올 때 길가의 목화씨를 주머니에 넣어 가지고 와 장인과 나누어 심어 세 해 만에 꽃을 피웠다.'고 나오거든."

"그렇다면 대한민국 초등학생이 다 알고 있는 게 잘못됐다는 거네. 도대체 왜 이렇게 다른 얘기가 생긴 거야?"

"나는 이렇게 본다. 문익점이 원나라에서 가져온 목화씨 덕분에 고려 백성들이 면 옷을 입을 수 있게 되자 그 공이 너무 큰 나머지 시간이 흐르면서 이야기가 점차 부풀려져서 신화가 된 거지. 덕흥군 편에 선 건 공민왕 편으로, 그냥 돌아온 건 유배 간 걸로, 그냥 가지고 온 건 붓두껍 속에다가 몰래 넣어 가지고 온 걸로."

"신화 이야기는 곰이랑 결혼하고 알에서 깨어나고 그럴 때 끝난 거 아닌가. 시대가 어느 땐데 아직까지 신화야?"

"원래 업적이 크면 신화도 생기고 그러는 거야. 나도 아마 여기서 살아 돌아가면 위험을 무릅쓰고 외계 고등 지능 생명체에게 한국사 강의를 무사히 마치고 귀환했다는 신화가 생길걸. 물론 문익점이 위험을 무릅쓰고 목화씨를 가져온 게 아니더라도 그의 공이 작아지는 건 아니야. 그는 분명 추위에 떠는 백성들을 위하는 마음으로, 돌아오면 목숨이 어떻게 될지도 모르는 불안한 상황에서 그 목화씨를 가져왔다는 사실만으로 존경받을 만해. 그리고 또 재배에 성공해 고려에 면 옷이 널리 퍼지게 했으니 충분히 칭송받을 자격이 있단다. 문익점 이전에 원나라에 갔던 수많은 사람들이 있었음에도 어느 누구 하나 목화씨를 가져와 재배할 생각을 안 했거든."

"듣고 보니 그러네. 아저씨, 노력하는 모습이 보여. 일신우일신이야. 헤헤헤."

"감탄하긴 아직 일러. 마지막 반전이 남았다!"

호기심이 가득 찬 표정으로 토리가 날 빤히 쳐다봤다.

"최근 고대 의상을 연구하는 교수들이 발표한 내용인데 실은 문익점 이전에도 이 땅에 목화가 있었대. 초면이라는 야생 면화인데 크기가 작고 양이 많지 않아서 대량으로 생산하지는 못했대. 하지만 솜이 부드럽고 기름져서 면포를 만들면 질이 더 좋았다는구나. 그 면화로 만든 무명천을 백첩포라 불렀는데 그에 관한 기록이 《삼국사기》에도 나와. 당나라에 선물로 줬다, 이렇게. 고구려 백제 신라 때부터 초면이 있었다는 얘기지. 그런데 문익점이 가져온 면화 품송이 워낙 질 지라고 솜이 풍부해서 고려에서는 그 면화가 대세를 이루게 되었다는구나."

"이거 뭐 반전의 반전이구만. 어지러울 정도야."

"아유, 반전 얘기 좀 그만해라. 문익점 이야기는 여기서 마치고 다음 시간엔 고려 시대 마지막 강의를 하도록 하마."

"반전 이야기는 아자씨가 먼저 했거든!"

토리는 고개를 설레설레 흔들며 큰 바위 하우스 안을 한 바퀴 돌았다.

네 번째 이야기

왕후장상의 씨가 따로 있더냐!

해가 지고 있었다. 고려 시대 마지막 강의를 앞두고 마음이 바빠졌다. 오늘 안으로 고려 시대를 끝내야 한다는 조급함. 하지만 서둘지 않기로 했다. 서둘러서 될 일도 아닐뿐더러 2주 가까이 함께 지내면서 토리에 대한 경계심이 친근함으로 바뀐 탓이다.

"천부인권설이란 게 있다. 17세기 영국의 계몽주의 사상가 존 로크가 주장한 사상인데 모든 인간은 태어나면서부터 하늘이 준 자연의 권리, 곧 자유롭고 평등하며 행복을 추구할 권리를 가진다는 내용이다."

내 말에 토리가 반색하고 나섰다.

"좋아! 무슨 얘길 하려는지 모르지만 철학 이야기 갖다 붙이는 거. 날로 새롭고 또 날로 새로움을 추구하는 아자씨의 정성이 보여. 아주 훌륭해."

아유, 진짜. 내가 한 마디 하면 두 마디 해 버리는 토리, 정말 어이가 없다.

"이젠 네 앞에선 무슨 말을 못 하겠다. 갑자기 하려던 얘길 까먹었어. 뭐였더라, 그렇지. 천부인권설 관점에서 볼 때 노예 제도는 인류가 고안해 낸 제도 가운데 가장 반인간적인 제도야. 이 시간엔 그런 모순을 깨뜨리려다 굵고 짧게 생을 마감한 고려인 이야기를 해 줄게."

"짧고 굵게? 와, 되게 기대되네. 그게 누구야?"

"만적이라고, 무신 정권의 집권자 최충헌의 노비."

나는 운을 뗀 뒤 고려인 만적의 이야기를 시작했다.

❀

최충헌 집권기인 1198년 어느 늦은 봄날. 개성 외곽을 흐르는 강에서 이상한 장면이 펼쳐지고 있었어. 몇 척의 배가 떠 있고 그 배 안에는 1백여 개의 자루가 실려 있었지. 곧 배에 탄 병사들이 자루를 집어 올려 힘껏 강물에 던져 버렸어. 뭐 하는 짓이었을까?

자루 안에는 살아 있는 사람이, 아니 정확히 말하면 살아는 있지만 고려에서 사람으로 취급받지 못하는 사람들이 담겨 있었어. 노비라 불리는 말하는 짐승들. 구제역에 걸린 돼지들도 아닐 텐데 어쩌다 이들은 산 채로 자루에 담겨 수장되고 있는 것일까?

풍덩.

자루 하나가 강물에 던져졌어. 그 안에 담긴 노비의 이름은 만적(?~1198)

이었어. 성긴 자루의 구멍으로 물이 들어오고 만적의 몸은 강바닥으로 빠르게 가라앉았지. 이렇게 허무하게 가는구나. 만적의 머릿속으로 며칠 전 있었던 일들이 빠르게 스쳐 지나갔단다.

며칠 전 만적은 송악산으로 나무를 하러 갔어. 산에는 이미 만적 말고도 나무를 하러 온 노비가 여럿 있었지. 우연을 가장한 계획된 만남. 일일이 얼굴을 확인한 만적이 노비들에게 자못 비장한 목소리로 말했단다.

"28년 전 정중부의 난 이후 많은 고관이 천한 출신에서 나왔네. 왕후장상의 씨가 따로 있던가. 때가 되면 누구나 재상이 될 수 있는 것 아닌가 말일세. 왜 우리 노비들만 상전의 매질을 당하며 뼈 빠지게 일해야 한단 말인가!"

왕후장상의 씨가 따로 있더냐! 이토록 강렬한 선동 문구가 또 있을까?

만적은 노비였지만 중국 진나라 말기에 농민 반란을 일으켰던 진승과 오광이 했던 그 말을 인용할 줄 아는 지식이 있었어. 그리고 동료 노비들의 마음을 움직이는 웅변력과 노비들을 모으는 지도력이 있었지. 그런 이유로 거사의 지도자가 되었는지 몰라.

만적의 말대로 무신의 난 이후 고려에서는 무신 정권에 항거하는 봉기가 끊임없이 이어졌어. 처음엔 지방 관리가, 그다음엔 향소부곡의 천민들이, 그다음엔 농민들이 들고일어났지. 그리고 지금 신분 계층의 가장 밑바닥인 노비들이 반란을 준비하고 있는 거야. 이 일을 위해 만적은 맘이 맞는 노비들을 포섭하고 뜻을 같이하는 개경의 문무 양반댁 노비들을 끌어모았어. 이날 모임은 거사 직전의 최종 작전 회의 같은 것이었을 거야.

만적과 노비들은 준비해 간 수천 장의 종이에 정(丁) 자를 써서 나눠 가졌어. 고려에서 정 자가 뜻하는 것은 양인, 곧 사람이야. 자신들도 사람으로 다시 태어나겠다는 의지의 표현이지. 일이 마무리될 무렵 만적이 다시 노비들에게 말했어.

"5월 17일 궁성 밖 흥국사에 모이기로 하세. 거기서 궁성으로 쳐들어가 관노들과 규합하고 집권자 최충헌과 상전들을 죽이고 노비 문서를 모두 불태워 버리세. 이 나라에 천민이 하나도 없게 만들면 장수와 재상은 우리 자신이 되는 걸세."

며칠 뒤 약속대로 개경 노비들이 흥국사로 모여들었어. 그런데 그곳에 모인 노비 수가 너무 적었어. 수백 명 가지고는 거사를 일으키기도 힘들 뿐더러 일으킨다 하더라도 실패할 확률이 컸지. 논의 끝에 만적과 노비들은 나흘 뒤 다시 만나기로 하고 뿔뿔이 흩어졌어. 만적은 동료들에게 비밀을 철저하게 지키고 더 많은 노비들을 참여시키라고 당부했어.

그날 밤 율학 박사 한충유의 노비 순정은 고민에 휩싸였어. 거사를 일으킬 수 있을까. 일으키면 성공할 수 있을까. 성공하면 나도 한자리 차지할 수 있을까. 그러나 만약 실패하는 날이면……. 고민이 그 지점에 이르자 순정은 깊은 한숨을 내쉬었어. 누구보다 만적과 친했고 누구보다 강력하게 만적을 지지했던 그였지만 거사 실패에 대한 불안을 떨쳐 낼 수 없었지. 늦은 밤 순정은 주인을 찾아갔어.

"드릴 말씀이 있습니다."

순정의 밀고를 들은 한충유의 얼굴이 하얗게 변했지. 그는 곧바로 최충헌의 집으로 달려갔어. 한충유의 말을 들은 최충헌 또한 놀라기는 마찬가지였어. 최충헌은 사병들을 시켜 노비인 만적을 체포하는 것을 시작으로 봉기에 가담하려 한 노비 수백 명을 잡아들였어. 그렇게 노비 만적의 난은 허무하게 끝이 나고 말았어. 최충헌은 잡아들인 노비 수백 명 중에서 난에 적극적으로 참여한 노비 1백여 명을 골라 강물에 던져 버리라고 명했어.

꼬르륵.

만적은 노비 신분의 굴레에서 벗어나겠다는 꿈을 이루지 못한 채 깊은 강물 속에서 그렇게 숨을 거두고 말았단다.

이야기가 끝나자 토리가 입을 열었다.

"이야기가 어째 아쉽기도 하고 허무한 것 같기도 하고 그러네. 순정이는 어떻게 됐대? 다른 노비들은?"

"순정은 비밀을 고한 공로로 상금을 받고 양인이 되었대. 그 뒤로 어떻게 살았는지는 기록이 없어서 모르겠다만 내가 생각할 때 개경에서 살기는 어려웠을 거 같아. 붙잡힌 수백 명의 노비들은 풀어 주고 죄를 묻지 않았어.

봉기에 가담한 수가 너무 많아 어떻게 하기가 어려워서. 이 사건으로 고려는 큰 충격에 빠졌지. 관리, 농민에 이어 가장 하층민인 노비들이 일으킨 난이었으니까."

"그런데 거사를 일으켰대도 성공할 수 있었을까?"

"글쎄다. 쉽진 않았겠지만 노비들은 이의민 같은 천민 출신이 재상이 되는 모습을 보고 큰 희망을 가졌던 거 같아. 그랬으니까 만적이 죽고 나서 몇 년 뒤 또다시 개경 노비들이 산에 모여 전투 훈련을 벌였겠지."

"노비들이 또 난을 일으키려고? 그래서 성공했어?"

"아니 이번에도 실패. 전투 훈련을 하다가 발각돼 오십여 명이 또 수장됐어."

"왜 다들 물에 빠뜨려 죽여? 잔인하게."

"자루에 담아 강물에 빠뜨려 죽이는 게 고려 때 죄수를 사형시키는 한 방식이었거든."

토리가 고개를 끄덕이더니 뭔가 생각났다는 듯 물었다.

"그런데 아자씨가 난이라고도 하고 봉기라고도 했는데 같은 말이야? 다른 말이야?"

"아주 난한 질문이다. 어려운 질문이라고. 난은 반란을 줄여서 쓰는 말인데 국가나 사회의 질서를 어지럽히는 집단행동이라고나 할까? 보통 정부 입장에서 그런 말을 써. 봉기는 벌 떼처럼 세차게 일어나 저항하는 걸 말하는데 그런 행동을 벌이는 사람들이나 그것을 옹호하는 사람들이 주로 사용하지. 그러니까 같은 사건인데도 국가에서는 농민 반란, 즉 민란이라 부르고 농민 입장에서는 농민 봉기라 표현하는 거야. 똑같은 사건인데 누구는 묘청의 난이라 하고 누구는 서경 천도 운동이라 하지. 또 누구는 광주 폭동이라 하고 누구는 광주 민주화 운동이라 하고. 결국 그 사건을 바라보는 사람의 관점에 따라 이름이 달라진다는 말씀. 알겠냐?"

  토리가 고개를 끄덕였다. 드디어 고려 시대 마지막 강의가 끝났다. 이제 남은 건 생활사 3분 특강. 나는 지체 없이 3분 특강을 시작했다.

향소부곡 사람들

"강의 첫날 잠깐 언급했다만 고려 사회는 귀족, 중류층, 양민, 천민으로 구성돼 있었어. 그런데 양민과 천민인 노비 사이에 특수한 지역에 사는 사람들이 있다고 한 거 기억하는지 모르겠다. 향, 소, 부곡에 사는 사람들인데 이 시간엔 그 사람들 이야기를 좀 더 해 줄게. 조선에 와서 사라진 특수한 신분 사람들이니까 알아 둘 필요가 있단다."

내 말이 끝나기 무섭게 토리가 물었다.

"아자씬 어느 계층에 속해?"

"어, 글쎄, 지금은 그렇게 분류 안 하는데. 귀족이니 천민이니 노비니 이런 말 사라진 지 오래야. 굳이 나눈다면 상류층, 중류층, 하류층 정도? 그렇다고 고려 시대처럼 누가 누굴 부리고 억압하고 그러진 않지. 모든 지구인들은 태어날 때부터 하늘로부터 부여받은 자유와 평등과 행복을 추구할 권리를 가지니까. 나? 내 얘긴 그만하고 향, 소, 부곡 사람들 이야기하자."

나는 향소부곡 사람들 이야기를 시작했다.

향소부곡 사람들은 참 이상해. 코에 걸면 코걸이 귀에 걸면 귀걸이야. 어느 땐 양민 대우를 받았다가 어느 때는 천민 취급을 받았지. 그렇다고 이들이 신분상 천민은 아니야.

'향'과 '부곡' 사람들은 군현에 속한 일반 농민처럼 농사를 지었어. 하지만 일반 농민과 다른 건 국가나 왕실 소유의 토지에서 추가로 농사를 지어 곡물을 바쳐야 했다는 점이야. 요즘 말로 이중과세를 물었다고 할까? '소'에 사는 사람들은 금이나 은, 먹, 종이, 도자기, 소금, 광산물, 해산물 등의 수공업 제품을 만들었지.

향소부곡 사람들을 힘들게 한 건 차별이었어. 직업을 마음대로 바꿀 수 없었고 사는 곳도 마음대로 옮길 수 없었어. 혼인도 부곡 사람들끼리 해야 했고. 게다가 하는 일은 양민보다 많은데 세금은 더 많이 내고 각종 국가 공사에 동원됐으니 향소부곡민들의 불만이 이만저만 아니었지.

그 불만이 가장 크게 터져 나온 사건이 공주 명학소에서 일어난 망이, 망소이 봉기였어. 두 형제는 봉기를 일으켜 공주를 점령하고 충청도와 경기도 일대까지 세력을 뻗었어. 그때가 1176년 무신 집권이 시작되고 얼마 안 된 때였어. 당황한 정부는 망이, 망소이에게 명학소를 충순현으로 승격시켜 줄 테니 그만 집으로 돌아가라고 회유했어. 망이, 망소이는 정부 말을 믿고 봉기를 중단했어.

반란을 일으킨 집단이 정부의 약속을 믿는 건 바보 같은 일이지. 아니나 다를까, 정신을 차린 정부가 봉기에 참여한 사람들을 잡아들이자 망이와 망소이는 다시 봉기했어. 그들은 "죽을지언정 결코 항복하지 않겠다."며 "반드시 개경으로 올라가 고관들을 없애 버리겠다."고 결의했어. 하지만 아무리 그래도 상대가 정부군인데 훈련이 잘 안 되어 있는 망이, 망소이의 세력이 정부를 이기긴 힘들었어. 결국 망이, 망소이 형제는 정부군에 붙잡혀 처형을 당하고 말았단다.

하지만 향소부곡은 그때 이미 해체의 길로 접어들고 있었어. 차별과 수탈을 견디다 못한 주민들이 도망치는 일이 잦아졌거든. 그러다가 몽골 침략 후 원나라 지배기가 되면서 해체가 가속화되고 그 와중에 향소부곡 사람들 가운데 신분의 제약을 벗어나 출세하는 사람이 생겨나기 시작했어. 그들 중 대표적인 사람이 유청신이야.

전라남도 고흥의 고이부곡 출신인 유청신은 어려서부터 영리했다고 해. 당시는 원 지배기였는데 그는 몽골어를 배워 원나라 사신으로 가게 되었어. 원나라에 머물고 있던 충렬왕은 유청신을 신임해 벼슬을 내리고 유청신이 속했던 고이부곡을 고흥현으로 승격시켜 주었어. 유청신은 충렬왕의 아들인 충선왕 때 더 큰 신임을 받아 재상 자리에까지 올랐지. 그의 아들과 손자 모두 재상에 올랐다니 양민과 천민 사이에서 차별받던 부곡 사람 중엔 최고 출세한 셈이야.

유청신 말고도 원 지배기와 고려 후기 때는 전쟁에서 공을 세우거나 몽골어를 잘하거나 장사를 해서 돈을 많이 벌어 출세한 향소부곡 사람이 많았어. 그들에게 원 지배기는 신분 제약에서 벗어나 출세할 수 있는 '코리안 드림'의 시대였지. 향소부곡은 고려 말부터 점차 군현에 편입되었는데 조선 시대로 넘어와서 완전히 폐지되었어. 양민도 아닌 것이 천민도 아닌 것이, 신분이 애매했던 고려 시대 향소부곡 사람들 이야기는 여기까지.

※

"고려 끝!"

나는 두 손을 번쩍 들었다. 토리가 박수를 쳤다.

"장장 닷새 만에 고려 시대 강의를 마쳤구나. 조선 시대를 위해 내일은 푹 쉬자. 오케이?"

"안 오케이."

"뭐가 안 오케이야? 하루 정돈 쉬어 줘야 머리가 굴러가지."

"잊었어? 강의 끝나면 토리와 함께 떠나는 유적 답사 여행 가는 거."

"아차, 그게 있었지. 말해 봐. 뭘 보고 싶은데."

"고려 강의 들었으니까 아무래도 수도였던 개경은 좀 가 봐야겠지?"

"거긴 안 돼."

"왜 안 되는데?"

나는 대답하지 못했다. 웬일인지 북한은 다시 가고 싶지 않았다.

"아자씨 겁먹었구나. 크크."

토리가 웃으며 말했다.

"걱정원 문제라면 걱정 안 해도 된다니까. 내가 아자씨 데이터 다 빼내 왔다고 했잖아."

"얘가 지금 나를 뭘로 보고. 그래서가 아니고 개경보다 강화도를 가는 게 좋을 거 같아서 그러는 거다. 강화도는 40년 가까이 고려의 임시 수도여서 한번 봐 줄 필요가 있어. 강화도에는 고려 유적지 말고도 선사 시대부터 조선 말까지 다른 유적지도 많으니까. 오케이?"

이야기를 마친 토리와 나는 큰 바위 하우스를 나왔다. 약속한 대로 불꽃놀이를 하기 위해서. 나는 준비해 간 다연발 폭죽을 하늘을 향해 설치하고 심지에 불을 붙였다. 폭죽이 하늘을 향해 날아가더니 빵빵 소리를 내며 불꽃을 피웠다. 토리가 손뼉을 치며 좋아했다.

밤하늘을 수놓은 불꽃을 보던 토리가 작고 가는 막대를 들어 하늘을 향해 가리켰다. 짧고 예리한 불빛이 발사되고, 먼 밤하늘에서 폭죽보다 더 화려한 불꽃이 터졌다. 대단하다, 된다 토리!

토리와 함께한 한국사 강의 둘째 주 마지막 날 밤이 화려하게 막을 내렸다.

여섯째 날
비행접시 타고 유적 답사

우리 역사의 보물 창고 **강화도**
가장 오래된 목조 건축물 **부석사 무량수전**
고려 예술의 걸작 **상감 청자**

우리 역사의 보물 창고 강화도

  토리가 그 이상야릇한 주문을 외자 비행접시가 날아올랐다. 비행접시는 서해 상공을 따라 북쪽으로 날았다. 기분이 좋았다. 비행접시는 북쪽을 향해 유유히 날았다. 아니, 난다는 느낌은 없었다. 그저 시간과 공간이 변화하는 느낌이랄까.

  잠시 뒤 우리는 강화도 상공에서 가장 높은 산을 발견하고 그 산 중턱에 내려앉았다. 숲 속 공기는 바다 공기와 또 달랐다. 숲에서 뿜어져 나오는 나무 냄새, 흙냄새, 풀 냄새가 정겹게 느껴졌다. 비행접시에서 내린 토리와 나는 은빛 갑옷, 일명 투명 망토를 걸치고 산 정상을 향해 걸었다. 이윽고 산 정상에 도착하자 돌로 쌓은 참성단이 눈에 들어왔다.

  "여기가 마니산 참성단이다. 단군이 하늘에 제사를 지냈다는 전설이 내려오는 곳이야."

  "고려 유적 답사한다더니 무슨 단군 얘기를 하는 거야?"

  토리가 입을 삐쭉거렸다.

• 강화 마니산 참성단

해발 467m 마니산 정상에 자리 잡은 참성단은 단군왕검이 하늘에 제사를 지내던 곳이다. 자연석을 다듬어 접착제 없이 쌓아 올린 참성단은 아래쪽 기단은 원형으로, 위쪽 제단은 네모꼴로 만들어져 있다. 삼국의 왕들과 고려 시대 왕과 제관, 그리고 조선 시대까지 하늘에 제사 지내는 의식이 계속되었다.

• 세계문화유산 고인돌

고인돌은 말 그대로 '돌을 고였다' 하여 붙여진 이름으로, 청동기 시대 대표적인 무덤 형식이다. 고인돌은 전 세계에서 발견되고 있지만, 그중에서도 우리나라에서는 실로 '고인돌 왕국'이라 할 만큼 많은 수의 고인돌이 발견되었다. 지금까지 남한에서 3만여 기, 북한에서 1만여 기에 가까운 고인돌이 발견되었는데, 이는 세계 고인돌의 40% 이상에 해당하는 수다. 사진은 강화 부근리에 있는 고인돌로, 남한에서 발견된 3만 기가 넘는 고인돌 가운데 크기뿐만 아니라 세련된 조형미까지 갖추고 있어 우리나라 고인돌을 대표한다.

"강화도는 말이다, 어느 한 시대 유적지만 있는 곳이 아니야. 선사 시대부터 조선 후기까지 거의 모든 우리 역사가 다 녹아 있지. 그래서 강화도를 뚜껑 없는 박물관이라고 부른다. 널 이리 데려온 것도 그것 때문이야."

"에이, 개경 갔다가 또 혼날까 봐 그런 거면서. 누가 모를까 봐."

아유 진짜. 나는 한숨을 내쉬며 마음을 가다듬었다.

"그건 오해다. 내 말 잘 들어 봐라. 강화도는 우리 역사의 보물 창고야. 청동기 시대 유적인 고인돌도 있고 고려 시대 몽골 침입 시기와 조선 말까지 우리 역사의 중요한 순간들과 관련된 유적이 많지. 오늘 우리가 둘러볼 고려 궁지는 몽골 침입 때 고려 정부가 피란 와서 궁궐과 관청을 짓고 39년간 몽골에 저항했던 곳이야. 조선 시대 들어서는 병자호란(1636년)과 병인양요(1866년) 때 수난을 당한 곳이기도 하지. 고려 유적 답사 왔다고 고려만 배울 게 아니라 그 시대 이야기도 같이 해 줄게. 내일부터 조선 시대 이야기 할 때 다 나오니까 예습 차원에서. 오케이?"

토리와 나는 마니산 정상에서 강화도 전체를 쭉 훑어본 뒤 스노우맨처럼 날아서 산 아래로 내려왔다. 조금 걷다 보니 고인돌이 나왔다.

"다리 아픈데 저기 좀 앉았다 가자."

고인돌을 보고 토리가 말했다.

"안 돼. 저 고인돌이 바로 그 고인돌이야. 우리나라에서 제일 크다는. 세계문화유산에 어떻게 앉냐? 무식하게."

"뭐, 무식?"

토리가 눈을 흘겼다.

"아니, 네가 무식하다는 건 아니고. 그러면 안 된다는 거지. 암튼 청동기 시대 유물인 고인돌이 강화도에 1백 기가 넘게 있대. 청동기 시대에 이곳에 사람이 많이 살았단 얘기지. 이제 고려 궁지로 가 볼까?"

겨울이어서 그런지 유적 답사를 온 사람이 많지 않았다. 우리는 한참을 걸어서 고려 궁지에 도착했다. 입장권을 끊으세요, 라는 표지판이 있어서 매표소로 가려다가 그냥 들어갔다. 내가 내민 지폐들이 허공에 둥둥 떠다니면 매표소 아가씨 기절할 것 같아서. 고려 궁지를 한 바퀴 둘러본 뒤 토리가 물었다.

"그러니까 이곳이 고려의 임시 수도였던 강화도 궁궐이란 말이지? 저 건물들은 그때 궁궐이고?"

"아니, 아니, 그건 오해다."

"아자씬 뭘 그렇게 맨날 오해래?"

"여기가 고려 궁궐터는 맞지만 저 건물들은 그때 지은 건물이 아니야. 그 이야기를 하려면 고려 궁지 3대 수난사를 읊어 줘야겠구나. 간단하게 알려 줄게. 첫 번째 수난은 몽골 침입 때였어. 개경에서 피란 온 무신 집권자 최우는 오자마자 이곳에 궁궐과 관청을 지었어. 그래서 지금 이곳을 고려 궁지라고 하는 거야. 궁궐을 지을 때 개경처럼 꽤 으리으리하게 지었는데 고려 정부가 개경으로 돌아간 뒤 다 부쉈대. 왜 부쉈냐고? 몽골이 시켰대. 생각해 봐라. 고려 정부가 40년 가까이 이곳에서 안 나오고 저항했으니 여기

- **강화 궁궐터의 건물들**

  조선 시대 강화의 행정 책임자인 유수가 업무를 보던 중심 건물인 강화유수부동헌(위쪽), 조선 후기 정조 때 왕실 도서관으로 지은 외규장각(아래 왼쪽)이다. 외규장각은 병인양요 때 불에 타 없어진 것을 2003년 복원한 것이다. 강화유수부 이방청(아래 오른쪽)은 행정 실무자들이 업무를 보던 곳이다.

가 얼마나 미웠겠냐? 그러니까 아주 그냥 확 밀어 버린 거지.

두 번째 수난은 조선 시대 병자호란 때였어. 인조 임금은 이곳 고려 궁궐 터에 임금이 행차할 때 머물 행궁을 지었어. 아마 청나라가 몽골처럼 해전에 약하니까 이곳에 피란 올 생각으로 미리 피란처를 마련한 것 같아. 그런데 몽골군과 달리 청나라 군대는 이곳에 침입해 인조가 지은 건물들을 다 불태워 버렸어.

고려 궁궐터의 마지막 수난은 조선 후기 정조 때 벌어졌어. 정조는 이곳에 외규장각을 지어 왕실 도서관에 보관 중이던 귀중한 보물과 책들을 보관했어. 강화도가 외적이 침입하더라도 방어하기에 유리한 곳이어서 그랬을 거야. 그런데 웬걸. 가장 안전하다고 생각한 곳이 가장 먼저 털리는 비극을 맞았어. 강화도가 바다로 둘러싸인 천혜의 요새여서 외적이 육지로 침입할 때는 안전한 곳이지만, 서해를 통해 한성으로 쳐들어가려는 외적에게는 맨 먼저 지나쳐야 하는 관문이었으니까. 그때가 병인양요 때였는데 강화도를 침입한 프랑스 군대가 퇴각하면서 외규장각에 있는 보물을 노략질하고, 나머지 책들은 외규장각과 함께 모두 불살라 버렸어. 그때 불에 탄 책이 4천여 권이 넘는댄다. 자세한 얘기는 내일부터 하기로 하고 고려 궁터 3대 수난사 얘기는 여기까지."

고려 궁지를 나온 우리는 강화도 순환 버스를 타고 섬을 한 바퀴 돌았다. 정족산성을 지날 땐 병인양요 이야기를 들려주고 초지진과 덕진진, 광성진 등이 보이면 신미양요 때 미군과 싸운 이야기를, 연무당 옛터를 지날 땐 일본과 강화도 조약을 맺어 우리나라가 일본 식민지로 전락하게 된 이야기를 들려주었다. 토리는 무슨 얘긴지 다 못 알아듣는 눈치였지만 두 눈을 동그랗게 뜨고 귀를 쫑긋 세우고 들었다.

"이제 제2의 유적 답사지로 가 볼까?"

"오케이."

우리는 마니산 중턱으로 다시 올라가 비행접시를 타고 날아올랐다.

가장 오래된 목조 건축물 부석사 무량수전

비행접시 안에서 토리가 물었다.
"이번에 보여 줄 곳은 어딘데?"
"경상북도 영주에 있는 부석사 무량수전이라고, 우리나라에서 가장 오래된 목조 건축물이다."

이런저런 이야기를 나누는 사이 비행접시가 영주 봉황산 중턱에 닿았다. 접시에서 내린 우리는 부석사를 향해 천천히 걸었다. 어느새 부석사 입구인 일주문 앞. 일주문을 통과하자 계단이 나왔다. 나는 계단을 오르며 토리에게 부석사 이야기를 들려주었다.

"부석사는 통일 신라 시대 문무왕 때 지은 절이야. 의상대사라고 들어 봤지? 기억 안 난다고? 그게 무슨 자랑이냐? 당나라로 유학 떠나던 두 승려 이야기 몰라? 비가 많이 와서 움막에서 자다가 간밤에 귀신 꿈꾼 원효는 깨달음을 얻고 신라로 돌아오고, 의상은 당나라 유학길에 올랐다고 얘기해 줬잖아. 부석사가 바로 의상대사가 지은 절이야. 부석사 이름이 왜 부석사인 줄 아니? 뜰 부(浮), 돌 석(石) 자를 쓰는데, 의상대사가 이 절을 지을 때 귀신들이 큰 돌을 가지고 나타나 방해를 하더래. 그래서 작업하는 사람들이 손 놓고 있는데 의상대사를 사모하던 선묘 낭자의 혼이 나타나 그 귀신들을 물리치고 돌을 붕 띄워서 없애 버렸대. 그래서 부석사란 이름이 생겼대."

토리와 나는 무량수전 앞에 다다랐다.

"토리야, 이 건물이 무량수전이란다. 처음 세워진 건 통일 신라 땐데 고려 공민왕 때 불탄 걸 우왕 때 다시 지었지. 그러니까 네가 보는 이 무량수전은 고려 때 건축물이야."

설명을 듣던 토리가 무량수전을 쓰윽 훑어보았다.

"무량수전 하면 배흘림기둥이 아주 유명해. 우리나라에선 모르는 초등학생이 거의 없어."

"배흘림기둥이 뭔데?"

"저 기둥을 봐. 위아래가 홀쭉하고 가운데는 불룩하지? 기둥의 허리 부분을 불룩하게 만든 양식을 배흘림기둥이라고 해. 꼭 네 배처럼. 하하."

토리가 쳇, 하더니 고개를 갸우뚱했다.

"기둥을 왜 곡선으로 만든 거야? 배불뚝이처럼."

"이유가 있지. 멀리서 보면 일직선 기둥은 가운데가 가늘어 보여. 이런 착시 현상을 바로잡기 위해 배를 뚱뚱하게 만드는 거야. 그러면 시각적으로 안정감을 주게 돼. 이 기둥을 봐라. 안정감이 느껴지지 않냐? 이건 고려 건축물만의 특징은 아니고 고구려 고분 벽화에도 보일 만큼 오래된 양식이

• 무량수전과 단아한 주심포 양식의 공포

부석사의 건물 가운데 무량수전과 조사당은 고려 시대의 건축으로 현존하는 우리나라 목조 건축물 가운데 가장 오래된 건물이다. 부석사 무량수전을 대표하는 건축 양식인 배흘림기둥은 시각적으로 안정감을 주고, 공포를 하나씩 받치고 있는 주심포 양식과 장식을 하지 않은 문창살 등이 건물 전체를 간결하고 소박하며, 단아한 느낌을 준다.

야. 그리스에서도 신전 기둥을 만들 때 이런 방식을 쓴대."

토리가 기둥을 한참 동안 바라보았다.

"이왕 건축물 이야기 나왔으니 한마디만 더 하자. 무량수전은 주심포 양식으로 지은 목조 건물이야. 저기 기둥 끝에 처마 보이지? 처마와 기둥 사이에는 지붕의 무게를 기둥에 고르게 전달하기 위해 공포라는 장치를 쓰는데, 그 공포를 하나씩 받치면 주심포라고 하고 여러 개를 두면 다심포라고 해. 주심포 건물은 화려함보단 단아하고 소박한 느낌을 주지."

"무슨 얘긴지 당최 공포 수준이군."

토리는 고개를 절레절레 저었다.

"내 개그기 공포 수준이다, 토리야."

우리는 무량수전 기둥에 기대고 앉아 먼 산을 바라보았다.

"어떠냐, 좋지? 저 멀리 보이는 산들이 소백산맥인데 경관 한번 끝내주지 않니? 우리나라 최고의 문화재 전문가 한 분이 이런 얘길 했어. '건축물에서 중요한 건 자리 앉음새다. 자리 앉음새가 잘돼 있느냐는 건축물에서 바라보는 경관이 얼마나 아름다우냐에 달려 있는데 무량수전은 건물 자체로도 아름답지만 건물의 자리 앉음새가 탁월하다.' 이렇게. 저 산자락이 모두 이 절의 정원처럼 느껴진다고 하면서."

우리는 무량수전 앞에 앉아 한참 동안 앞산을 바라보았다. 첩첩이 쌓인 산들이 정겹고 포근하게 느껴졌다. 토리는 눈을 연신 끔뻑이며 풍경을 카메라에 담았다.

• 부석사의 유물들

부석사에는 9세기 때 쌓았다고 여겨지는 대석단과 함께 아름다운 석물들이 많다. 무량수전 앞의 석등(국보 제17호)은 균형미에 장식미를 더한, 뺄 것도 보탤 것도 없는 아름다운 석등이다. 절 초입의 늘씬한 당간지주도 석등과 함께 조성되었을 것으로 본다. 무량수전 마당 동쪽에는 균형미를 갖춘 3층 석탑이 있다. 고려 시대의 유물로 대표적인 것은 무량수전에 모신 소조아미타여래좌상이며, 화엄종을 처음 시작한 의상대사를 모시고 있는 조사당(국보 제19호)에 있던 14세기의 고려 시대 벽화는 지금 벽면 전체를 그대로 떼어 유리 상자에 담아 무량수전에 보관하고 있다. 이와 함께 고려대장경 각판도 귀중한 유물이다. ⓒ 문화재청

"이제 갈까?"

내 말에 토리가 자리에서 일어났다. 우리는 천천히 비행접시가 있는 곳까지 걸었다.

"다음 목적지는 어디야?"

토리가 물었다.

"고려 예술의 걸작, 상감 청자."

고려 예술의 걸작 상감 청자

비행접시가 날아올랐다. 접시가 닿은 곳은 서울 성북동 뒷산.

"저 아래로 조금만 내려가면 네가 보고 싶다는 상감 청자를 볼 수 있어."

그렇게 말하고 조금 내려가자 미술관 건물이 보였다. 우리는 천천히 미술관을 향해 걸었다. 입구가 보이고 그 입구를 지나자 약간 경사진 길이 나왔다. 좁은 길 양쪽에는 흰 눈을 얹고 있는 나무와 풀들이 서 있었다. 토리가 주위를 둘러보며 말했다.

"한국에서 제일 유명한 미술관이라더니 뭐 이렇게 썰렁해? 개미 한 마리 안 보이네."

"이 미술관은 봄과 가을 단 두 차례만 문을 열어. 나머지 기간은 문을 안 열지. 봄가을 전시회 때는 관람객이 하도 많아서 한두 시간 줄 섰다 입장하는 건 기본이야. 얼마나 대단한 미술관인데."

"얼마나 대단한데?"

"여기에 있는 작품 중 국보만 열두 점이야. 어디 국보뿐인 줄 아니. 미술관이 소장하고 있는 작품만 가지고도 우리 미술사를 쓸 수 있을 정도로 귀한 작품들이 아주 많단다. 작품도 작품이지만 작품을 모으고 미술관을 설립한 분이야말로 진짜 국보라고 할 수 있지."

"사람이 국보가 돼?"

"진짜로 국보가 아니라 국보급 인물이란 얘기다. 이 미술관을 만든 분이 간송 전형필이란 분인데 이분은 일제 강점기 때 일제가 우리 문화재를 일본으로 빼내 가려는 걸 막기 위해 막대한 돈을 주고 문화재를 사들였어. 네가 보고 싶다는 상감 청자도 그렇게 수집한 작품 가운데 하나야. 그 얘기 잠깐 해 줘야겠구나."

나는 문화재 지킴이 전형필 이야기를 시작했다.

"일제 강점기 때였어. 도굴꾼들이 고려청자 하나를 도굴해 냈는데 그 청자를 어느 일본인이 4천 원을 주고 사들였대. 그 일본인이 돈이 필요해서 청자를 시장에 내놨는데 조선총독부 미술관에서 1만 원에 사겠다고 했대. 그 이야기가 전형필 귀에 들어갔어. 전형필은 조선총독부가 제시한 금액의 두 배를 주고 그 청자를 구입하는 데 성공했지. 당시 2만 원이면 아주 큰돈이었대. 쓸 만한 기와집이 1천 원, 2천 원 할 때니까 기와집 스무 채는 살 만한 돈이었지. 지금 돈으로 60억 원 정도라나. 이분은 자기 땅을 팔아 일본으로 넘어갈 뻔한 많은 문화재를 사들였고, 그 작품들이 오늘날 이 미술관에 남게 된 거야. 그래서 이분을 문화 독립운동가라고 부른단다."

어느새 미술관 건물 앞이었다. 미술관 문이 닫혀 있었지만 토리가 간단히 문을 열었다. 다행히 전시관엔 조명이 켜져 있었다. 고려청자는 어렵잖게 찾을 수 있었다. 청자 앞에 다가간 토리가 유심히 청자를 들여다보았다. 한참을 바라보던 토리가 입을 열었다.

"달라."

"뭘 달라고?"

"아니, 다르다고. 중국에서 본 송나라 청자랑 확실히 다른 것 같아."

"어쭈구리. 송나라 청자를 운운하시다니, 토리 선생 대단한데. 맞아. 청자 만드는 기술은 송나라에서 들여왔지만 고려청자는 송나라 청자보다 더 훌륭하다고 하더라. 세계가 인정한대. 자 봐라. 이 병이 아까 내가 얘기한 그 청자란다. 정식 이름은 청자상감운학문매병, 국보 제68호. 저 부드럽고 유려한 선과 화려한 그림을 봐라. 캬, 아름답지 않니?"

"캬, 하지 마. 침 튀어."

"흠흠. 한국이 자랑하는 세계적인 보물, 청자상감운학문매병 해설을 좀 해 주겠다. 도자기의 아름다움은 말이다, 형태 빛깔 문양을 봐야 해. 그 세 요소 중 어느 하나만 빠져도 아름다운 도자기라 할 수 없지. 저 모습을 한번 봐라. 풍만하면서도 부드러운 곡선, 누구도 만들어 낼 수 없는 독창적인 비취색, 새털구름 사이를 자유롭게 날아가는 학들의 움직임, 저 도자기가 고려청자 중에서도 제일로 꼽히는 바로 그 상감 청자란다. 캬!"

내 설명을 듣는지 마는지 토리는 빙 돌아가며 상감 청자 감상에 열중했다. 나는 그런 토리를 따라다니며 이야기를 계속했다.

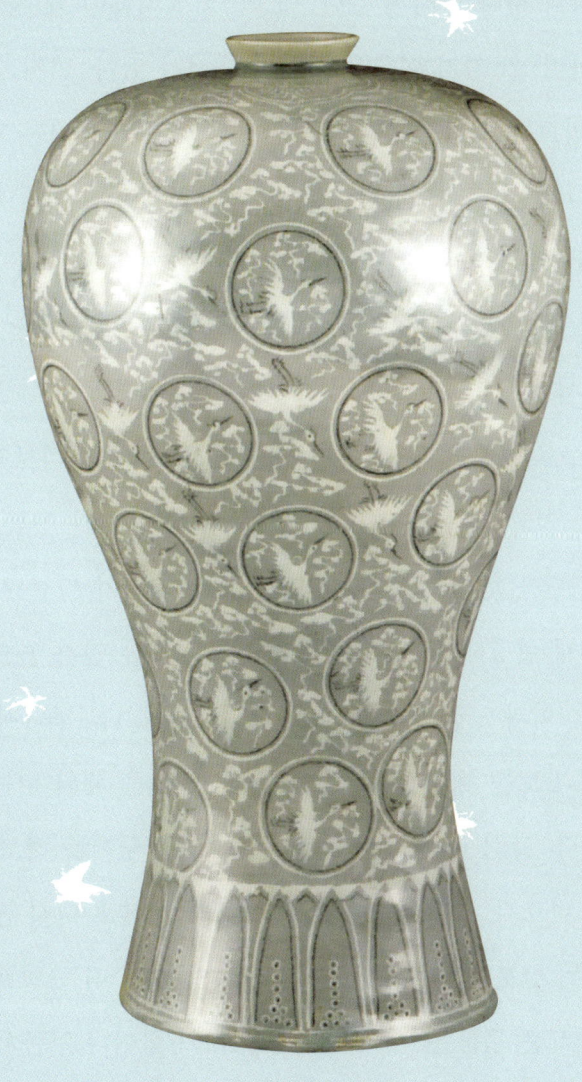

• 청자상감운학문매병(국보 제68호)_ⓒ 간송미술관 소장

"내 말이 아니라 세계가 다 인정하는 거야. 이왕 도자기 보러 왔으니까 도자기 관람 상식 하나 알려 주겠다. 너 이 청자 이름이 왜 청자, 상감, 운학, 매병인 줄 아니? 도자기 이름을 붙이는 순서가 있다. 먼저, 청자냐 백자냐 하는 구분, 만드는 기법, 무늬, 형태 순으로 이름을 붙이는 거다. 그러니까 청자상감운학매병이란 청자 형태로, 상감 기법으로 만든, 구름과 학 문양을 한, 매병이란 의미다. 매병은 아가리가 좁고 어깨가 큰 병을 말하는데 보통 술을 담는 그릇이었다는구나. 그런데 훗날 매화 가지를 꽂아 놓고 즐기는 풍습이 생겨서 매병이라 불렸대."

토리는 대꾸도 하지 않은 채 여전히 상감 청자만 들여다보았다.

"고려 강의 첫날 귀족들이 상감 청자를 주방 용기와 생활용품으로 쓰면서 화려한 생활을 했다고 한 말 기억나냐? 아저씨가 그 상감 청자 만드는 법을 간단하게 설명해 줄게. 보면서 들어 봐. 가장 먼저 흙으로 병을 만들어. 그런 다음 학과 구름 등의 무늬를 새겨. 그 새겨진 무늬에 흰색 진흙 백토와 붉은색 자토를 채워 넣어. 홈을 판 곳에 흙을 채워 넣는 방식이 바로 상감 기법이다. 그런 다음 700~800도 불에 초벌구이를 하고, 다시 청색을 내는 유약을 바르지. 그다음 1300도에 이르는 센 불로 다시 굽는 거야. 이때 유약에 함유된 철분이 1~3퍼센트가 되면 녹청색을 띠는 청자가 돼. 그리고 흰색 백토를 채운 부분은 백색으로 변해. 저기 학이나 구름처럼. 붉은색 자토를 채운 부분은 검은색으로 변하고. 어떻냐? 설명을 들으니까 지금 바로 여기서 상감 청자를 하나 구워 낸 것처럼 생생하지 않냐? 청자 굽는 기술이 송나라로부터 들어왔지만 상감 기법으로 청자를 만든 건 고려가 처음이래. 색깔 또한 너무 아름다워서 고려에 왔던 송나라 사신 서긍은 '고려 비색은 천하제일'이라고 감탄했다는구나."

내가 열심히 설명을 하는데도 토리는 말없이 상감 청자만 바라보았다. 그러더니 하는 말이라니.

"아, 가져가고 싶다……."

나는 놀라서 소리를 질렀다.

"떽! 큰일 날 소리. 우리 보물을 어딜 가져가려고? 도둑질은 십계명에 나오는 여덟 번째로 나쁜 짓이다. 그런 생각 아예 하지도 마라."

나는 안 되겠다 싶어 얼른 토리를 데리고 나왔다. 안 되는 게 없는 토리가 가져가겠다고 마음먹으면 가져갈 수도 있으니까. 그러는 바람에 그 유명한 신윤복의 〈미인도〉와 김홍도의 풍속화, 겸제의 진경산수화 작품 설명도 못 해 줬다. 이왕 간 김에 자랑 좀 하려고 했는데.

토리는 더 보고 싶었는데 왜 끌고 나오냐는 표정을 지었다. 나는 그런 토리를 끌고 비행접시로 돌아왔다. 비행접시는 다시 유유히 하늘을 날아 토리도에 도착했다.

★

밤이 되자 토리가 상감 청자 못 가져온 게 너무 아쉽다느니, 무량수전 기둥에 가만히 귀를 대고 들으니 의상대사가 두드리던 목탁 소리가 들린다느니 헛소리를 해 댔다. 그러면서 토리는 계속해서 영화를 보여 달라, 책을 읽

어 달라 보챘다. 하지만 난 졸음이 몰려와서 토리에게 잠을 많이 안 자면 키 안 큰다고 말해 주고 내 방으로 들어왔다.

막상 침대에 누우니 잠이 오지 않았다. 고려 시대 강의를 끝낸 피로 때문일까? 이런저런 생각을 하며 뒤척이다 보니 목이 말랐다. 나는 물을 마시기 위해 거실로 나갔다.

거실은 조용했다. 불을 끄고 방으로 들어가려는데 다락방에 붙어 있는 문구가 눈길을 사로잡았다.

'지구인 절대 출입 금지!'

어, 이상하네. 저기에 분명 '지구 역사 탐사대 상황실'이라고 쓰여 있었는데 언제 바뀌었지? 안에 뭐가 있다고 들어오지 말라는 거야?

'절대'라는 말이 이브의 선악과처럼 나를 강하게 유혹했다.

문을 열어 볼까? 아니지. 그랬다가 우렁 각시처럼 토리가 사라지면 어떡해? 어떡하긴 뭘 어떡해. 토리가 사라지면 좋은 거지. 그래도 안 되지. 들어오지 말라고 했는데.

열어 볼까, 말까 고민하면서도 내 발걸음은 어느새 다락방을 향하고 있었다. 한 발 두 발, 이윽고 다락방 문 앞. 나는 쿵쿵거리는 심장을 누르며 문손잡이를 조심스레 돌렸다.

부록

—

고려 시대 왕계표

동아시아의 역사 변천

연표로 보는 한국사와 세계사

고려 시대 왕계표

》고려 · 918~1392

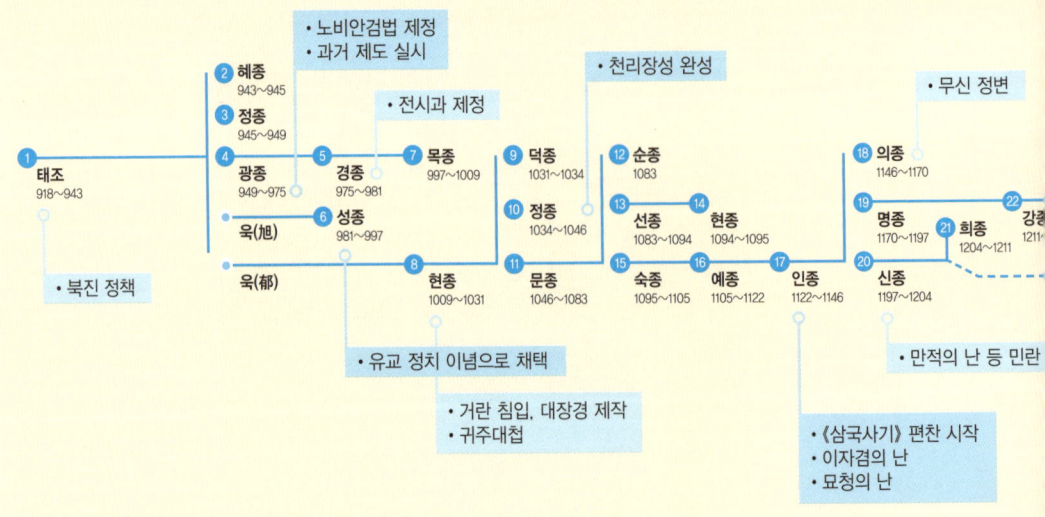

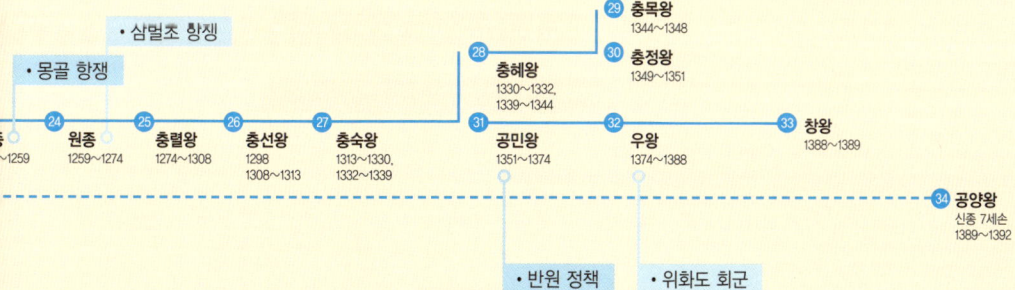

동아시아의 역사 변천

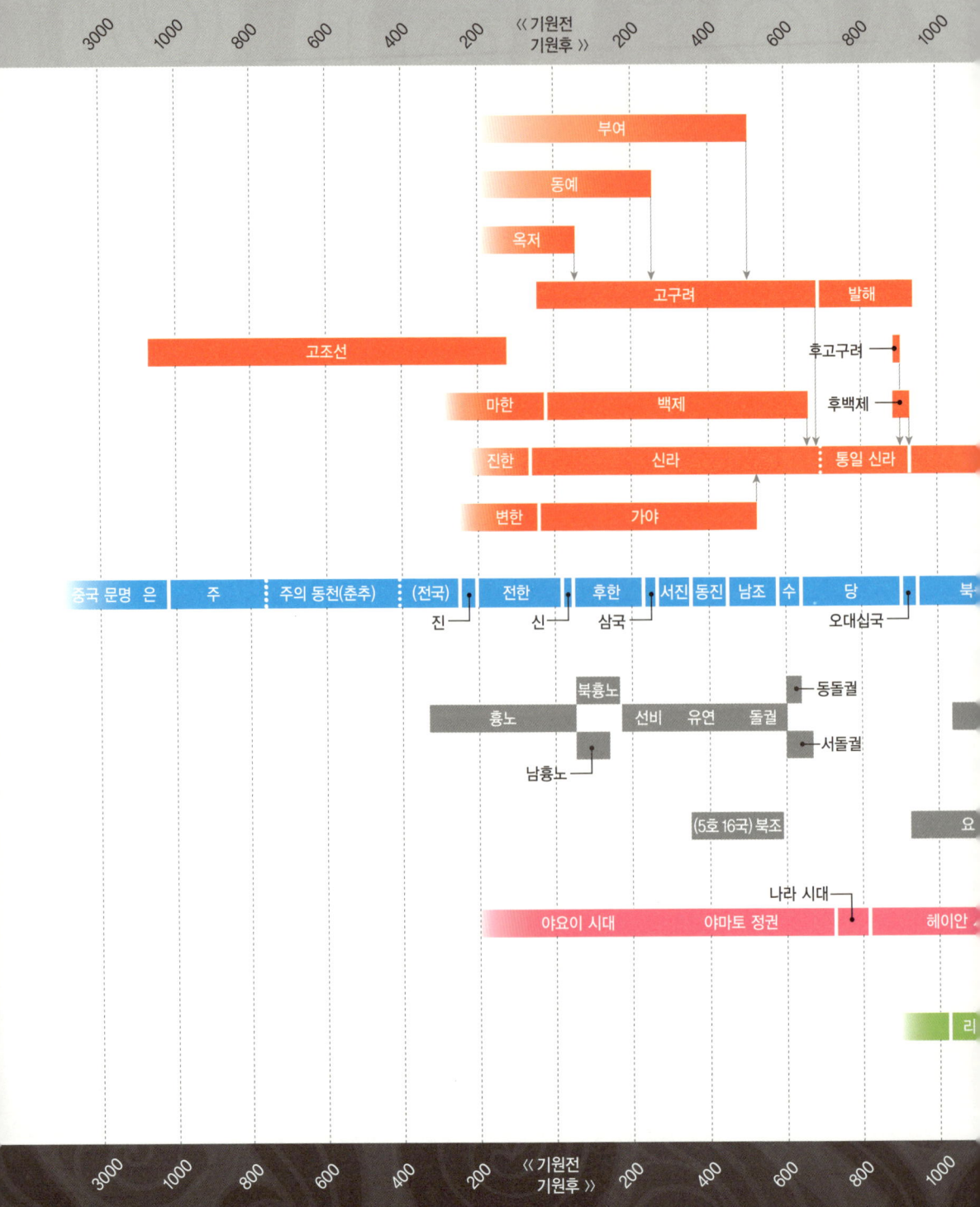

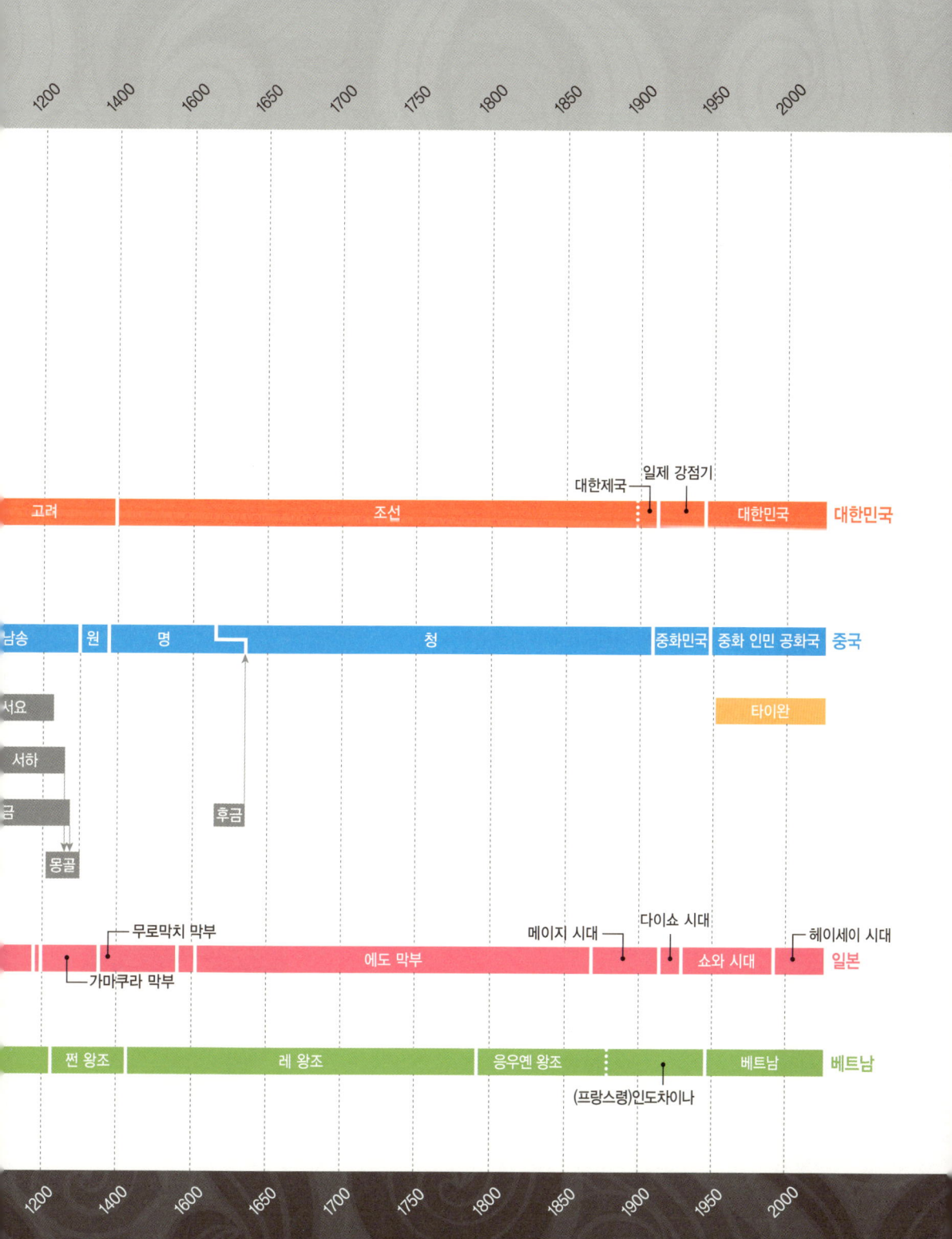

연표로 보는 한국사와 세계사

한국사

후삼국 시대

900년 견훤, 후백제 건립
901년 궁예, 후고구려 건립

고려 시대

918년 왕건, 고려 건국
926년 발해 멸망
935년 신라 멸망
936년 고려, 후삼국 통일
956년 광종, 노비안검법 실시
958년 과거 제도 실시
992년 개경에 국자감 설치
993년 서희, 거란으로부터 강동 6주 획득

고려청자

1010년 거란, 2차 침입
1019년 강감찬, 귀주대첩

1044년 천리장성 완성
1086년 의천, 속장경 조판

1102년 해동통보 주조
1104년 별무반 창설
1107년 윤관, 여진 정벌

1126년 이자겸의 난
1135년 묘청, 서경 천도 운동

해동통보

세계사

900

당 멸망, 오대 시작 **907년**
거란 건국 **916년**

거란, 국호 '요'로 고침 **946년**

송 건국 **960년**
신성 로마 제국 시작 **962년**
송, 중국 통일 **979년**
프랑스, 카페 왕조 시작 **987년**

청자상감운학문매병

1000

셀주크 튀르크 제국 건설 **1037년**
영국, 노르만 왕조 건설 **1066년**
송, 왕안석의 변법 실시 **1069년**
클레르몽 종교 회의 **1095년**
십자군 원정(~1270) **1096년**

1100

십자군전쟁

여진족, 금 세움 **1115년**
금, 요 멸망시킴 **1125년**
북송 멸망, 남송 시대 시작 **1127년**

고려 시대

1145년 김부식 《삼국사기》 편찬
1170년 무신 정변
1176년 망이·망소이 봉기
1196년 최충헌 집권
1198년 만적 봉기

삼별초 용장산성 유물, 청자철재귀문향

1231년 몽골 1차 침입
1232년 강화 천도
1234년 금속 활자로 《상정고금예문》 간행
1236년 팔만대장경 판각 시작
1258년 최씨 무신 정권 붕괴
1270년 삼별초의 대몽 항쟁
1274년 고려와 원 연합군 일본 정벌
1285년 일연, 《삼국유사》 완성

팔만대장경 경판

1356년 공민왕 즉위
      쌍성총관부 탈환
1359년 홍건적 침입
1363년 문익점, 원나라에서 목화씨 들여옴
1366년 신돈, 전민변정도감 설치
1376년 최영, 왜구 정벌
1377년 최무선 건의로 화통도감 설치
      금속 활자로 《직지심체요절》 인쇄
1388년 이성계 위화도 회군
1392년 고려 멸망, 조선 건국

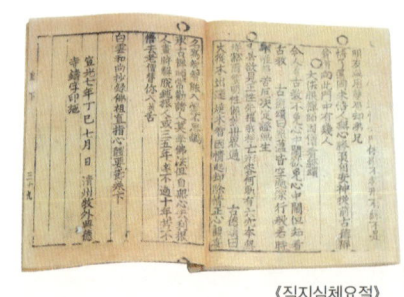
《직지심체요절》

칭기즈 칸

신곡 1555년판

프랑스, 노트르담 성당 건축 시작 1163년

일본, 가마쿠라 막부 성립 1192년

1200

칭기즈 칸의 몽골 통일 1206년
영국, 마그나카르타(대헌장) 승인 1215년
금 멸망 1234년
신성 로마 제국, 한자 동맹 설립 1241년

몽골, 원 제국 성립 1271년
마르코 폴로, 중국 도착 1275년
남송 멸망 1279년
마르코 폴로 《동방견문록》 출판 1299년

1300

교황, 프랑스 아비뇽에 유폐 1309년
단테, 《신곡》 완성 1321년
일본, 무로마치 막부 성립 1336년
프랑스와 영국 백년전쟁 시작 1338년
원 멸망, 명 건국 1368년

찾아보기

ㄱ

갑신정변 227
강감찬 145~155
강동 6주 151
강화도 300~307
개성상인 191
견훤 31~39, 68~74
경대승 132
고려 63
공민왕 199~211
과거 제도 95~96
과전법 228~229
관심법 58
관음포전투 → 관음포해전
관음포해전 264
광종 89~98
궁예 43~52, 55~65
권문세족 203, 80
귀주대첩 152~153
기황후 202
김부식 108, 115~123
김옥균 227
김윤후 174
김통정 186

ㄴ

내시 81
노비안검법 94~95

ㄷ

다심포 311
대몽 항쟁 169~188
도선 69
동맹 238
동북 9성 160~165

ㅁ

막부 34, 133~134
만적 286~292
만적의 난 286~292
망이·망소이 봉기 294
몽골 172~188
묘청 108, 112~116
묘청의 난 → 서경 천도 운동
무신 정변 80, 101~102, 119, 125~134
문벌 귀족 79
문익점 276~285
민영익 227

ㅂ

바쿠후 → 막부
박위 264~265
배중손 184
배흘림기둥 309
백정 81
벽란도 189~195
별무반 159
병인양요 306
병자호란 306
부곡 81, 293~296
부석사 무량수전 308~313

ㅅ

4군 6진 165
살리타 174
삼별초 179, 181~188
상감 청자 82, 314~322
서경 천도 운동 101~102, 108, 111~123
서희 145~151
소 81, 293~296
소배압 152~153
소손녕 148~150
송상 191

쇼군　133~134
숭유억불　236
시무 28조　97
신검　74
신기군　159
신돈　209~210
신보군　159
신의군　184
신진 사대부　80, 211, 220
신채호　120
쌍기　94
쌍성총관부　207

ㅇ

연등회　236~241
영고　238
5·16 군사 정변　221
왕건　50, 55~65, 68~77, 148
왜구　268~273
우별초　184
위화도 회군　213~223
윤관　157~167
음서　80
의상　308
이고　128~132

이방원　230~234
이성계　209, 211, 214~222, 226~235
이의민　132
이의방　128~132
이자겸　103~108
이자겸의 난　101~109, 112

ㅈ

전민변정도감　206, 210
전형필　315
정도전　226~235
정동행성　207
정몽주　226~235
정중부　128~132
정중부의 난 → 무신 정변
정지상　113, 117~123
조광조　105
좌별초　184
주심포　311
《직지심체요절》　254
진포대첩　264

ㅊ

척준경　103~107, 157~167

초조대장경　175
최무선　257~266
최승로　95
최영　209, 211, 215~222
최우　174, 304
최충헌　132
칭기즈 칸　172, 181
칭제건원　93

ㅋ

쿠빌라이 칸　172

ㅌ

탐라총관부　187

ㅍ

팔관회　236~241
팔만대장경　244~255
풍수지리설　112

ㅎ

항마군　159
향　81, 293~296

향소부곡 293~297

호족 79, 92~95

홍건적 207

화통도감 261~262

황산대첩 264

후고구려 43~52

후백제 31~39

후삼국 시대 36, 51

후삼국 통일 67~77

훈요 10조 146

흥화진전투 152